A FORMA DA REPÚBLICA:
DA CONSTITUIÇÃO MISTA AO ESTADO

A FORMA DA REPÚBLICA:
DA CONSTITUIÇÃO MISTA AO ESTADO

Cicero Romão Resende de Araujo

SÃO PAULO 2013

*Copyright © 2013, Editora WMF Martins Fontes Ltda.,
São Paulo, para a presente edição.*

1ª edição 2013

Acompanhamento editorial
Helena Guimarães Bittencourt
Revisões gráficas
Ana Paula Luccisano
Marisa Rosa Teixeira
Edição de arte
Katia Harumi Terasaka
Produção gráfica
Geraldo Alves
Paginação
Studio 3 Desenvolvimento Editorial

Dados Internacionais de Catalogação na Publicação (CIP)
(Câmara Brasileira do Livro, SP, Brasil)

Araujo, Cicero Romão Resende de
 A forma da República : da constituição mista ao Estado / Cicero Romão Resende de Araujo. – São Paulo : Editora WMF Martins Fontes, 2013.

 ISBN 978-85-7827-714-7

 1. Constituição mista 2. O Estado 3. Política – Teoria 4. República I. Título.

13-06401   CDD-321.86

Índices para catálogo sistemático:
1. A forma da República : Constituição mista ao
Estado : Ciência política   321.86

Todos os direitos desta edição reservados à
Editora WMF Martins Fontes Ltda.
Rua Prof. Laerte Ramos de Carvalho, 133 01325.030 São Paulo SP Brasil
Tel. (11) 3293.8150 Fax (11) 3101.1042
e-mail: info@wmfmartinsfontes.com.br http://www.wmfmartinsfontes.com.br

Este livro é dedicado à memória de meus pais,
Meton Araujo de Souza e Maria Leopoldina de Resende Araujo

"A maior riqueza do homem
é a sua incompletude.
Nesse ponto sou abastado.
Palavras que me aceitam como
sou – eu não aceito...
Perdoai
Mas eu preciso ser Outros."

Manoel de Barros

Sumário

Agradecimentos IX
Apresentação XI

Capítulo I 1
   A cidade-república e a teoria da constituição mista

Capítulo II 93
   A constituição mista plebeia

Capítulo III 177
   Passagem para o Estado

Capítulo IV 277
   O Estado como parte da república

Conclusão 331
Referências bibliográficas 343

Agradecimentos

Este livro está escrito em terceira pessoa mas, algumas vezes, solicita a cumplicidade do leitor com um "nós". Esta página, porém, é muito pessoal.

Impossível fazer justiça a todos os que deram sua contribuição a este trabalho. Mas não posso deixar de mencionar alguns nomes.

Aos professores e funcionários da casa que considero o esteio de minha vida profissional, o Departamento de Ciência Política da Faculdade de Filosofia, Letras e Ciências Humanas da USP.

Aos alunos do curso de Ciências Sociais e do Programa de Pós-graduação em Ciência Política.

Aos colegas do Centro de Estudos de Cultura Contemporânea (Cedec).

À Fapesp e ao CNPq, com seu imprescindível suporte às pesquisas que deram nesta publicação e a tantos outros trabalhos e atividades acadêmicas.

Aos membros da banca examinadora de minha tese de livre-docência, ponto de partida deste livro: Gabriel Cohn, Sebastião Velasco e Cruz, Luiz Werneck Vianna, Luiz Gonzaga Belluzzo e José Artur Giannotti. A João Carlos Brum Torres, Newton Bignotto e Álvaro de Vita, pela rica discussão que tivemos sobre variados aspectos deste livro.

A Luiz Carlos Bresser-Pereira e Ruy Fausto, pelo estímulo e apoio para que este livro ganhasse a luz do dia.

A Antonio José Meireles, Justino Madureira e Edwiges Morato, amigos imprescindíveis.

A Thereza e Fábio: paciência, carinho, alegria.

Aos meus queridos pais, muitas saudades.

São Paulo, agosto de 2011
Cicero Araujo

Apresentação

Este livro é um estudo sobre a forma política. Suas balizas fundamentais são os conceitos de constituição mista e Estado, ambos associados à longa busca da inteligência política por um padrão adequado de convívio humano: a república.

Muito se tem discutido sobre o conceito de república – o que não é de surpreender, tratando-se de uma palavra de alto prestígio no vocabulário político e de memória tão veneranda. Longe de pretender uma réplica dessa discussão, o trabalho parte de uma definição bem ampla e laxa, suficiente para acolher concepções de forma política muito divergentes entre si, mas que já indica o campo de problemas que o interessa. Assim, entende-se a república não como um objeto empírico perfeitamente decantado, mas como um conjunto de práticas no qual seres humanos investidos de um determinado papel, o de "cidadãos", orientam suas ações para promover certos valores comunitários, entre os quais a liberdade, a igualdade, o império da lei e a própria participação política. A variação nos significados concretos desses termos – que frequentemente remetem uns aos outros – e os divergentes modos de seu acolhimento e interação recíproca num mesmo quadro institucional produzem alguns dos contrastes mais importantes discutidos no livro. O quadro institucional, além disso, na medida em que provê uma estrutura de governo, faz polarizar a cidadania em dois campos distintos – embora não necessariamente especializados –, os governantes e os governados. Essa estrutura pode ser mais ou menos complexa, um "regime político", clivada por diferentes agências que perfazem um arranjo mais ou menos consistente, dependendo dos modos como se espera promover os valores da república. Tal expectativa envolve avaliações a respeito da qualidade das interações entre os próprios governados, suas possibilidades de cooperação e conflito, questões que produzem outros tantos contrastes na forma política.

Portanto, a despeito dos equívocos a que a palavra "forma" possa induzir, não se pretende reduzi-la a uma questão de procedimentos e regras do jogo, mas, ao contrário, incorporar em seu significado os valores substantivos que dão sentido às práticas de um regime político. Essas práticas nunca são exatamente o que deveriam ser, mas também nunca deixam de remeter a concepções a respeito do que o mundo social é capaz de gerar – ou seja, a visões do campo de possibilidades da ação humana, incluindo a capacidade de realizar os valores a que as práticas visam. No fundo, toda prática constitui uma tensão entre o que é, o que deve ser e o que é possível. Como a tensão ocorre numa certa estrutura de tempo e espaço, seu significado concreto varia de acordo com a concepção dessa estrutura implícita na respectiva forma política, como se verá ao longo dos capítulos. De qualquer modo, segurar essa tensão, nunca deixando que ela relaxe e finalmente se reduza à mera acomodação ao que aí estiver, é o que empresta dignidade à forma política. E a república é o nome que se dá a essa dignidade.

A discussão desses problemas, porém, não se fará de modo tão abstrato. A forma política será tratada conforme seu aparecimento e desenvolvimento no interior da tradição do pensamento político. É dessa fonte que os termos fundamentais deste estudo, a constituição mista e o Estado, são extraídos. O texto, sempre que possível, indicará cruzamentos entre as elaborações conceituais e os problemas práticos que as suscitam, conforme estes últimos apareçam na argumentação e no debate entre os autores. Também não se perderá de vista o impacto de certas formas históricas da vida social, e suas transformações, na medida em que possa contribuir para a elucidação do significado dessas elaborações. Não se pretende, contudo, uma correlação unívoca, causal ou de qualquer outro tipo, entre a construção intelectual da forma política e a forma da vida social. A primeira é o foco da análise, enquanto a segunda, embora preciosa no esclarecimento hermenêutico, é tomada como um elemento adicional de contexto. E é um pressuposto deste livro que uma certa elaboração teórica possa transcender o contexto em que se originou, e mesmo sobreviver intelectualmente a seu eventual fracasso em se viabilizar nele, para reaparecer em contextos muito distintos. Mais do que isso: dependendo de como se enriqueça em sua recepção e ressignificação, ela pode até ganhar maior potência prática do que antes.

Entre os dois conceitos fundamentais analisados, a constituição mista é o mais ancestral. É também o conceito da forma política de maior persistência na história da tradição, tendo sofrido as mais contínuas reelaborações, graças ao prestígio que manteve durante séculos. Originário do pensamento grego clássico, foi transmitido ao helenismo romano, onde recebeu uma de suas formulações mais influentes, ao servir de chave de interpretação da república, até impactar o pensamento medieval tardio e o humanismo cívico. A análise de suas diferentes concepções, contudo, não abrangerá todo esse percurso, restringindo-se à teoria desenvolvida em diálogo com a experiência da cidade-república, na antiguidade clássica, por um lado, e no renascimento italiano, por outro. Essa é a matéria do primeiro capítulo.

A constituição mista abrange uma série de tópicos que não cabe antecipar nesta Apresentação. Mas algumas observações prévias se fazem necessárias para explicar sua importância na história da forma política. A teoria da constituição mista talvez seja o primeiro reconhecimento da tradição de que a forma política não diz respeito a algo homogêneo e simples, mas a um problema de composição – envolve, como o próprio termo sugere, relações complexas entre o todo e suas partes. Daí as famosas tipologias das "constituições simples", que marcam o pensamento político desde então. Essas tipologias ganham sentido, originalmente, à luz do problema da constituição mista. Na verdade, todas as repúblicas concretas são pensadas como constituições mistas, cujas partes, porém, podem estar (ou não) adequadamente "misturadas", mantidas (ou não) num certo "equilíbrio". Não por acaso, metáforas médicas, mecânicas e até musicais são empregadas para expor a teoria. A própria terminologia da qual deriva a palavra "constituição" (tradução moderna do grego *politeía* e do latim *constitutio*) refere-se a uma dessas metáforas: tal qual o corpo físico, o corpo político é uma composição intrincada de partes simples. Essas partes podem e devem incluir "humores" ou "forças" opostas, desde que se-

APRESENTAÇÃO XV

jam neutralizadas ou equilibradas no conjunto. Do contrário, o corpo político, tal qual o corpo físico, "adoece" e corre o risco da "morte" – isto é, de iniciar um movimento de decomposição até a completa desintegração de suas partes. E, tal como a febre e o mal-estar, o sintoma mais importante desse desequilíbrio é o choque desenfreado entre os grupos sociais que, no interior da comunidade, encarnam os humores ou as forças opostas do corpo político.

A teoria da constituição mista, nesse sentido, expressa as ansiedades do pensamento clássico para com o conflito social e a corrupção. Esta última, em particular, remete à dimensão inescapavelmente ética do conceito. A teoria, portanto, não se resume a uma questão de arquitetura institucional, mas abarca avaliações sobre as qualidades subjetivas com que os cidadãos interagem com as agências de governo e sobre os modos de vida adequados, ou inadequados, para preservar a saúde cívica.

Na passagem do pensamento clássico-antigo ao humanismo cívico e ao republicanismo moderno, a teoria da constituição mista, graças especialmente a Maquiavel, atinge um ponto de inflexão que, ao mesmo tempo, expõe seus limites. O ponto é o que se chamará neste livro de constituição mista plebeia, matéria do segundo capítulo. Essa variante da teoria, sob o impacto de transformações importantes da forma de vida da cidade medieval – a "cidade plebeia", na acepção de Max Weber –, supõe um questionamento fundamental da hierarquia de *status* dos grupos sociais que a constituição mista clássica endossa, por razões que serão explicadas ainda no primeiro capítulo. Em vista desse questionamento, a nova teoria alça para o primeiro plano a relevância do conflito social para a preservação do corpo político. O conflito, agora, em vez de ser considerado, por princípio, um fator de corrupção da república, passa a ser tomado como a condição de sua vitalidade, cujo índice é a liberdade dos cidadãos, vale dizer, de todos os grupos sociais. A questão representa um passo decisivo para o avanço das demandas do *plebeísmo* – aqui entendido como uma pressão para incluir as camadas sociais mais baixas à comunidade cívica – na teoria e na prática das formas políticas modernas. Ao mesmo tempo, contudo, que ela incorpora o conflito, a teoria é levada a conjecturar modos de compensar o excedente de tensões que relações mais iguais entre esses grupos produzem no interior da república. Esse é o problema da *vazão* do conflito, cuja resposta é a ampliação (externa) da república. Tal ampliação, que se dá através da conquista de povos e territórios, por sua vez introduz novos problemas de estabilidade na constituição da forma política, colocando-a num dilema que Maquiavel expõe com muita clareza, apesar de considerá-la inevitável.

Em virtude da recepção inglesa do humanismo cívico e do pensamento de Maquiavel – conforme J. G. A. Pocock e associados, uma referência importante para os desdobramentos deste livro, estudaram exaustivamente –, a ideia da constituição mista atravessa o Atlântico e produz impacto nada desprezível na reflexão dos colonos americanos sobre sua própria revolução de independência. A elaboração americana, porém, vem mesclada com a influência da corrente soberanista do pensamento político europeu – questão, aliás, pouco enfatizada pelos estudiosos do republicanismo moderno. A constatação dessa influência leva o presente trabalho a destacar o caráter ambíguo do legado americano: ao mesmo tempo que é forte a presença da teoria da constituição mista, especialmente a sua versão plebeia, esse legado se abre para desenvolvimentos inusitados da teoria do Estado soberano.

O livro passa então ao exame do soberanismo propriamente dito, base da teoria da forma Estado. Essa é a matéria do terceiro capítulo. Seu objetivo é mostrar não só de que modo essa alternativa rejeita a teoria da constituição mista como um todo, mas também como seus desdobramentos conduzem a uma nova resposta aos problemas do conflito social e da corrupção. Para tanto, o capítulo discute a relevância do conceito de representação política, já colocado como uma questão importante nas versões pioneiras da teoria, e da ideia da individualidade do cidadão. O primeiro abre caminho para pensar como separado aquilo que na teoria da constituição mista é indistinguível: a vida social, por um lado, e o arranjo institucional, por outro. A segunda põe em questão a centralidade dos grupos sociais, e de sua hierarquia, na distribuição oficial do poder político: agora, é o indivíduo o sujeito fundamental de direitos e deveres e, consequentemente, da liberdade e da igualdade. Como ficará claro na exposição, não é que os grupos sociais perdem qualquer papel na teoria, mas eles serão vistos de modo completamente diferente, como resultado de uma inflexão na própria interpretação da forma da vida social. A reinterpretação traz consigo uma nova concepção do tempo histórico, que permitirá entender a separação entre a vida social e o arranjo institucional como dois "momentos" da atividade da representação: o momento da cisão e o momento da unificação. E, assim, o problema da vazão do conflito, que na constituição mista plebeia é respondido pela expansão territorial da república, será respondido na teoria do Estado soberano na forma de uma ampliação do tempo: o futuro. Nessa abordagem, o Estado não só é um aparato concreto de governo, mas também um "ente de razão", uma antecipação, em forma institucional, daquele futuro. E isso traz uma reviravolta no próprio conceito de "constituição".

O movimento seguinte do livro, exposto no quarto e último capítulo, é uma tentativa de sintetizar, numa concepção mais ou menos sistemática, os elementos escandidos no trabalho até aquele ponto. É também uma tentativa de mostrar como a teoria do Estado soberano pode ser pensada como parte de uma concepção da república.

Para discutir todos esses tópicos e alcançar um entendimento mais amplo de suas implicações, o presente trabalho faz uso de várias ferramentas e disciplinas: da filosofia política e da análise de significado, para interpretar correntes e autores da tradição; da análise de instituições, para compreender a dinâmica das estruturas de governo, suas regras e procedimentos típicos, os modos de interação entre agências governamentais etc.; da história social, para enxertar na análise das instituições categorias emprestadas da teoria das formas sociais; e da própria história política, que não só ajuda a situar no tempo e no espaço os contextos de interpretação, mas também sugere narrativas concretas para o percurso das diferentes formas políticas.

Contando com esses recursos, o livro se apropria da tradição do pensamento político, fazendo frequentes idas e vindas entre as reflexões de autores clássicos (antigos e modernos) e as pesquisas historiográficas e sociológicas, contendo informações e interpretações sobre práticas relevantes à reconstrução das formas que se propõe contrastar. O foco do trabalho, porém, é a reelaboração de conceitos e concepções, tarefa que transcende uma abordagem especializada de cronologias, fatos históricos, autores e obras. Portanto, no que diz respeito à análise da tradição, nenhuma leitura dos textos clássicos abordados tem a pretensão de uma investigação erudita em sentido estrito, isto é, um enfrentamento sistemático e exaustivo dos desafios de interpretação postos pela própria tradição e pela literatura acadêmica. A rigor, o esforço hermenêutico deste estudo não concorre com os trabalhos mais especializados dos respectivos *scholars* das matérias abordadas, de cujas contribuições, vale ressaltar, se faz amplo uso sempre que necessário para elucidar melhor uma questão específica ou fornecer um panorama mais abrangente. Dessa perspectiva, a tradição do pensamento político resulta uma fonte inesgotável de ideias e questões, e, por isso mesmo, a leitura que se faz dela, inevitavelmente parcial, é selecionada pela natureza e pelo conteúdo dos problemas que se quer explorar e discutir. Mas não apenas isso: é raro que se tenha um domínio tão vasto e igualado de toda a tradição. Em geral, e como é o presente caso, seu intérprete conhece melhor certas correntes intelectuais do que outras, certos autores e textos e assim por diante, o que coloca limites objetivos à sua contribuição, por mais que procure ampliá-los. Resta-lhe fazer o melhor uso possível dessa limitação, esperando que seus resultados teóricos possam aguçar outros estudiosos a aprofundar a empreitada, inclusive através da crítica.

Ao recorrer a citações dos textos clássicos, o autor, tanto quanto possível, beneficiou-se de traduções publicadas em português. Em diversas ocasiões, porém, elas foram modificadas, de modo a adequá-las melhor à interpretação proposta. Sempre que lhe faltou uma boa tradução em português, o autor verteu as versões originais ou as traduções de que dispunha em outras línguas. Notas esparsas ao longo dos capítulos avisam o leitor desses casos.

A base original deste livro é a tese de livre-docência que seu autor defendeu, anos atrás, na instituição em que trabalha como docente[1]. Contudo, da tese propriamente dita o livro aproveita apenas uma parte, transformada nos dois primeiros capítulos, dedicados à constituição mista. Embora a questão do Estado soberano ocupe um lugar central naquele trabalho, o autor alterou profundamente sua visão a esse respeito, o que o obrigou a deixar de lado o que havia escrito a fim de produzir um novo texto em seu lugar. Esse texto, isto é, os dois capítulos seguintes do livro, é uma síntese de intervenções posteriores à tese, apresentadas na forma de artigos, ensaios e palestras, que pouco a pouco decantaram as mudanças de perspectiva do autor[2]. Como une momentos distintos de elaboração, o livro é, no fundo, uma tentativa de dar-lhes uma exposição consistente – daí o trabalho de reescrita de vários trechos da parte da tese que foi aproveitada, a fim de que ela dialogasse mais sistematicamente com a parte do livro que corresponde a uma

---

1. Cf. Araujo (2004).
2. As intervenções publicadas, cujos trechos foram incorporados à obra, constam das Referências bibliográficas listadas no final do livro.

reflexão mais recente. Mesmo depois desse esforço, ainda é possível notar marcas da emenda, o que – pelo menos assim pensa o autor – não prejudica a compreensão do conjunto e talvez até a enriqueça. Mas esse e tantos outros aspectos do livro cabe ao leitor julgar.

Capítulo I

A cidade-república e a teoria da constituição mista

Pensar as entidades políticas como "constituições mistas" atravessa épocas. Já encontramos a ideia em Heródoto e Tucídides, vemo-la teorizada por Platão e Aristóteles e, depois, pelo Helenismo romano. Ela retorna no baixo medievo, como uma idealização das cidades autogovernadas da Itália, das monarquias de origem feudal e da própria estrutura da Igreja Católica. Será objeto de muita discussão no período renascentista e além, recuperada e reformulada por uns, criticada por outros. Com a revolução americana, ela receberá uma roupagem pela qual se apresentará ambiguamente à teoria política e ao pensamento constitucionalista, como um compromisso entre o republicanismo tradicional e o moderno.

Impossível, evidentemente, dar conta de toda essa evolução. O objetivo deste capítulo é apenas oferecer um quadro sintético da reflexão clássica (antiga) sobre a constituição mista e de sua recepção renascentista, e ver como a experiência da cidade-república italiana começará a exigir deslocamentos para novos tópicos e novas abordagens.

A questão crucial da constituição mista é como incorporar, na ordem política, os diferentes estratos da sociedade sem corromper a república. O termo "corrupção" é um signo da preocupação com a qualidade moral da cidadania – a virtude –, identificado neste trabalho como um dos acordes básicos da reflexão em modo republicano. A atenção à virtude tem que ver com a busca da excelência no desempenho das responsabilidades públicas, das decisões coletivas (deliberativas), passando pelas judiciais, até as militares. Nessa perspectiva, o problema apresenta-se assim: como ampliar a base social da república sem prejudicar esses valores?

A forma clássica de introduzi-lo é a bem conhecida abordagem grega de classificar os governos segundo suas formas/constituições "simples" ou "primárias" e segundo o critério do número: o governo de um, de alguns e de muitos. A constituição mista (*mitkte politeía* ou *memigmene politeía*) é a mescla de duas ou mais dessas formas simples. Além de um molde analítico para aproximar-se de suas instituições políticas históricas, essa tradição usa a classificação para separar os governos moralmente aceitáveis ou desejáveis dos demais. Embora não tenha sido o inventor da classificação e do critério, Aristóteles certamente a tornou bastante popular e deu-lhe um retoque próprio. Assim, na *Política*, ele fala em três formas "boas" – a realeza (*basileía*), a aristocracia e a república (*politeía*) – e suas respectivas "degradações" (tirania, oligarquia e democracia) (*Política* III.7, 1279b)[1]. Contudo, seu raciocínio vai nos levar a concluir que pelo menos uma das formas boas mesmas – embora não a idealmente melhor – já é uma constituição mista: a república (*politeía*), curiosamente o termo grego que também designa a "constituição" de modo geral. Mais curioso ainda: Aristóteles afirma que a república é uma mistura positiva de duas formas

---

1. Segue-se a numeração de capítulos da edição inglesa de R. McKeon (Random House).

degradadas de governo: a oligarquia e a democracia (*Política* IV.8, 1294a). Voltar-se-á às suas razões logo adiante. Essa é, talvez, a apresentação mais famosa, mas não a única. Segundo os historiadores do pensamento político antigo, Platão teria sido o primeiro a abordar de forma consistente o tópico da constituição mista, embora Heródoto e Tucídides tenham, antes dele, se referido brevemente ao problema[2]. Por certo, o Platão mais conhecido – o autor de *A República* (*Politeía*) – desprezou o conceito, em vista de sua aposta no governo dos reis-filósofos que, guiados unicamente pela virtude e pela razão, não deveriam ser constrangidos nem pela lei nem por arranjos institucionais da espécie que uma constituição mista exigiria. Contudo, na última fase de seu pensamento, Platão passou a considerar mais seriamente a perspectiva do império da lei, não como a solução ideal, mas como uma opção prática e razoável diante da inviabilidade do governo dos reis-filósofos. E assim emergirá, nas *Leis* (seu último diálogo), a concepção de uma mistura de diferentes tipos de constituição que pudesse moderar os excessos que a operação de apenas um tipo, isoladamente, poderia produzir na cidade, perturbando seu equilíbrio e, consequentemente, a estabilidade das leis.

De especial interesse nesse diálogo é o modo como apresenta o conceito, ao descrever as instituições de Esparta, considerada por ele uma aproximação exemplar da constituição mista. Esparta teria adquirido essa conformação aos

---

2. Sobre o pioneirismo da análise de Platão, ver Blythe, cap. 2, Von Fritz, cap. IV, e Wood, N., cap. 9. Sobre Heródoto e Tucídides, ver Blythe, p. 14. Nippel (1980), pp. 45 ss., interpreta o elogio de Tucídides à constituição mista à luz do contexto ateniense e do episódio do "governo dos cinco mil", entre 412-411 a.C.

poucos: em tempos mais remotos, a cidade fora governada por uma espécie de monarquia, com duas famílias reais concentrando o poder político. Não se tratando de uma monarquia em sentido estrito, já aí o princípio da moderação se fazia sentir, pois os dois reis eram obrigados a controlar--se mutuamente. Mas nessa etapa o arranjo constitucional ainda se encontraria "muito fervente e agitado", precisando "temperar-se" com um novo fator de contenção, que a instalação de um conselho de vinte e oito anciãos (a *gerousía*) acabou por providenciar. Mais tarde, um terceiro e decisivo fator foi acrescentado: a instituição dos éforos, "cujos poderes se assemelhavam ao de magistrados eleitos por sorteio" – uma remissão à ideia de que, com o eforado, a constituição espartana também incorporava um elemento democrático. "Eis como o cargo da realeza de tua república lacedemônia, sendo misturado com os ingredientes corretos, e devidamente moderado, foi preservado e através dele todo o resto se preservou também" (*Leis* III, 691d-692b). Note-se como o conceito de constituição mista se esclarece aqui por analogia a um corpo que, de início muito quente e agitado, *tempera-se* com a adição de elementos mais frios que gradativamente o vão deixando morno e estável. O estado de equilíbrio não corresponderá então a nenhum dos elementos extremos que o compõem, mas a um meio-termo – ou, em palavras mais diretamente políticas, um meio caminho entre a "sabedoria" que preside a monarquia e a "liberdade" própria à democracia (id., 693d-e).

Por sua importância conceitual, será necessário retornar a essas ideias mais à frente. Contudo, no que diz respeito à história da teoria da constituição mista, a influência de

Platão é aparentemente menor, embora tenha, sem dúvida, causado impacto na elaboração de Aristóteles, seu discípulo na Academia. De fato, além do Estagirita, os dois outros autores clássico-antigos de maior relevância para a tradição são Políbio e Cícero. Usando terminologias distintas, ambos vão manter-se, como Aristóteles, no esquema de uma classificação direta e enxuta das constituições segundo o critério numérico, com suas seis formas simples – três "corretas" e três "corrompidas" –, para então, embora diferenciando-se de Aristóteles neste ponto, apresentar a constituição mista apartada dessa classificação, como uma mescla das três corretas. Em Políbio, temos o trio positivo realeza (*basileía*)-aristocracia-democracia e o trio negativo tirania--oligarquia-governo da multidão ou da violência (*oclocracía* ou *keirocracía*). Já Cícero, usando termos que para alguns leitores soarão menos familiares, fala em realeza (*regnum*), aristocracia (*optimatium*), governo popular (*civitas popularis*), de um lado, e despotismo (*dominatus*), regime das facções (*potestas faccionis*), despotismo da multidão (*dominatus multitudinis*), de outro.

O motivo de Políbio apresentar sua concepção desse modo é bem claro: ele quer marcar a inerente instabilidade das constituições simples, cujo remédio é a própria constituição mista. De quebra, e para tornar a ideia da instabilidade mais viva, Políbio propõe um ciclo (*anacyclosis*) das constituições simples, indicando que é de sua natureza percorrer as seis formas segundo uma ordem determinada e unilateral, até retornar ao ponto de partida. Em princípio, o ciclo deve ir de uma forma correta para a sua correspondente degenerada, percorrendo as três escalas (um, alguns, muitos) sucessivamente, assim: realeza à tirania à aristocracia à oligarquia à democracia à oclocracia, depois de que o ciclo se repete. Mas, para fazer a ponte entre o estágio final (a oclocracia) e o inicial, Políbio acaba introduzindo uma sétima forma simples, a "monarquia" – exatamente o mesmo termo genérico para "governo de um só", embora aqui Políbio defina-a como o "governo do mais forte". O propósito é fazer um uso normativamente neutro dele. Depois do domínio da "populaça", caracterizado como a prevalência de um bando de animais selvagens, e antes de retornar à realeza, o ciclo tem de passar por uma etapa que ainda é brutal, mas logra forçar os "selvagens" à obediência. Já a tirania é a usurpação de uma ordem correta (a própria realeza).

Cícero, por sua vez, sugere a ideia, não exatamente de um círculo, mas de uma trajetória de crescimento na direção da melhor constituição, que começa de uma forma simples e vai pouco a pouco absorvendo as outras formas ao longo do caminho. Em seu *Da República*[3], é assim que a constituição romana teria atingido sua maturidade. Roma era uma monarquia ao tempo de sua fundação e, durante a própria monarquia, foi incorporando elementos aristocráticos, com a criação do Senado (por Rômulo), e populares, com a introdução do rei eletivo (por Numa Pompílio) e a criação das *Comitia Centuriata*, no reino de Sérvio Túlio. Quando a monarquia ameaçou resvalar para o despotismo, no reino de Tarquínio, os nobres e a plebe uniram-se para derrubá-la e instaurar o

---

3. Além de sua última parte (o "Sonho de Cipião"), pouco era conhecido dessa obra até o século XIX, exceto fragmentos interpolados nos textos de Agostinho e outros autores do período imperial, e cartas do próprio Cícero, descobertas no século XIV. Vários pedaços continuam até hoje perdidos.

regime dos dois cônsules (a república). Logo depois, quando o novo regime ameaçou resvalar para a oligarquia, com a instalação dos decênviros, o povo se sublevou e consolidou a instituição dos tribunos da plebe (*Da República*, livro II). Eventualmente, Cícero fala da inerente instabilidade das formas simples e da constituição mista como solução disso (id., I.44, 45, 69)[4], mas não insiste que elas tenham de passar por uma sucessão determinada e única. Na esteira de sua interpretação das instituições romanas, projeta-se uma república ideal na qual as diferentes "ordens" da sociedade vão encontrando seu espaço adequado e justo, encaixando-se umas às outras para formar um todo harmônico. "Ele discerne a vantagem específica da constituição mista em sua *aequabilitas*, que provê algo a todos – preservando um elemento régio, ao mesmo tempo satisfazendo os requisitos da aristocracia em relação ao *status* e à autoridade, e os do povo em relação à liberdade e à participação" (Lintott, p. 82). Como a própria citação sugere, *aequabilitas* não é o nivelamento social, mas a firme garantia e reconhecimento, por parte da república, daquilo que é próprio a cada ordem: "Não há razão para mudança quando cada pessoa está solidamente colocada em seu próprio degrau, sem a possibilidade de abrupto colapso" (id., I.69). Cícero compara a ordem política a um coro de vozes, em que um nível de harmonia deve ser mantido entre os diferentes sons a fim de que se torne agradável: "assim também a república, através do equilíbrio refletido entre as ordens mais alta e a mais baixa e as intervenientes, é harmoniosa na concórdia de

---

4. A numeração dos capítulos é da edição inglesa de J. Zetzel (Cambridge) e difere da edição brasileira publicada na coleção "Os Pensadores" (Abril Cultural).

pessoas muito diferentes" (id., II.69). Incorporar todas as partes da sociedade respeitando os "degraus" e as "tonalidades" específicas de cada uma: essa é a *concordia ordinum*, a principal realização de uma constituição mista. A abordagem de Aristóteles é diferente, embora sua dialética repleta de afirmações provisórias torne muito difícil dizer qual sua exata posição. Como Cícero depois dele, o objetivo da constituição mista é a união dos diferentes elementos da comunidade, e é isso que tornaria a ordem política mais estável (*Política* IV.12, 1297a). Contudo, o foco da análise aristotélica é menos a distinção e a hierarquia das ordens do que o antagonismo entre ricos e pobres. É que o filósofo não se limita a classificar as constituições segundo o critério numérico (um, alguns, muitos) – que define "quem" governa –, mas as vê também segundo sua "finalidade". É isso que deixa claro por que a oligarquia e a democracia são degradações das boas constituições. A finalidade destas últimas é a justiça, isto é, governa-se para o bem de toda a comunidade. No caso das constituições degradadas, o *quem* governa determina a finalidade. Na realeza, o rei governa em benefício de todos, enquanto o tirano, por definição, governa em benefício próprio; não há, de fato, como distinguir ambos a não ser *a posteriori*, em razão das diferenças de caráter e desempenho pessoais. E quanto à oligarquia e à democracia, por que se diferenciam da aristocracia e *politeía*? Como aqui se fala de governo de grupos, e não de indivíduos, Aristóteles precisa de um critério mais objetivo, porém só vai apontá-lo claramente nas versões degradadas. O critério é precisamente o antagonismo entre ricos e pobres (id., IV.4, 1291b). Pois não basta dizer que a oligarquia é o governo dos poucos em benefício deles mesmos, e a democracia o governo parcial dos muitos; é preciso determinar o fator que provoca esse tipo de perversão. E o filósofo encontra-o na situação social e material dos grupos: quando os ricos governam sozinhos, eles tendem a governar para si mesmos, e os pobres idem. Que os pobres sejam os "muitos" e os ricos, os "poucos", é uma condição acidental. Aristóteles fala do relacionamento entre ricos e pobres como "antagônico" ou de "opostos" (*enantía*), o que caracteriza uma condição socialmente mais tensa do que a descrita por Cícero. Erigir a constituição mista é promover a união desses termos conflitantes: na verdade, a *politeía* é uma constituição mista porque logra conciliar elementos típicos do governo dos ricos (a oligarquia) com elementos do governo dos pobres (democracia). Como? O filósofo mesmo admite que se trata de uma operação de sucesso muito difícil e rara (id., IV.11, 1295b-1296a), mas aponta três requisitos básicos. Primeiro, ele fala da junção de mecanismos constitucionais oligárquicos com democráticos: um censo baixo para a ocupação dos cargos públicos (critério democrático) mas, em vez de sorteios (típicos da democracia), a eleição; ou então instituir a multa para os ricos, em caso de não cumprimento de seus deveres políticos, e o pagamento, por sua participação, de um óbulo para os pobres; e assim por diante. A fusão de mecanismos deve ser tal que faça um observador externo se confundir se está diante de uma constituição oligárquica ou democrática (id., IV.9, 1294b).

Contudo, Aristóteles está ciente das limitações de iniciativas como essas. Assim, em segundo lugar, é preciso garantir que os respectivos anseios de ricos e pobres não sejam frustrados. Nos ricos, ele vê o anseio pela preservação de seu *status* e, claro, sua condição material privilegiada. Nos pobres, ele vê simplesmente a preservação da liberdade. Ser livre é não estar sob o domínio de um "senhor" (*despotas*), que é a condição escrava por definição; aliás, a palavra "liberdade" (*eleuthería*, em grego) indica explicitamente essa negação. A pobreza é uma condição de posse muito modesta de bens materiais, mas essa não é, em si, uma situação degradante, pois o *status* do pobre é, ainda assim, livre. Mas os pobres temem um arranjo político em que os ricos virtualmente se relacionem com eles mais ou menos como os senhores se relacionam com seus escravos. Por outro lado, os ricos temem que, sob um governo absoluto dos pobres, este acabe confiscando suas posses. Para ser bem-sucedida, portanto, a *politeía* tem de incorporar ambos, a riqueza (condensada na propriedade) e a liberdade (id., IV.8, 1294a), e isso só pode ser alcançado se os grupos antagônicos forem capazes de ultrapassar suas perspectivas parciais. Nas palavras de Sérgio Cardoso: "Não se trata de negar suas pulsões; trata-se, ao contrário, de permitir sua realização mediante o estabelecimento de um espaço de compromisso, de um 'justo meio aceitável para todos' [...] Trata-se, enfim, nesse regime, fundamentalmente, de limitá-las, moderá-las, em função do interesse superior de todos: a própria existência da cidade como comunidade autárquica e integradora de todos os cidadãos" (Cardoso, 2000, p. 40).

Como ocorre na Ética, o "justo meio" é a busca de um equilíbrio: a virtude está para o caráter individual como a constituição mista está para a ordem política coletiva (*Política* IV.11, 1295a). Só que no caso da *politeía*, anota Sérgio

Cardoso, a virtude constitucional é menos a realização de ações nobres do que a prudente convivência de contrários. É precisamente a busca por esse justo meio que fará Aristóteles adicionar um terceiro requisito para o sucesso da constituição mista. Convicto de que uma condição simultânea de extrema riqueza e de extrema pobreza leva a uma desestabilização do equilíbrio almejado pela *politeía*, esta só funcionará se houver, entre ricos e pobres, um terceiro grupo que, com sua posse moderada de bens, dê o tom social e moral do conjunto (id., 1295b-1296a).

Talvez por causa do caráter um tanto pragmático desses requisitos Aristóteles acabe admitindo que a *politeía* está longe da melhor constituição possível, e mais ainda da "*pólis* perfeita", sobre a qual fala em outras partes da obra. Ele não esconde sua preferência pelo governo aristocrático no qual, diz, se promove a união não só da riqueza e da liberdade, mas também da virtude (id., IV.8, 1294a). Por trás desse ponto está, naturalmente, o ideal ético da boa vida, o qual é incorporado no ideal constitucional. Como ele destaca em várias passagens da *Política*, ao decidirem viver sob uma mesma *pólis*, os homens não buscam apenas viver, mas "viver bem". A vida boa é uma meta perfeccionista que distingue ações de *status* moral superior – as quais não são apenas ações corretas, mas também nobres – de ações menos elevadas, que não são em si incorretas, mas "vulgares". Isso define uma distinção de méritos, inclusive no grau de participação nas responsabilidades públicas: "A sociedade política existe em função de atos nobres, e não simplesmente para a convivência. Logo, aqueles que contribuem mais para tal comunidade devem ter maior participação nela, em comparação aos que, embora tenham a mesma ou maior liberdade ou nobreza de nascimento, são inferiores em virtude" (id., III.9, 1281a).

Em suma, a *politeía*, a constituição mista propriamente dita, é uma concessão que faz o filósofo à realidade. "O melhor é frequentemente inalcançável, e portanto o verdadeiro legislador e homem político tem de estar familiarizado não apenas com o que é melhor em abstrato, mas também com o que é melhor relativamente às circunstâncias" (id., IV.1, 1288b). As motivações práticas de sua empreitada, porém, estão sempre esgrimando com o caráter nobre que projeta para a ação política e para a própria estrutura constitucional dos governos. O que não deixa de exprimir, e num alto grau mesmo, tensões morais inerentes ao pensamento político antigo.

Roma e a constituição mista

Como já indicado, em Políbio e Cícero a reflexão sobre a constituição mista está centrada na experiência romana. Não que haja nisso um desprezo pela civilização grega de modo geral. Pelo contrário, seus pensamentos são produtos do helenismo: Políbio é ele mesmo um grego, e pode-se dizer que foi um dos grandes divulgadores das ideias gregas sobre a constituição mista para o ambiente romano[5].

---

5. Finley (1997, pp. 153-4) afirma que a ideia de constituição mista é não só de origem grega, mas também estranha à prática constitucional romana. Mas o fato é que tal ideia encontrava-se em circulação na aristocracia helenizada em Roma pelo menos desde o início do século II a.C., e o próprio Catão (o Velho), conhecido por suas restrições ao intelectualismo grego, aproveitou-a para esboçar, por conta própria, sua visão sobre a constituição mista (cf. Lintott, p. 73). Seria estranho que essa assimilação intelectual, feita por expoentes da elite política romana, deixasse de repercutir na prática constitucional.

E Cícero diz explicitamente que Políbio é um de seus interlocutores em filosofia política, além da evidente influência do estoicismo e do platonismo em sua obra (*Da República* I.34 e II.27)[6]. Contudo, ambos parecem julgar que a Grécia teria sido uma realização política um tanto aquém de sua realização espiritual e intelectual. Isso fica claro quando se observa o balanço que fazem da principal experiência política grega, a democracia ateniense. Ambos tendem a acompanhar as avaliações pouco apologéticas que fazem dela os maiores expoentes da filosofia e história gregas, e isso explica em parte por que em quase todos eles a palavra "democracia" indica uma forma degradada de constituição[7]. Não é incomum encontrar Cícero referindo-se a Atenas quando fala sobre os governos democráticos. Sua principal crítica é o virtual nivelamento político que suas instituições estabeleceram entre as ordens, entre a nobreza e o povo: "quando os atenienses, várias vezes depois que o Areópago foi destituído de sua autoridade, nada fizeram exceto pelas decisões e decretos do povo, a república perdeu o seu esplendor, pois que não havia mais graus reconhecidos de *status*" (id., I.43). Já Políbio, atento à capacidade de cada constituição para levar uma comunidade ao sucesso em política interna e externa, destaca as fraquezas da democracia ateniense no que tange à falta de decisões prudentes, e faz a seguinte observação, entre outras: "o povo ateniense se assemelha de um modo geral a um navio sem um mestre [...]

---

6. Sobre essas influências, cf. Lintott, pp. 80 ss.
7. Que Sócrates, Platão, Aristóteles, Tucídides, Xenofonte, para ficar nos casos mais conhecidos, são críticos da democracia ateniense (ou seja, das práticas constitucionais vigentes nessa cidade nos séculos V e IV a.C.), é praticamente senso comum na literatura sobre o assunto. Para uma síntese, consulte-se o verbete "Democracy" em Miller et alli (pp. 114-9).

é a multidão que decide tudo de acordo com seus impulsos desenfreados" (*Histórias* VI.44).

Políbio, e Cícero naturalmente, consideravam a república romana superior à democracia ateniense, e mesmo a todas as formas de democracia. Contudo, não vamos encontrar a razão disso diretamente no problema da amplitude da participação, no problema do *número dos cidadãos*. Em certo sentido, a abertura romana para novos cidadãos era bem maior do que a ateniense. Em Roma, o governo concedia a seus "estrangeiros" direitos de participação e proteção perante a lei muito mais facilmente do que em Atenas, a qual, no auge de sua experiência democrática (no tempo de Péricles), chegou a limitar esses direitos apenas aos filhos dos que já eram cidadãos. Do ponto de vista puramente quantitativo, a república romana era muito mais inclusiva. A questão fundamental, portanto, era como as respectivas constituições distribuíam responsabilidades entre os admitidos como cidadãos. É aí que incidem as críticas: a forma ateniense não teria feito as devidas moderações, de modo a atenuar a influência dos grupos mais numerosos – a "multidão", na percepção de Cícero e Políbio, os "pobres", na percepção de Aristóteles – sobre a qualidade das decisões e operações coletivas. Estamos, outra vez, diante do problema da constituição mista: como incorporar a todos, nobres e povo, ricos e pobres, na comunidade política, sem ferir a sua virtude?

Já se falou de Aristóteles e Cícero. Falta tecer alguns comentários adicionais à reflexão de Políbio. Parágrafos acima, mencionou-se a sua teoria do ciclo das constituições (*anacyclosis politeion*) – segundo estudiosos, sua contribuição mais original à teoria da constituição mista –, que lhe serve para indicar a intrínseca instabilidade das formas simples. Porém, o ciclo indica algo mais: o férreo e incontornável caminho que vai do nascimento, crescimento e morte das constituições, como se elas imitassem de fato um ciclo vital. A constituição mista teria o dom de estancar esse processo? Sua resposta não deixa dúvidas:

> Que tudo está sujeito à decadência e à mudança é uma verdade a respeito da qual não há necessidade de insistir. O curso inexorável da natureza basta para convencer-nos disso. Todas as comunidades políticas estão fadadas ao desaparecimento [...] e isso, acredito, é evidente: depois de uma comunidade passar incólume por muitos e grandes perigos e obter afinal um poder esmagador e uma supremacia incontestável, é manifesto que, sob a influência de uma prosperidade que durou tanto tempo e tornou-se habitual, a vida se tornará mais luxuosa e as rivalidades entre os homens na busca das mais altas posições políticas e outras distinções se tornarão mais violentas do que deveriam ser [...] Quando isso acontece, a comunidade política passa a usar para si mesma as palavras mais altissonantes, liberdade e democracia, mas será de fato a pior de todas, a oclocracia (*Histórias* VI.57).[8]

Em suma: a estabilidade das constituições mistas é relativa. Maior do que a das formas simples, porém não idêntica à perenidade. Essa observação é crucial, porque o vigor da forma mista não é apenas comparável às formas simples, mas às próprias constituições mistas entre si. Políbio, pouco exato conceitualmente para os padrões filosóficos gregos, mas um historiador bem empírico, tem um alvo concreto para sua teoria. Logo no início do livro VI de suas *Histórias*, cujo

---

8. Vertida da tradução (para o inglês) do livro VI que Von Fritz anexou ao seu próprio estudo, com algumas frases da tradução brasileira editada pela UnB.

quadro maior são as guerras púnicas, ele interrompe o fio da narrativa (a derrota dos romanos na batalha de Canas) para explicar "como e em consequência de que ordenação política veio a acontecer que, dentro de um período de menos de 53 anos [após aquela famosa batalha, na qual a causa romana parecia perdida], todo o mundo habitado [ele está falando da civilização mediterrânea e contiguidades] caiu sob o domínio dos romanos".

Um pouco mais adiante ele enuncia o princípio suposto nessa explicação: "A maior causa do sucesso ou fracasso de todos os assuntos [relativos às ações de uma coletividade] é evidentemente a ordem política da comunidade" (*Histórias* VI.1). Contudo, diz Políbio em capítulo posterior, a principal rival romana, Cartago, era, do ponto de vista da estrutura formal de sua constituição, semelhante a Roma. Como esse princípio explicaria o sucesso de uma e o fracasso da outra? Ver-se-á adiante como a noção de que as constituições têm diferentes fases de crescimento e decadência ajudará o historiador a enfrentar a questão.

Antes, porém, teremos de ver como o princípio anunciado em VI.1 incide sobre sua exposição da maquinaria do governo romano. Essa é uma exposição que não deixaria de agradar aos cientistas políticos de nosso tempo, com sua conhecida obsessão pelas regras institucionais. Muito aquém, é claro, daquilo que se poderia esperar de um analista preciso e consistente, como reclamam vários estudiosos do próprio Políbio, que registram omissões e contradições do historiador quanto à operação das instituições romanas[9]. De qualquer modo, ali se aplica, para um governo concreto,

---

9. Cf. Von Fritz, cap. XI; e Walbank, p. 89. Mas ver Lintott, pp. 78-80.

uma ideia que se tornará preciosa no futuro: que a constituição mista, a fim de melhor promover a estabilidade, pode conter um sistema de agências que, ao mesmo tempo, contrapõem-se e cooperam entre si – um sistema de freios e contrapesos, para usar a imagem mecânica popular de nossos dias, que Políbio mesmo não emprega. Mas a indicação está lá. Falando da constituição de Esparta, que também considera mista, ele elogia a perspicácia do legislador Licurgo ao impedir que as diferentes partes simples de sua ordenação "crescessem indevidamente e degenerassem nos males que lhe são inerentes [...] desde que o poder de cada uma é contrabalançado pelo das outras" (id., VI.10). Aqui emerge a ideia de que a melhor estabilidade possível se alcança através de um equilíbrio de forças, acionadas por diferentes agências políticas que crescem dentro de um mesmo arranjo global. É a mescla das formas constitucionais simples que produz tais agências, fazendo-as corresponder aos diferentes impulsos da realeza, da aristocracia e do povo. Como vimos, Platão, nas *Leis*, já havia sugerido algo semelhante ao analisar a constituição espartana. Políbio estende essa ideia para Cartago, mas a análise mais extensa concentra-se em Roma. Lá, diz ele, a mescla é tão "igual e harmoniosamente equilibrada" que é muito difícil discernir nitidamente do que se trata: "mesmo um nativo não poderia ter determinado, definitivamente, se a comunidade como um todo era uma aristocracia, uma democracia ou uma realeza". Olhando para os poderes do consulado, dir-se-ia que é uma realeza[10];

---

10. Pode-se estranhar que o consulado, composto de dois magistrados, corresponda à "monarquia", sobretudo quando se sabe que um tinha poder de veto sobre as ações do outro. A mesma estranheza poderia ser dirigida a Esparta, com

para os poderes do Senado, que é uma aristocracia; e para os poderes do povo, que é uma democracia (id., VI.11). Como essa aparente disparidade de poderes poderia combinar-se harmoniosamente, a fim de produzir uma ação coerente? A resposta de Políbio é que as agências distribuem entre si diferentes responsabilidades. Aos cônsules, por exemplo, são reservados o comando militar e, quando estão na cidade – isto é, não estão em operação de guerra –, lideram a administração dos negócios públicos, pois todos os magistrados, exceto os tribunos, lhes são subordinados (id., VI.12; Políbio fornece uma lista mais detalhada das atribuições dos cônsules nesse mesmo parágrafo). O Senado, porém, "controla toda renda e gasto público", inclusive "o mais abrangente e largo item de gasto, a construção e o reparo de obras públicas"; decide matérias de política externa; provê a "investigação pública" de "todos os crimes cometidos na Itália [...] como traição, conspiração, envenenamentos e assassinato"; e ainda outras, especialmente quando "os cônsules estão ausentes". Finalmente, "só o povo", em suas "assembleias públicas", tem o poder de "conferir honras públicas e infligir punições"[11], além de "aprovar e rejeitar leis" e deliberar sobre a guerra e a paz (id., VI.13-14).

---

sua dupla realeza. Entre as cidades gregas, porém, não era incomum encontrar o ofício real assim duplicado (ver Blythe, p. 15, n. 11). Mas Von Fritz insiste que a noção de realeza expressava algo bem distinto daquilo que se esperava dos cônsules.

11. Entre as "honras públicas" constava o "mais nobre prêmio à virtude cívica numa comunidade", a eleição dos magistrados. Fica entendido, linhas abaixo, que o povo não se encarrega do conjunto dos procedimentos para julgar uma punição, apenas a aprova ou rejeita. Ademais, não são todas as punições que vão às assembleias populares, e sim as mais graves: "casos em que o resultado é a imposição de uma multa, especialmente quando a multa é considerável e os acusados são homens que exerceram cargos públicos elevados"; e a "punição capital" (id., VI.14).

Mas, se essas agências têm competências exclusivas em seu campo, não poderiam abusar delas? Ocorre que nenhuma das grandes responsabilidades é completa em si mesma. Para que se ponha em plena operação, cada agência necessita da cooperação das demais. Seguem-se exemplos: exércitos sempre precisam de suprimentos, e "sem a vontade do Senado, nem comida, nem vestimentos, nem pagamento podem ser providenciados aos soldados", pois é o Senado que controla o tesouro. Os cônsules não podem desprezar "o favor do povo", porque é este que ratifica suas ações no campo militar e aprecia, no final de seus mandatos, o conjunto de suas gestões (id., VI.15). O Senado "não é capaz de se desincumbir completamente da investigação e correção dos crimes mais graves contra a comunidade [...] a menos que a conclusão a que chegar seja confirmada pelo povo". Por outro lado, o povo tem de cuidar para manter-se "em bons termos com o Senado, como um corpo e como membros individuais", pois, repetindo, toda contratação de obras públicas, sua renovação ou cancelamento, passa por essa instituição. E as obras públicas são executadas "pelas pessoas comuns e se pode dizer que quase todos têm algo a ver com esses empreendimentos, ou como homem de negócios ou contratante ou trabalhador". Além disso, os juízes dos processos legais mais importantes, privados ou públicos, embora escolhidos por eleição popular, são selecionados entre os membros daquele órgão aristocrático. Assim, as pessoas do povo são "muito cautelosas em opor ou obstruir as vontades do Senado" (id., VI.16-17).

A presente exposição, por certo, condensa ainda mais uma descrição que já é um tanto vaga e imprecisa: como a historiografia contemporânea foi capaz de constatar, Políbio deixou subentendida, quando não omitiu inteiramente, uma série de práticas constitucionais da república romana que, se descritas, tornariam a visão de conjunto muito mais inteligível. Mas não interessa a este trabalho suprir todas essas lacunas[12]. Cabe, sim, enfatizar os seguintes pontos, que os exemplos anteriores deixam transparecer suficientemente: a) há uma pretensão, em Políbio, de que as tarefas constitucionais estão divididas entre agências separadas de governo. Evidentemente, essa divisão não segue a distribuição usual, moderna, de competências – isto é, a divisão entre as funções legislativas, judiciais e executivas – e, como resultado, um observador moderno encontrará muitos cruzamentos de funções entre as instituições romanas. Contudo, o que importa é que b) essas agências, pelo fato de nenhuma reunir tudo de que precisa para agir de forma inteiramente independente, têm o poder ou de travar as outras, ou de cooperar com elas (id., VI.18).

Mas por que elas haveriam de cooperar? Políbio parece não ver maiores dificuldades nessa questão. Primeiro, "o medo de algum perigo comum do exterior os compele a esquecer seus desacordos" e, quando isso acontece, o vigor interno da república se torna tão grande "que nada que é necessário para enfrentar essa situação é negligenciado". O que ocorre, então, quando não há perigos externos? Essa é a situação mais delicada, pois os cidadãos encontram menos motivos para permanecerem solidários entre si e, ao contrário, tornam-se "vaidosos, frívolos, mandões e insolentes". Nesse caso, o perigo maior, interno, é o da dissolução do império

---

12. Cf. a análise de Von Fritz, cap. VII.

da lei, que Políbio antes estabelecera como uma das marcas de uma boa constituição e tornara idêntica à liberdade dos cidadãos (id., VI.4 e VI.10). E é justamente aí que o sistema de equilíbrio entre agências separadas revela suas virtudes: "Pois sempre que um dos elementos da república excede seus limites naturais [...] e assume mais poderes do que lhe são devidos, então, desde que nenhum deles é capaz de conduzir qualquer coisa ao seu fim sem os outros [...] o resultado é que nenhum deles pode de fato exceder seus limites e desprezar os demais" (id., VI.18). Como se vê, o que Políbio está descrevendo (e prescrevendo), para os tempos de paz, não é exatamente uma cooperação positiva, mas uma anulação recíproca dos excessos, o que faz com que a constituição permaneça na posição correta.

Passemos agora ao último tópico da análise polibiana. O historiador cita Esparta e Cartago como outros exemplos louváveis de constituição mista: ambas reúnem num mesmo arranjo político as formas da realeza, aristocracia e democracia. E isso inclui agências semelhantes às do Senado e do Povo romanos, além, é claro, de algum tipo de instituição régia. Mas a análise constitucional não pode se limitar à descrição da maquinaria governamental, pois tal enfoque não permitiria entender por que a república romana teria sido, assim mesmo, superior àquelas outras duas. O problema agora se desloca para os costumes e as leis concretas que dão o "caráter" das diferentes nações, especialmente no que diz respeito à sua capacidade para manter sua independência e sua liderança em relação às demais.

Nesse sentido, a principal imperfeição que Políbio nota na constituição de Esparta é o descompasso entre sua política interna e sua política externa. Em síntese, Licurgo, seu mítico criador, fundou instituições que tornaram os espartanos profundamente frugais, solícitos e respeitosos uns com os outros, além de rigorosos cumpridores das leis. Mas na política externa, ao contrário, os espartanos adquiriram uma inclinação insaciável para guerrear e conquistar. Essa disposição podia até ser suficiente para adquirir e manter seu território vizinho. Mas, quando ambicionavam um projeto expansionista mais arrojado ou eram levados a concretizá-lo, imediatamente lhes faltavam o talento e os recursos para sustentá-lo. Para Políbio, o problema crucial dessa constituição é que "ele [Licurgo] tornou os espartanos o povo mais sensível e sem ambição quanto às suas vidas privadas e às leis da república, porém, ao mesmo tempo, deixou que fosse a mais ambiciosa, a mais sedenta de poder e a mais agressiva de todas as repúblicas em suas relações com os outros gregos" (id., VI.48).

O efeito dessa contradição é que os espartanos nunca se preocuparam em acumular recursos materiais, especialmente monetários, a ponto de torná-los autossuficientes durante uma empreitada bélica demorada e longe de casa. Toda vez que fizeram isso, foram obrigados a "implorar por subsídios junto à corte persa, impor tributos sobre as ilhas e extrair dinheiro dos gregos em todo lugar" (id., VI.49) – isto é, tornando-se devedores de quem havia sido, antes, seus inimigos e multiplicando tensões com possíveis aliados (Políbio atribui a falta de recursos monetários ao fato de Licurgo ter desestimulado o comércio com estrangeiros e a própria acumulação de dinheiro: os espartanos não lidavam com moedas de curso universal, em ouro e prata, mas só com moedas feitas com ferro, de uso interno). Assim, enquanto Esparta quase perdeu sua própria liberdade quando tentou ganhar a supremacia sobre os outros gregos, os romanos, ao contrário, "uma vez ganho o controle sobre a Itália, num curto período puseram todo o mundo habitado sob seu domínio, e por certo não foi de menor importância o fato de sempre terem à sua disposição suprimentos abundantes" (id., VI.50). Outra diferença entre a constituição romana e a espartana diz respeito ao modo de sua fundação. Algumas constituições, diz Políbio, são erigidas por "raciocínio" (*día lógon*), quando uma pessoa ou grupo restrito de pessoas as concebem em seu todo, e de uma só vez. Em contraste com o que vimos na exposição de Platão sobre Esparta, Políbio atribui esse feito exclusivamente à inteligência de Licurgo. Mas outras constituições são resultantes de um processo natural (*kata physin*), crescendo gradualmente e sem planejamento, como a romana, a qual, além disso, desenvolveu-se no "curso de muitas lutas e problemas" – isto é, ao longo de muitas dissensões internas (uma referência aos conflitos entre patrícios e plebeus) (id., VI.10). Cícero faz observação semelhante no início do livro II de seu *Da República*. Porém, como Políbio contrasta a paz interna de Esparta com a vida civil mais tumultuada de Roma – o que Cícero não faz –, ele poderia ter explorado essa linha de raciocínio para explicar o desempenho dos romanos no campo da política externa. É o caminho de Maquiavel, como se verá mais à frente.

E o que dizer de Cartago? A grande rival romana, além de possuir uma maquinaria governamental muito semelhante, não sofria as deficiências espartanas quanto ao talento para acumular recursos monetários e suprimentos a fim de empreender guerras além-mar. Cartago era conhecida por sua aptidão para o comércio: seus homens de negócios e suas embarcações operavam com desembaraço em todo o Mediterrâneo, e isso a tornou imbatível na arte naval. Nessas atividades, por sinal, os cartagineses eram nitidamente superiores aos romanos. Contudo, Políbio repara em seus costumes e leis problemas que tendiam a deformar o caráter cívico e militar de seus cidadãos, os quais os colocavam em desvantagem decisiva em comparação aos seus principais inimigos. Assim:

1) Embora tivessem uma excelente marinha de guerra, os cartagineses negligenciavam totalmente o preparo das forças de terra, especialmente a infantaria, ao contrário de Roma. A razão disso é que Cartago dependia de mercenários estrangeiros, enquanto os romanos possuíam um exército composto de cidadãos nativos. Isso dotava os últimos de um enorme espírito de luta, sobretudo nos reveses das batalhas e em situações adversas, quando a pátria se via no mais iminente perigo de sobrevivência (como ocorreu após a batalha de Canas, quando as legiões romanas foram massacradas pelo exército de Aníbal)[13]. Esse fator subjetivo, relativo ao caráter do soldado, fora importante até mesmo para suplantar a inferioridade técnica da marinha romana, pois mesmo "a vitória numa batalha naval depende em sua maior parte da bravura dos soldados a bordo do navio" (id., VI.52).

Ademais, os costumes romanos são especialmente voltados para a sistemática emulação, pública e privada, dos

---

[13]. Aristóteles também aponta as inconveniências do uso de tropas mercenárias em *Política* V.6 (1306a).

cidadãos que mais se destaquem na defesa ou em novas conquistas da república, como é patente, por exemplo, nas cerimônias fúnebres (id., VI.53). Isso teria o efeito de atiçar nos espectadores, particularmente os jovens, o desejo de alcançar a mesma glória, a mesma "reputação de valor entre seus compatriotas".

2) Políbio destaca as diferenças em relação aos modos de aquisição da riqueza. Em Cartago não há quaisquer restrições ao ganho material, enquanto os romanos, embora não rejeitem a aquisição da riqueza em si, consideram extremamente vergonhoso "aceitar subornos e tornar-se rico por métodos impróprios". Essa diferença reflete-se nas instituições políticas, pois em Cartago os candidatos a cargos públicos compram abertamente os eleitores, enquanto em Roma tal comportamento é passível de pena capital (id., VI.56).

3) O historiador também ressalta a importância das práticas religiosas. Aqui ele não faz uma comparação explícita com Cartago, apenas menciona seu efeito entre os romanos. Muitas dessas práticas poderiam ser objeto de reprovação por seu caráter "supersticioso", mas é sua eficácia social que chama a atenção de Políbio. Se uma república consistisse apenas em homens sábios, tais práticas seriam realmente desprezíveis. Porém, "uma vez que a multidão comum é em todo lugar inconstante, cheia de desejos ilícitos, propensa à paixão irracional e de temperamento violento, não há outro modo de refreá-la senão pelo medo do desconhecido e pela cerimônia pomposa". Acima de tudo, esse temor supersticioso aos deuses torna os cidadãos comuns muito mais rigorosos consigo mesmos no que diz respeito aos compromissos assumidos, especialmente os concernentes aos negócios e bens públicos (id., VI.56).

Essas descrições e comparações de práticas específicas servem para instanciar uma tese mais ampla, proposta alguns parágrafos antes: Políbio pretende mostrar que as guerras púnicas flagraram as duas ordens políticas em momentos distintos de seus respectivos ciclos vitais. Eis por que é importante estender, embora modificada, a teoria do ciclo das formas simples para as constituições mistas. A tese é que, no período em que as duas repúblicas se confrontaram, a constituição cartaginesa já tinha ultrapassado o ponto máximo de seu crescimento e se encontrava em declínio, enquanto a romana atingia justamente seu pleno vigor. O maior indicador disso é que em Cartago a constituição mista chegara a um estágio "em que o povo detinha o poder decisivo [...] enquanto em Roma o Senado estava em seu período de maior influência" e, por conseguinte, as deliberações políticas desta última eram superiores (id., VI.53). Essa proposição sugere que as constituições mistas diferem entre si por estarem ou mais inclinadas para a aristocracia, ou mais para a democracia. Políbio vê mais vantagens na primeira alternativa. Essa questão será retomada pelos renascentistas italianos, e a ela se voltará oportunamente.

Controvérsias em torno do conceito

Apresentaram-se até aqui algumas visões influentes de constituição mista, retiradas das fontes clássicas antigas, visões essas não necessariamente convergentes. Haveria, porém, uma definição ampla do conceito que pudesse servir de ponto de partida para discuti-las? Von Fritz, leitor rigoroso de Políbio, propõe algo nesse sentido a fim de enfatizar distinções que a seu ver não estão claras no texto do historiador grego, mas que considera muito relevantes para o pensamento constitucional. Com o intuito de resgatar o "significado original" do conceito e dar-lhe entendimento adequado, o autor afirma ser imprescindível partir das constituições simples sobre as quais faz sentido falar de uma "mistura". Para isso, aceita, como uma boa aproximação, a classificação do próprio Políbio segundo o critério numérico:

> Uma monarquia é um sistema governamental em que o poder supremo está nas mãos de um homem, uma oligarquia é um sistema em que o poder supremo está nas mãos de um grupo minoritário definitivamente circunscrito, e a democracia é um sistema em que tal poder está nas mãos do povo, ou, pode-se dizer, de maiorias cambiantes (*changing majorities*). Uma constituição mista, assim, é por definição um sistema em que o poder supremo é compartilhado e mais ou menos distribuído igualmente entre esses três elementos (Von Fritz, p. 184).

Mais ou menos na mesma direção, Blythe afirma que a constituição mista, "em seu sentido mais largo, é qualquer [forma de governo] em que o poder é compartilhado por no mínimo dois desses grupos" – "um, poucos e muitos" –, ou, na medida em que esses grupos estejam associados a formas simples de governo, é um arranjo "em que há uma combinação de duas ou mais" dessas formas (Blythe, p. 11)[14].

---

14. Quanto às formas, Blythe salienta não apenas as agências governamentais, mas também os procedimentos (eleição, sorteio etc.) característicos de cada forma. De modo que, como queria Aristóteles, tanto as agências quanto os procedimentos podem ser combinados numa constituição mista.

Von Fritz, contudo, não quer restringir-se aos quantificadores abstratos (um, poucos, muitos) que orientam essa tipologia. Pelo contrário, seguindo Aristóteles, ele quer aplicá-los a grupos sociais razoavelmente bem definidos: o governo de um homem é, na verdade, a expressão do domínio do chefe de uma família com pretensões de realeza; o governo de poucos, o domínio de uma classe de escol ou uma aristocracia; e o de muitos, o domínio do povo, entendido o termo não como idêntico à comunidade política, mas como um grupo social específico dentro dela. Para esse autor, portanto, a constituição mista propriamente dita é "um equilíbrio de poder político *entre duas ou mais* classes sociais" (id., p. 343; grifos adicionados). E, na medida em que os elementos que a compõem "estão balanceados uns contra os outros", "uma constituição mista sempre será um sistema de freios e contrapesos [*checks and balances*]" (p. 184).

Ele nos alerta, porém: se é verdade que a constituição mista implica *checks and balances*, o inverso nem sempre é verdadeiro. Um sistema de freios e contrapesos é algo mais restrito, pois é "de natureza puramente funcional e em nível governamental". O autor tem em mente as estruturas políticas democráticas que, embora tendam a rejeitar a distinção entre realeza, aristocracia e povo, e especialmente sua disposição numa ordem hierárquica, podem perfeitamente admitir uma divisão puramente funcional de tarefas governamentais, produzindo assim um sistema de contenção de poderes. Geralmente, portanto, constituições democráticas não são constituições mistas.

Arrematando o argumento, Von Fritz observa que agências governamentais podem até "representar" um determinado grupo social, mas não podem ser confundidas com o próprio grupo. O Senado, sem dúvida, era uma agência que expressava em nível institucional os interesses e valores da aristocracia romana; porém, não era idêntico à aristocracia. O tribunato foi criado para defender os interesses das plebes, mas era algo distinto delas. E o consulado nem sequer relacionava-se a uma realeza: os cônsules eram apenas magistrados, uma função puramente governamental. Ou seja, uma aristocracia, como "classe social", deve reunir poder e influência que são prévios a suas funções políticas oficiais, assim como o povo e, segundo o autor, o próprio rei, cuja família simboliza socialmente a unidade de toda a cidade (id., pp. 217 e 336). A seu ver, portanto, Políbio teria fundido num só conceito a ideia de constituição mista e a de um sistema de agências governamentais em contraposição, tal como o expresso na noção de freios e contrapesos.

Essa distinção é muito interessante e há que conservá-la para maiores refinamentos em outra parte deste livro. No momento, cabe apenas questionar se ela é de fato aplicável à inteligência e às práticas políticas da Antiguidade clássica. Tomem-se, primeiramente, as democracias antigas, ou melhor, sua experiência modelar, a democracia ateniense. Alguns dos autores clássicos da teoria da constituição mista, aqui citados, que se debruçaram sobre essa experiência, reconheciam nela agências governamentais distintas – a assembleia (*ekklesía*), de um lado, e o conselho (*boulé*) e os diferentes tribunais (*dikasteria*), de outro – que teoricamente poderiam até mesmo concorrer entre si. Suas críticas, nesse ponto, é que, em comparação à assembleia, essas agências tinham pouca autoridade para contrabalançar o poder do *demos* na própria assembleia. Esta costumava chamar para si as decisões políticas mais importantes, contra as quais qualquer outra instituição que procurasse exercer algum "freio", como parece ter sido o caso do *graphe paranomon*[15], revelava-se uma força quase insignificante. Contudo, a principal crítica dos defensores da constituição mista incidia sobre o esvaziamento dos poderes e atribuições do Aerópago ao longo da história da cidade, especialmente a partir de alguns anos depois das guerras persas, o que significou na prática o esvaziamento do poder social dos antigos eupátridas, a velha aristocracia ateniense, sem que nada viesse a substituí-lo. Essa teria sido a maior razão da baixa autoridade das agências concorrentes à assembleia, como se de fato houvesse uma estreita relação entre as instituições agenciadoras de grupos sociais e o poder de influência desses grupos nos destinos da *pólis*[16].

Todas essas questões são particularmente relevantes na análise do caso romano, pois ali encontramos uma sólida hierarquia fixa de "ordens", socialmente reconhecida e religiosamente sancionada, que se cristaliza na própria constituição. A mesma tendência de confundir a instituição e o

---

15. O *graphe paranomon* é "um procedimento ateniense introduzido no decurso do séc. V a.C., através do qual qualquer cidadão poderia processar outro por este haver feito uma 'moção ilegal' na Assembleia, *mesmo que a Assembleia soberana a tivesse aprovado*" (Finley, 1997, p. 71; grifos do autor citado). Feito num tribunal separado da Assembleia, uma pessoa condenada por ele poderia ser obrigada a pagar uma multa ou mesmo receber a pena capital (cf. Boegehold, pp. 208-9). Contudo, segundo Finley, "dos 39 casos conhecidos (alguns deles incertos) [...] talvez metade tenha terminado em absolvição" (p. 87, n. 9). Bernard Manin, por outro lado, dá grande peso, em sua análise das instituições atenienses, ao *graphe paranomon* como mecanismo de revisão legislativa, porém não atenta para essa sua baixa efetividade (Manin, 1997, cap. 1).

16. Para essas críticas, ver, entre outros, Aristóteles, *A constituição de Atenas* XXV-XXVIII; e Cícero, *Da República* I.43.

grupo social se observa: o *Senado* não é apenas uma agência funcional, encarregada de certas responsabilidades e não de outras, mas é também a instituição aristocrática por excelência. O *povo*, por sua vez, não é propriamente uma classe social no sentido moderno – definida, em termos econômicos, pela posição de seus membros no mercado ou na divisão social do trabalho –, mas é ele mesmo uma *ordem*. É verdade que a ordem a que o termo (povo) se refere envolve uma ambiguidade entre os próprios romanos: ele tanto pode designar uma ordem mais geral, o conjunto dos cidadãos, portadores de poderes políticos e legais exclusivos, claramente separado dos não cidadãos (os estrangeiros, as mulheres, os escravos); quanto uma ordem mais restrita, de *status* inferior, constituída pelos que não possuíam distinção aristocrática, isto é, gente de "origem obscura", quando então era também designada pelo termo "plebe(s)"[17]. Em tal contexto, é claro que, quando os autores antigos tratavam da constituição mista e da distinção entre povo e aristocracia, era desse segundo sentido que estavam falando.

Que a realeza não tenha um correspondente no consulado não parece uma questão tão relevante. Se a constituição mista é um ideal de equilíbrio de poder entre grupos sociais, a realeza não constitui na prática um grupo à parte. Socialmente, o rei é o *primus inter pares* da aristocracia. É verdade, por outro lado, que não se deve reduzir a realeza a uma função específica dentro da divisão de trabalho constitucional: o rei é a encarnação pessoal da comunidade, o símbolo vivo dela, e pode sê-lo mesmo sem nenhuma tarefa

---

17. Sobre a origem da(s) plebe(s) em Roma, e sobre o significado do termo, ver Roldán, pp. 52-3.

constitucional concreta. Como representante vivo da comunidade, carrega um potencial de independência em relação aos pares da aristocracia. Aliás, há fortes indícios de que, em Roma, a crise que resultou na queda da monarquia foi alimentada por tensões crescentes entre o rei e o patriciado[18]. Com a instauração da república, o Senado, ao tornar-se um poder constitucional independente (e não apenas um órgão assessor do rei), cuidou para que o consulado não se apropriasse dos símbolos da monarquia: os cônsules são dois e não um, seu mandato é anual, um cônsul tem poder de veto sobre as decisões do outro etc. O fato de ambos os cônsules, no início, procederem exclusivamente da ordem patrícia, criou uma fonte de conflito com o povo, que passou a exigir que pelo menos um deles fosse plebeu. Após muitos embates (que, por certo, não se limitaram a essa questão), essa exigência foi finalmente arrancada do patriciado, de modo que o principal magistrado da república, o qual poderia candidatar-se ao equivalente da realeza, passou a ser tomado como um condomínio patrício-plebeu, como observa Roldán. Assim, pelo menos na república romana, é uma boa aproximação afirmar que a constituição mista é um problema de composição, não de três vetores sociopolíticos fundamentais, mas de dois.

Há que insistir, todavia: ordens não são classes sociais. Essa distinção weberiana é crucial aqui, como bem assinala Finley: "Uma ordem ou estado [estamento] é um grupo juridicamente definido dentro de uma população. Possui privilégios e incapacidades formalizadas em um ou mais campos

---

18. Sobre esse dado histórico, cf. Rouland, cap. II; e Roldán, pp. 52-61.

de atividade – governamental, militar, legal, econômico, religioso, conjugal – *e situa-se em relação a outras ordens numa disposição hierárquica*. Idealmente, pertence-se a uma ordem hereditariamente, como no exemplo antigo mais simples e claro, a divisão dos romanos [...] em patrícios e plebeus" (Finley, 1986, p. 58; grifos do autor). Esse historiador também lembra que a hierarquia das ordens não pode ser tomada muito rigidamente, pois não raro há tráfegos, passagens, de indivíduos, e mesmo famílias, de uma ordem em direção a outra, no sentido ascendente. Isso depende, é claro, da porosidade da ordem superior. Mas é importante insistir também que os atributos estamentais não se limitam a dispositivos jurídicos e institucionais; é *fundamental* à sua reprodução a prática de um estilo de vida adequado ao *status* que lhe corresponde, estilo que não é apenas uma qualidade exterior, mas também um "senso de honra" interno, aliado a um conjunto de valores da personalidade que orienta a conduta de seus membros. Como Weber mesmo observa, "a honra estamental é expressa normalmente pelo fato de que acima de tudo um *estilo de vida* específico pode ser esperado de todos os que desejam pertencer ao círculo. Ligadas a essa expectativa existem restrições ao relacionamento 'social' [...] Tão logo deixa de haver uma mera imitação individual, socialmente irrelevante, de outro estilo de vida, para haver uma ação comunal consentida com esse caráter de fechamento, o desenvolvimento de *status* estará em processo"[19].

Sabemos que, numa primeira fase de sua história, a ordem dos patrícios – a estirpe das famílias pioneiras, as con-

---
19. Weber (1967), pp. 219-20 (grifos do autor citado).

sideradas mais antigas de Roma – dominava exclusivamente o Senado. Contudo, quando os plebeus passaram a ser aceitos em cargos de magistratura, inclusive o consulado, indivíduos plebeus vieram a integrar o Senado[20]. E integrá-lo significava ser admitido na ordem senatorial (*ordo senatorius*), uma categoria aristocrática, porém mais ampla que a dos patrícios originais. Com o tempo vamos encontrar, dentro da própria ordem senatorial, gradações de *status*: além dos patrícios, os *homines novi*, os plebeus recém-admitidos; e os membros descendentes de famílias cujos chefes, mesmo plebeus, tenham sido cônsules passam a fazer parte da *nobilitas*, a qual vai constituir, em meados do período republicano, o *crème de la crème* da aristocracia romana. Essas categorizações não se faziam apenas oficialmente, mas também eram reforçadas por símbolos e obrigações sociais amplamente reconhecidos: "o *ordo senatorius* se destaca nitidamente [...] do resto da sociedade romana, senão da antiga oligarquia possuidora, com traços típicos – o monopólio do poder político e a limitação da atividade econômica à propriedade imóvel – que ainda se acumulavam, nos começos do século II [a.C.], com signos externos característicos: túnica ornamentada com a faixa de púrpura (*laticlavius*), sandálias douradas, anel de ouro [...] assentos especiais nos teatros" etc. (Roldán, p. 364).

Em virtude desses desenvolvimentos, os historiadores de Roma costumam falar de uma "aristocracia patrício-plebeia", mas a ambiguidade do termo não deve nos enganar. Não é que a aristocracia tenha deixado de ser aristocracia ou

---

20. Era uma praxe da república que um magistrado eleito, a partir de um certo nível, passasse a integrar automaticamente o Senado.

tenha se "plebeizado" – algo que, em contraste, vai acontecer com as aristocracias das cidades italianas tardo-medievais –, mas que esta logrou cooptar, ao longo da história republicana, importantes e abastadas famílias plebeias para o seu círculo íntimo. A distinção entre nobres e plebeus permaneceu firme e ponto de referência central para a análise política. E certamente foi decisivo para esse resultado que o Senado tenha se mantido como a instituição não só articuladora do poder político de uma aristocracia, ainda que renovada, mas também emuladora de sua honra estamental. Em contexto antigo, a distinção aristocrática era certamente um sinal de riqueza. Em Roma, um membro da ordem plebeia dificilmente poderia aspirar à ordem senatorial se não possuísse largos recursos econômicos, ou se não os amealhasse ao longo de sua carreira política (o *cursus honorum*), entre outros fatores porque o exercício dos cargos públicos não era pago, e muitas de suas operações tinham de ser bancadas pelo próprio ocupante do cargo. Além disso, a própria sustentação da distinção aristocrática implicava um estilo de vida bastante caro. Todavia, o raciocínio inverso não é válido: a riqueza não significava ingresso automático na aristocracia. Pois, como indicado na citação anterior, o estilo de vida senatorial exigia *oficialmente* a abstenção de certas atividades econômicas muito lucrativas: a compra e venda, o empréstimo a juros e outras atividades especulativas – em suma, a aquisição baseada em capital móvel –, enquanto a aristocracia propriamente dita devia restringir-se aos recursos auferidos da posse da terra. É nesse espaço que vai crescer uma camada social intermediária de homens de negócios, os *equites*, não raro mais rica que membros da ordem senatorial, porém não exatamente plebeia, graças a certos traços de distinção elevada, politicamente reconhecidos[21].

Eis então o aspecto a sublinhar: o reconhecimento social, oficial e político era de tal modo importante para a identidade das ordens que sua organização como grupo social geralmente se cristalizava em agências governamentais. Ou seja, as diferentes instituições, que exerciam certas responsabilidades políticas e não outras, tendiam a ser também órgãos de manutenção da identidade das diferentes ordens. Assim, na teoria da constituição mista aplicada a Roma, a reflexão sobre as relações entre o Senado e o povo correspondia certamente a um ideal de equilíbrio entre grupos sociais, mas tendia a corresponder também (como em Políbio) a uma descrição de diferentes agências governamentais que, por conta das tensões entre essas duas ordens fundamentais, competiam entre si no exercício das funções constitucionais.

Seria errôneo, contudo, definir o Senado ou o povo por suas tarefas específicas na divisão de trabalho constitucional, como se costuma fazer modernamente quando se descrevem as diferentes agências de governo – o que, até mesmo nesse caso, como se verá em outro capítulo, é enganoso, mas por outras razões. O próprio Políbio não faz isso: ele diz claramente que o Senado é uma agência da aristocracia – é esse aspecto que lhe dá sua identidade fundamental –, à qual eram contrapostas as agências populares, os comícios e o tribunato. *A partir* dessa definição, ele mostra como a constituição romana busca um equilíbrio adequado entre a aristocracia e o povo – através, entre outros meios, de um

---

21. Mais detalhes sobre esse tópico, ver, outra vez, Roldán, pp. 132-3 e 348.

sistema de divisão de tarefas políticas. Mas não se trata de uma divisão fixa de trabalho, pois era a resultante de uma disputa social que gerava acordos provisórios a respeito de quais responsabilidades públicas cada ordem deveria se encarregar. Essa resultante fazia os próprios romanos conceberem sua república não como uma união de indivíduos, mas como uma aliança entre as duas ordens fundamentais. Tal a fonte da insígnia: "O Senado e o Povo de Roma" (SPQR: *Senatus populesque romanus*), com a qual essa entidade política se fazia apresentar nas suas relações externas.

Uma outra razão importantíssima para esse modo de conceber a relação entre os grupos sociais e o conjunto da comunidade política, que Von Fritz mesmo assinala numa breve passagem de seu livro, mas acaba não aproveitando nessa discussão, diz respeito ao termo *pólis*. "A terminologia política grega não distingue claramente entre o que nós chamamos sociedade e o que chamamos de Estado" (op. cit., p. 50). Observação semelhante poderia ser estendida à *civitas* romana. Na verdade – e esse é um ponto sobre o qual se insistirá muito neste livro – os significados modernos tanto de "Estado" quanto de "sociedade" são inteiramente estranhos à semântica clássica-antiga. Isso quer dizer que não havia nesse contexto uma separação nítida entre o social e o institucional, ou seja, entre o momento "imanente" do ser social e o momento normativo e "transcendente" de seu dever-ser. Por esse motivo também, o intelecto antigo não poderia separar rigorosamente a classe social e a estrutura político-institucional. Daí a tendência de projetar nas agências governamentais a divisão social interna da comunidade política e de tentar conjurá-la através da ideia de uma "mistura" de diferentes ingredientes do "corpo político".

A metáfora médica, hipocrática, usada não poucas vezes por Platão, Aristóteles e os demais aqui tratados, não é casual: tal como o corpo saudável é resultado da dosagem equilibrada de diferentes "humores", eventualmente contrários entre si – o quente e o frio, o seco e o úmido –, também o será o corpo político bem-ordenado[22]. Entre esses autores, no fundo a questão prática não era nem mesmo escolher entre uma constituição simples e uma constituição mista – a primeira servindo antes como um parâmetro teórico –, mas escolher a melhor entre as muitas possíveis constituições mistas, isto é, a melhor dosagem e mistura dos diferentes elementos de sua composição.

Natural, portanto, que essa tradição considerasse que as constituições simples significassem o governo de um grupo social específico dentro da comunidade. Assim, *democracia*, como tipo puro, não poderia significar, como hoje significa, o poder do povo entendido como a coletividade abrangente, universal, de toda a cidade, mas o domínio de uma "ordem" determinada no seu interior. O governo de um grupo social poderia ser "reto" ou "bom", e até, em certos casos – em geral, quando se tratava de uma aristocracia –, idealmente o melhor, mas na prática ele tendia à corrupção, ou, como via Políbio, a uma corrupção mais célere, exatamente por conta de uma relação pouco equilibrada do governo com todos os demais grupos sociais.

O próprio sentido da palavra grega para "constituição" (*politeía*) – termo que, segundo um estudioso, é um *lateco-*

---

22. Sobre o impacto da medicina hipocrática na filosofia grega, ver Jaeger, livro IV, 1.

mer na língua inglesa da modernidade nascente, e provavelmente também deve tê-lo sido nas demais línguas vernáculas europeias[23] – não pode nos enganar. Como lembra R. G. Mulgan, agudo comentador de Aristóteles, os gregos entendiam por *politeía* não só a distribuição *corrente* de competências e poderes entre os diversos órgãos da cidade, mas também o *éthos*, os costumes e o modo de vida da comunidade por ela organizada: "Os dois aspectos da constituição são claramente identificados: o ético, relativo ao objetivo buscado pela comunidade, e o institucional, incluindo a estrutura das instituições políticas e a distribuição de poder. Ao combinar esses diferentes elementos no conceito de uma constituição, Aristóteles acompanha o uso grego. Os gregos não tinham uma distinção clara, como nós temos, entre o legal e o ético" (Mulgan, p. 56).

Essa breve indicação sobre a concepção moderna terá de ser mais bem elaborada em capítulo posterior. Contudo, a estreita relação entre o ético e o institucional na visão clássica – e o ético, nesse caso, inclui a inescapável dimensão religiosa das cidades antigas – não pode ser menosprezada. A constituição mista não é apenas um complexo mecanismo de governo: ela requer um engajamento de seus atores no "espírito" adequado, sem o qual a sua mecânica de nada valeria. Tal engajamento, contudo, poderia não ser idêntico à ideia de participação cívica e democrática reivindicada por alguns intérpretes, pois os defensores da constituição mista com frequência a consideravam uma ameaça à própria qualidade do engajamento[24]. Como foi dito no início deste capítulo,

---

23. Cf. G. Stourzh (1988), pp. 35-6.
24. O presente autor endossa, nesse ponto, as críticas de Nippel (1994, pp. 7-9) à concepção geral de Pocock sobre constituição mista (1975, cap. II.2). Por

a constituição mista é um problema de compatibilizar a *inclusão* dos diferentes elementos da comunidade com a *qualidade cívica* da república. Implícita nessa fórmula está a ideia de que os dois aspectos nem sempre caminham juntos. Certamente, os autores clássicos da Antiguidade têm uma propensão a idealizar a constituição mista de modo a pendê-la numa direção favorável ao grupo aristocrático. Esse é um sinal da enorme influência que exercia sobre eles a noção de uma hierarquia de *status*, que viam como uma espécie de âncora social da preservação da alta qualidade da ação política por eles almejada. Por exemplo, esses autores tendiam a reservar à aristocracia, e suas agências específicas – por serem tomadas como depositárias da prudência republicana –, a tarefa de adensar a deliberação pública, fazendo a reflexão contínua sobre o melhor caminho a ser adotado pelo governo, ainda que geralmente não lhes fosse atribuído o papel de sancionar uma decisão válida para todos, tarefa delegada às assembleias populares. Embora, como foi dito, tal visão inclinava a constituição mista para o lado da aristocracia, eles tomavam tais soluções como expressão de um equilíbrio constitucional adequado. Pois retirar da aristocracia esse papel elevado, o de "cérebro" da república, significava imediatamente pôr em questão o *status* político e social que esse grupo reivindicava para si, *uma vez que a condição econômica, por si só, não lhe dava esse fundamento*.

---

outro lado, Nippel exagera um pouco a dimensão puramente institucional da visão polibiana, desprezando essa observação de Walbank, que também é endossada aqui: "Políbio vai além das questões constitucionais e penetra nas qualidades morais dos Estados que discute" (p. 81).

Em vista disso, compreendem-se a crítica da democracia ateniense, especialmente em sua fase mais popular – quando o Aerópago passou a ser quase completamente esvaziado de seus atributos políticos –, e, por contraposição, o elogio à "Constituição Ancestral" da cidade, geralmente identificada com as reformas de Sólon, que teria encontrado a "via média" entre o elemento democrático e o nobre[25]. Porém, a radicalização democrática do século V a teria desvirtuado. Pois concentrar na assembleia popular praticamente todas as deliberações públicas, inclusive as mais "cerebrais", sem a mediação de uma classe de escol, era tornar a aristocracia politicamente pouco relevante como grupo, pois a destituía de uma agência específica que cultivasse sua identidade e preservasse sua força política, ou então obrigava seus membros a disputar entre si, e com os populares, a condição de "demagogos", ainda que a reverência (de natureza religiosa) à hierarquia de *status* continuasse a existir. Segundo esse ponto de vista, o efeito geral de tais inovações teria sido a perda das qualidades morais necessárias à manutenção de uma república vigorosa.

Mas o que dizer da concepção de Aristóteles, que às vezes parece privilegiar a mera diferença de classe em detrimento de uma distinção social mais forte, de natureza estamental? Como se viu, sua teoria é impregnada por uma diferenciação que acentua os atributos econômico-sociais – "ricos" e "pobres" –, o que aparentemente foge aos padrões de distinção das ordens. Essa é uma abordagem que será aproveitada neste trabalho, em outro momento. Mas é im-

---

25. Cf. Von Fritz, p. 77.

provável que o próprio Aristóteles tivesse clara a diferença conceitual que permeia essa questão – e que será tão importante para uma certa vertente da sociologia moderna. Assim, quanto à visão aristotélica, há duas ressalvas a serem feitas. Primeiro, não se deve perder de vista que em repetidas ocasiões o Estagirita embaralha a condição de "rico" com a condição de "nascimento e educação". Por certo, ele não está falando apenas da riqueza econômica, mas também de um estilo de vida elevado – como quando diz que "nascimento e educação são comumente acompanhados de riqueza". Daí que os ricos, "ao já possuírem as vantagens externas, cuja ausência é uma tentação para o crime, sejam chamados de nobres e cavalheiros". E essa seria uma boa razão para ocuparem postos de alta responsabilidade na república (*Política* IV.8, 1293b-1294a).

Segundo, há que se levar muito a sério a sua conhecida contraposição entre o "mero viver" e a "vida boa" – uma distinção que ele logrou transformar numa refinada elaboração filosófica, mas que não é de sua lavra exclusiva –, pois, transportada da ética para a teoria política, ela facilmente se transforma numa hierarquia de atividades sociais, em que a posição mais nobre é ocupada pelo "homem político", isto é, aquele que dispõe de "ócio", possui escravos, riqueza (de preferência imobiliária) e um estilo de vida adequado para ocupar-se das altas questões da república. E, na medida em que vai além das preferências desse ou daquele autor, o ideal da vida boa dá um pendor meritocrático não só à visão de Aristóteles, mas também à teoria antiga da constituição mista como um todo.

O humanismo cívico e a cidade-república italiana

É hora de saltar para a cidade-república italiana e analisar os termos da elaboração em torno da constituição mista que se deu naquele contexto, isto é, o período tardo-medieval e renascentista. Credita-se às cidades italianas, berço do humanismo cívico e do renascimento, a invenção da tradição republicana moderna, embora o qualificativo "moderno" permaneça um tanto embaraçado com a herança da Antiguidade clássica que seus homens públicos e eruditos buscavam cultivar e projetar sobre suas próprias instituições. "Nesta ilustre cidade, flor da Toscana e espelho da Itália, rival daquela gloriosíssima Roma da qual descende e cujas antigas pegadas segue, combatendo pela salvação da Itália e pela liberdade de todos..." – assim começa um dos inúmeros documentos nos quais são flagrantes os esforços de enlaçar o presente a um passado dignificante, escrito por Coluccio Salutati, chanceler da república florentina na segunda metade dos anos 1300 (apud Garin, p. 21).

Seria incorreto, porém, dizer que esses leitores dos antigos buscassem a pura e simples imitação. Sua aguda consciência histórica, uma aquisição relativamente recente, deixava lançar a suspeita de que os tempos eram muito diferentes e requeriam "novos modos de proceder", ainda que a emulação das glórias antigas, especialmente a romana, se mantivesse paradigmática[26]. Além disso, gozando a vantagem da visão de retrospecto, e temendo por suas próprias cidades, indagavam-se por que essa glória um dia se perdera.

---
26. Cf. Cronin, pp. 119 ss. Sobre a consciência histórica renascentista como uma percepção da "diferença dos tempos", ver Lefort (1999), pp. 192 ss.

E estudavam insaciavelmente as narrativas históricas – Salústio, Tito Lívio, Tácito, Plutarco etc. – com o intuito de compreender as razões das decadências, seus sinais e os modos de, senão evitá-las, pelo menos retardá-las. Por conta dessa consciência da "diferença dos tempos", novos termos, especificamente italianos, vão se misturar ao vocabulário ancestral, procurando designar ou novos fatos, ou novas percepções sobre a realidade. Por exemplo, ao lado do grego *pólis*, ou dos latinos *res publica* e *civitas*, vamos encontrar o italiano *stato* – aparentemente uma simples tradução da palavra latina *status* – cujo uso inaugural Quentin Skinner atribui a alguns desses autores renascentistas, embora sua origem ainda seja bem controversa. No devido tempo, a palavra ganhará o estatuto de um conceito em seus próprios direitos, conceito esse que, como se discutirá nos dois últimos capítulos deste livro, marcará uma reviravolta no pensamento moderno sobre a forma política. Mas já na seção final deste capítulo se dará relevo a certos indícios dessa reviravolta, não tanto no pensamento teórico, mas nas práticas de certas instituições que as cidades-repúblicas italianas trataram de inventar a fim de dar uma resposta a alguns de seus problemas mais agudos, como as finanças e a administração da guerra. Antes disso, porém, é preciso passar em revista o debate sobre a experiência política dessas cidades.

A não ser no caso bem conhecido de Maquiavel, os protagonistas dessa discussão não figuram no panteão tradicional dos clássicos do pensamento político[27]. Não fossem

---

27. Pocock (1975, p. 86) fala em três "gigantes" do pensamento florentino: N. Maquiavel, F. Guicciardini e D. Giannotti, todos mais ou menos da mesma geração, de qualquer forma posterior à dos primeiros humanistas.

A CIDADE-REPÚBLICA E A TEORIA DA CONSTITUIÇÃO MISTA   45

os esforços pioneiros de estudiosos como Hans Baron, que inaugurou os estudos sobre o chamado "Humanismo Cívico" – o qual nos deixou a marca propriamente política do Renascimento florentino –, dificilmente autores como Lorenzo Valla, L. Battista Alberti, Coluccio Salutati, Leonardo Bruni, Poggio Bracciolini, Paolo Vergerio e outros teriam saído do esquecimento[28]. Falta-lhes, a julgar pelos próprios estudos a seu respeito, a genialidade dos clássicos de primeira linha. Mas sua importância histórica não pode ser desprezada.

O interesse maior desta seção é mostrar a retomada renascentista do tópico da constituição mista e apontar algumas inflexões. Quentin Skinner, que talvez represente, até o momento, um dos esforços mais abrangentes em língua inglesa de destrinçar o conjunto do pensamento político desse período e seus antecedentes, nos fornece uma límpida enumeração e síntese dos tópicos em debate, que retornam em ciclos, embora com ênfases diferentes. *Grosso modo*, cada ciclo é delimitado de acordo com a fase política vivida pelas cidades independentes do norte da Itália: 1) período de autoafirmação perante o Império Germânico e o Papado; 2) conflitos advindos do hegemonismo do Ducado de Milão e da *signoria* dos Visconti, correspondente, no que tange ao pensamento político florentino, ao Primeiro Renascimento (fins do século XIV e início do século XV); 3) consolidação dos *signori* em quase todo o

---

28. A pesquisa desencadeada a partir desse estudo seminal de Baron gerou uma enorme bibliografia em diversas línguas. Um excelente estudo em língua portuguesa é o de Newton Bignotto (2001). Anexas à obra de Bignotto estão traduções de cinco pequenos textos daquele período.

norte da Itália, correspondente ao Renascimento Tardio (primeiras décadas do século XVI)[29]. O tópico político central em torno do qual giram todos os demais é a *liberdade*. E essa tem dois grandes significados: a independência da cidade em relação aos potentados territoriais estrangeiros, dentro e fora da Itália; e um viver político interno livre de "senhores", o *vivere civile* – que Skinner chama de "republicanismo" e o contrapõe ao domínio principesco. Há que se observar, porém, que os dois significados guardam estreita relação, uma vez que em ambos o desejo de liberdade implicava a rejeição de uma relação de "servilidade" ou "dominação", muito bem determinada pelo termo correlato, *signoria*. Se no contexto intelectual da Antiguidade a liberdade, como se indicou, é um conceito inspirado, por oposição, na relação senhor/escravo, aqui aparece uma oposição inspirada na relação senhor (*signore*)/servo que, por contiguidade, é projetada na relação suserano/vassalo, vistas, ambas, como impróprias para homens verdadeiramente "livres". É claro que, para a moralidade feudal, a vassalagem estava longe de ser imprópria; mas não para a moralidade urbana que então se desenvolvia no norte da Itália.

Assim, a luta pela independência significava a luta contra a vassalagem que as potências feudais (cuja expressão máxima era o Império Germânico) e o Papado pretendiam impor sobre as cidades, as quais, ao contrário, queriam afirmar sua autonomia para fazer suas próprias leis, ter seu próprio governo etc. E a luta pela preservação do *vivere civile* era a luta contra a vassalagem que, nos primeiros tempos, a

---

29. A análise de Skinner correspondente a essas etapas distribui-se pelas duas primeiras partes do volume 1 de seu *The Foundations of Modern Political Thought*.

remanescente nobreza feudal urbana (os *magnati*) tentava impor sobre a gente comum da cidade, o *popolo*. Posteriormente, isto é, depois que esse tipo de nobreza perdeu sua força dentro das cidades, a negação da liberdade, a *signoria*, foi outra vez transposta, também por analogia às relações de servidão e vassalagem, aos regimes políticos que resultaram da ascensão de um cidadão poderoso qualquer (independentemente de ser um *magnati*) como senhor absoluto dos negócios da comunidade.

Deixemos de lado o contexto mais remoto desse debate para ir direto aos principais tópicos que se firmaram a partir do Primeiro Renascimento, o do Humanismo Cívico florentino[30]. Destacam-se os seguintes: 1) o ideal de uma "constituição livre"; 2) a relação entre essa constituição e a "grandeza" da cidade, e entre a virtude e o sucesso comunitário; 3) se e como a riqueza privada dos cidadãos afeta a liberdade; 4) o problema das tropas mercenárias; 5) o problema das dissensões internas da cidade.

1) O ideal da "constituição livre" é o da constituição mista. Como frisa Skinner (1978, p. 158), toda vez que os humanistas cívicos e seus herdeiros do Renascimento Tardio se referem ao regime republicano, e o contrapõem ao "regime principesco", eles estão falando da "forma mista". E na valorização de tal regime vamos encontrar duas ideias tradicionalíssimas. Primeiro, a noção grega da reunião das formas simples de governo – um, poucos, muitos – numa só

---

30. Um dos alvos historiográficos do trabalho de Skinner é mostrar, contra Baron, que esses tópicos já haviam sido elaborados por gerações anteriores às dos humanistas cívicos, influenciadas, inclusive, pela escolástica medieval. Mas essa questão não vai interessar aqui.

forma composta. Segundo, a noção aristotélico-ciceroniana de que uma boa constituição logra incluir e harmonizar os diferentes elementos da comunidade, promovendo uma justa distribuição de responsabilidades a cada um deles e satisfazendo os anseios próprios de cada parte. Essas, naturalmente, são definições bem genéricas que comportam interpretações destoantes entre seus elaboradores.

Assim, um autor como o chanceler florentino Leonardo Bruni enfatiza mais o segundo aspecto do ideal, vinculando-o ao da ampla participação comunitária nos negócios políticos. Uma constituição livre, diz ele, "torna igualmente possível para todos tomar parte dos assuntos da República", e isso dá aos cidadãos a capacidade de criticar e controlar seu governo. Essa capacidade, por sua vez, provê a segurança contra o "poder dos demais de lhes causar danos" e livra-os do perigo de serem escravizados por um regime tirânico[31].

Em outros, o argumento pela constituição mista está de tal modo acompanhado da rejeição dos regimes régios e das "cortes principescas" que parecerá difícil – algo, porém, não anotado por Skinner – encaixar essa forma específica na combinação tradicional. E ainda outros enfatizam menos a

---

31. Apud Skinner, op. cit., p. 78. Pocock chega a sugerir que, em sua defesa da participação ampla, talvez Bruni tivesse como referência a democracia ateniense, uma forma mais nitidamente popular do que se poderia esperar de uma constituição mista (Pocock, 1975, pp. 87-90). Mas ele admite que a "linguagem de Bruni é ambígua". Ressalvem-se, ademais, as intenções retóricas do texto de Bruni sempre citado a esse propósito: trata-se de um discurso em homenagem a um importante oficial de origem florentina morto em batalha a serviço de Ferrara (aliada de Florença), diretamente inspirado na Oração Fúnebre de Péricles, tal como relatado por Tucídides. Num documento posterior, Bruni dirá que "A Constituição de Florença não é nem completamente aristocrática, nem completamente democrática, mas um tipo de mistura das duas" (apud Bignotto, 2001, p. 199).

participação do que o aspecto do equilíbrio entre as agências constitucionais. Este último encontra-se diretamente relacionado ao problema das dissensões internas da república e do arranjo institucional mais adequado para lidar com elas, sobre o qual se falará adiante.

2) O tópico da "grandeza" da república pretende realçar os superiores efeitos práticos dos regimes de ampla liberdade sobre aqueles em que ela é sufocada. Ocorre que, onde vige a liberdade, um grande número de cidadãos, não encontrando freios à experimentação de seus diversos talentos, estão permanentemente agitados na busca de honra e distinção. Uma vez que suas posições de reconhecimento social não estão previamente estabelecidas, tal condição os estimularia à "industriosidade" e à rejeição da "ociosidade". Haveria então "a mais próxima conexão possível entre um *éthos engagé* e competitivo entre os cidadãos e a manutenção de uma república forte e efetiva". Argumentos semelhantes serão usados, por exemplo, na defesa de Florença contra seu arqui-inimigo, o duque de Milão, nos anos 1400, defesa que, na pena de Poggio Bracciolini, vangloriar-se-á de que nenhuma das "magníficas cidades da Itália" estava aos pés da república florentina "ou em talentos ou conhecimento ou estudos sapientes ou prudência cívica ou bons costumes ou virtudes" (Skinner, op. cit., p. 80).

Tal profissão de fé no dom da inventividade e produtividade da república será reiterada no Renascimento Tardio; dessa vez, porém, sem o mesmo entusiasmo por Florença – um reflexo, é claro, de a cidade ter sucumbido ao domínio principesco dos Médici pela segunda vez, após um fracassado interregno republicano entre 1494 e 1512. Mas agora a questão ficará centrada num assunto correlato, e igualmente tradicional, o da relação entre a virtude e o sucesso. A discussão já se faz notar no Primeiro Renascimento, e apresenta um viés teológico. Devem os homens apostar em sua própria capacidade, desafiar as adversidades e almejar a felicidade e a glória nessa vida, ou devem esperar pela graça divina e resignar-se àquilo que a Providência lhes destinar? Essa pergunta, e as tensões com o pensamento cristão medieval nela implícitas, está seguramente no cerne do que se costuma chamar de "Humanismo". Seus efeitos morais escoam para várias direções, particularmente no sentido de uma abertura à iniciativa e ao voluntarismo individuais. Esse é um dos sentidos que carrega o termo italiano para virtude (*virtù*): a capacidade humana (e individual) de confrontar uma realidade só aparentemente imutável, de modificá-la segundo seus projetos, ou então de modificar-se a si mesmo para melhor enfrentá-la; enfim, a ideia de uma capacidade que as ações humanas possuem de fazer uma grande diferença na vida de cada um, quando guiadas por uma combinação apropriada de inteligência e vontade livre.

O termo também tem suas derivações políticas. Aplica-se à *virtù* de um homem político, um príncipe mesmo – talvez o significado que tenha ficado mais conhecido na posteridade. Mas não só. Pois, quando usado na defesa de um regime republicano, os humanistas vão referir-se a uma *comunidade de virtù*: à capacidade de um grupo de homens, poucos ou muitos – isso vai depender, é claro, da inclinação aristocrática ou popular de quem emprega o termo –, de fazer uma grande diferença quando agem concertadamente e de modo apropriado. O que é esse modo apropriado e quais os seus princípios e características é uma questão que encontrará respostas bem diversificadas, aplicáveis inclusive ao problema da *virtù* individual. E dela vão surgir dois subtópicos, que também não deixam de ter seus acordes pouco ortodoxos do ponto de vista do Cristianismo medieval: primeiro, a respeito da proporção que fatores independentes da vontade definem o resultado final de uma empreitada; e, segundo, a relação entre a presença, ou ausência, da virtude e a saúde de uma república. O primeiro leva diretamente à dialética da Virtude e da Fortuna, que o pensamento de Maquiavel tornou tão famosa; o segundo, à dialética da Virtude e da Corrupção.

A dialética da Virtude e da Fortuna é provocativamente uma alegoria pagã, ao fazer menção a uma deusa caracterizada pelo capricho e pelo desejo de ser desafiada, como se apenas suas oscilações levianas contassem como obstáculo ou impulso das empreitadas humanas, ao contrário da absolutamente fixa, inflexível, porém igualmente insondável Providência. Já a outra dialética serve como chave explicativa não só do fracasso individual, mas também do fracasso de toda uma comunidade de fixar-se no bem comum e assim preservar a república e sua liberdade. Admite-se, então, a possibilidade de um povo "corrompido", e será um tanto comum, entre os autores do Renascimento Tardio, perguntar-se se isso não teria a ver com a fé cristã medieval, com suas propensões a passividade, resignação e desprezo pelas coisas mundanas[32].

3) A riqueza privada dos cidadãos corrompe a república? A consciência do tempo guarda uma certa reserva para

---

32. Mais sobre essa discussão, ver Skinner, op. cit., pp. 88-101 e 164-8.

com a riqueza, pelo menos quando associada com a luxúria, a lassidão geral, o afrouxamento da disposição guerreira. Mas há sim um enorme esforço de reconciliar-se com ela e dar-lhe os devidos méritos. Uma ambiguidade que lembra a do próprio Políbio que, como vimos, critica o rigorismo excessivo dos espartanos e, ao mesmo tempo, deplora a vocação dos cartagineses ao ganho sem limites. Em sua síntese, Skinner registra oscilações renascentistas, que vão da despreocupada receptividade à forte restrição, senão repúdio. Vemos, por um lado, alguns dos primeiros humanistas "darem glórias tanto à opulência quanto às atividades dos mercadores florentinos, cujas incansáveis andanças [afirma L. Bruni] os levam tão longe quanto a Grã-Bretanha, 'aquela ilha situada no oceano quase nos confins do mundo'"; ou, como L. Battista Alberti, ao "insistir que 'as riquezas de cidadãos privados são extremamente úteis' para o bem público, já que podem ser aplicadas 'para suprir as necessidades de nosso país', especialmente 'quando a pátria está em grandes apuros'"[33].

O historiador inglês registra um ponto de vista muito menos otimista a respeito do enriquecimento entre autores da geração de humanistas dos anos 1500. Em vários de seus escritos, por exemplo, Guicciardini lembra algo do moralismo clássico antigo ao condenar "os 'apetites desordenados' daqueles que buscam riquezas em vez da 'verdadeira glória'", e acaba atribuindo em parte a essa disposição materialista a decadência política de sua cidade (Skinner, op. cit., pp. 162-3). No mesmo período, Maquiavel faz severos alertas em seus *Discursos sobre a primeira década de Tito Lívio*, ao bater

---

33. Skinner, op. cit., p. 74; cf. H. Baron, 1993, pp. 194-219.

na tecla de que os "hábitos luxuosos" ameaçam a liberdade e de que "a riqueza sem valor" é uma das causas da corrupção cívica. Maquiavel, por outro lado, esforça-se, como Políbio, para assimilar as atividades de enriquecimento econômico da cidade no quadro de uma ordem política civicamente saudável. E, apesar de todos os elogios às posses modestas do herói romano Cincinato e de seus apelos para manter a cidade rica mas os cidadãos pobres, a busca do equilíbrio entre "os que têm" e "os que não têm", colocada no centro de sua visão constitucional, não deixa de espelhar aquele esforço de assimilação.

A despeito desse misto de entusiasmo e desconforto, vale notar uma mudança generalizada de percepção quanto às fontes de riqueza e ocupações consideradas dignas. Para contrastar, tomemos primeiro o pensamento (bem representativo da Antiguidade) de Cícero a esse respeito. Evocando os "preceitos disponíveis", ele diz: "De todas as coisas das quais se tira algum benefício, nada supera o cultivo das terras, nada é mais profícuo, nada é mais agradável, nada é mais digno de um homem livre." Por outro lado, "desaprovamos os ganhos que suscitam ódio nos homens, como os dos recebedores de imposto e dos usurários. São ignóbeis e sórdidas as remunerações de todos os trabalhadores pagos pelo esforço e não pela habilidade"; "Devem ser tidos como vis os que compram dos mercadores para vender em seguida: nada ganham a não ser se mentirem de algum modo"; e "todos os operários praticam uma arte abjeta", por "não haver engenho algum na oficina"[34].

---

34. Cícero, *Dos deveres* I.42; cf. Finley, 1986, pp. 53-4.

Cícero, por certo, não diz que as ocupações "sórdidas" são desnecessárias: ele está se referindo a um padrão nobre de *decorum*[35]. De qualquer forma, essa acusação de indignidade das ocupações mercantis, assalariadas e operárias fica no mínimo mais nuançada entre os autores renascentistas. Tal nuança é visível não só na defesa, entre os primeiros humanistas cívicos, do enriquecimento privado que provenha da industriosidade e dos talentos comerciais, mas também na aceitação geral da dignidade do trabalho. É o que bem registra Baron, ao analisar a importância crescente das guildas das indústrias da lã e da seda na vida florentina, a partir do século XIV: "O crescimento da força industrial irá exercer uma influência inconfundível na visão sobre a vida e o trabalho no Renascimento florentino. Uma sociedade industrial, em contraste com uma época feudal relativamente estática, é capaz de considerar o progresso econômico, o trabalho produtivo e o labor incessante como valores em si mesmos – como valores morais porque estimulam as energias humanas [...]. O trabalho industrial, aos olhos dos cidadãos e humanistas florentinos, ganhou uma dignidade até aquele momento desconhecida" (Baron, 1993, p. 287).

4) Há um grande consenso entre as diversas gerações de humanistas de que o uso de tropas mercenárias é maléfico às constituições livres. Esse expediente militar parece não ter sido tão marcante nos primeiros tempos das comunas do norte da Itália, mas atingiu escala notável a partir do

---

35. O *decorum* é "a face pública de um estado pessoal de honorabilidade", o "atributo daqueles que se comportam bem nas vocações apropriadas ao seu grau e situação pessoal" (Burchell, p. 110). Para a representatividade dessa opinião de Cícero na Antiguidade, ver Finley (1986), pp. 54 ss.

século XIV[36]. "A complexidade crescente dos negócios mercantis tornou cada vez mais difícil, para a maioria dos cidadãos mais ricos, desincumbir-se de suas obrigações tradicionais de serviço militar" (Skinner, op. cit., p. 75). Pelo menos desde Petrarca há, então, fortes queixas de que a contratação de mercenários não só não garante a segurança externa da república – pois essas tropas estariam interessadas apenas em dinheiro e não na defesa de uma terra da qual são estrangeiras –, mas também é uma ameaça à sua liberdade e segurança interna, desde que propensas a cometer crimes e promover saques. Esse ponto de vista ecoa percepções clássicas, já expressas, como vimos, por Aristóteles e Políbio. Contudo, no Renascimento Tardio vamos encontrar um debate a respeito da prudência de recrutar, como alternativa às tropas mercenárias, milícias compostas exclusivamente de cidadãos. Os dois grandes protagonistas desse debate são Maquiavel e Guicciardini. O primeiro, como se sabe, é um apaixonado defensor das milícias, e o faz com base no exemplo da Roma republicana. Menos conhecida é a posição de Guicciardini que, apoiado numa opinião marcadamente aristocrática sobre a forma da constituição (como se verá no próximo tópico), expressa suas reservas em relação à ideia de distribuir armas a grandes contingentes de cidadãos. Num primeiro momento, ele apenas expressa o temor de que essa distribuição possa ser, tal como no caso dos mercenários, uma amea-

---

36. A comuna representa a primeira experiência de organização política da cidade-república italiana, e pode ser definida como "a associação juramentada de homens livres exercendo coletivamente alguma autoridade pública" (Martines, p. 18). Sobre a escalada do uso de tropas mercenárias, ver a anotação de D. Waley, pp. 70-1.

ça à segurança interna. Mas depois ele vai rejeitar abertamente a alternativa das milícias, tomando por certa "a impossibilidade de duplicar as condições romanas, isto é, de fazer do treino e disciplina militares partes da personalidade cívica de cada cidadão florentino" (Pocock, 1975, p. 240). Que fazer, então? A alternativa de Guicciardini para as cidades-repúblicas é, em vez do caminho (a seu ver) nostálgico do restabelecimento das virtudes cívico-militares, apostar numa combinação de dinheiro – inclusive para dispor de *condottieri*, quando inevitável – e "sutileza diplomática": "Formado ele mesmo no berço do humanismo renascentista, o diplomata [Guicciardini] não despreza os romanos e suas obras, mas sim a transposição de seus feitos para outras épocas. É possível aprender com os antigos, mas talvez isso se deva muito mais às diferenças do que às semelhanças" (Bignotto, 2006, p. 52).

5) Da perspectiva do presente trabalho, o tópico das dissensões internas é o que suscita o maior interesse. As queixas sobre tais dissensões remontam aos primeiros tempos das comunas como entidades políticas independentes. É claro que, enquanto os conflitos intraurbanos puderam ser descritos como uma sequela necessária, dentro da cidade, da luta contra potências feudais – o Império, o Papado e seus remanescentes, atuando nas próprias comunas –, essa questão aparecia menos perturbadora. E era assim porque a rede de famílias nobres que, nos primórdios, controlava o governo da maioria dessas cidades (inclusive Florença) podia ser tomada como continuação direta, sem máscara, dos métodos de domínio dos príncipes feudais, ainda que tais famílias tivessem anteriormente lutado, ao lado das comunas, contra os imperadores germânicos quando estes tentaram submetê-las.

Apesar de seu poder econômico não mais derivar estrita ou originariamente daquilo que é característico do nobre feudal – a propriedade da terra –, uma vez que, residindo na cidade, muitas dessas famílias enriqueceram graças a atividades comerciais e bancárias, os *magnati* (como eram chamados) procuravam resgatar insígnias e códigos típicos daquela nobreza: afirmar a continuidade de uma linhagem de sangue, sagrar-se como cavaleiro, demonstrar (ou afetar) experiência militar no cavalo, jurar lealdades do tipo suserano/vassalo e mesmo comprar grandes porções de terra no campo, quando não as possuíssem. E com essa pretensão buscavam justificar o virtual monopólio dos altos postos do governo comunal. Contudo, essas famílias raramente agiam de forma concertada e unida; pelo contrário, em grande parte dessas cidades, lutavam encarniçadamente entre si e com muito derramamento de sangue, pelos motivos mais diversos e, não raro, fúteis, perturbando a segurança dos demais citadinos e ameaçando-os com os mesmos métodos violentos com que tratavam seus rivais. Contra esses abusos e o virtual monopólio político dos *magnati*, ergueu-se uma nova força social, o *popolo* organizado em guildas, que, após anos de luta contra aqueles, acabou se afirmando como principal componente político da comuna.

Ocorre que, mesmo depois de essa etapa histórica das cidades ter sido largamente superada, as dissensões internas continuaram endêmicas, sendo as exceções muito raras. O *popolo* jamais constituiu uma entidade socialmente homogênea, e no seu interior começaram a surgir conflitos entre as camadas mais abastadas (o *popolo grasso*) e as mais pobres (o *popolo minuto*). Além disso, na medida em que ocupavam os altos postos de governo, algumas das famílias mais ricas passaram a se apresentar como uma nova linhagem aristocrática, como uma nova classe de *magnati* (ou *ottimati*), buscando alianças simbólicas ou práticas com os velhos clãs nobiliárquicos sobreviventes do período anterior, ainda que suas origens fossem indisfarçadamente populares e seus métodos não mais feudais. Todavia, outra vez, esse estrato social dificilmente atuava em uníssono, mas dividia-se em facções rivais – essas, sim, blocos compactos que frequentemente se enfrentavam em combates abertos e sangrentos, reivindicando divergências de toda natureza, não apenas em relação à política comunal, mas também em negócios, questões familiares (casamentos), religiosas etc.[37].

Como a inteligência renascentista, em retrospecto e em seu próprio tempo, elaborava essas violentas e contínuas dissensões internas? Como foi dito, antes mesmo das primeiras gerações de humanistas, as queixas são quase unânimes. E tão enfáticas que, entre os fatores de ameaça à liberdade das repúblicas, a "discórdia civil e a facção" ocupam o topo da lista. Mostrando através de casos históricos, com destaque para a república romana, como o facciosismo leva diretamente à ascensão de tiranos, suas alternativas a esse estado de coisas não passam, geralmente, de exortações para

---

[37]. Para uma síntese da história dessas lutas, ver L. Martines, caps. I a IV. Há pouco consenso na literatura especializada quanto à natureza dos conflitos sociais e do facciosismo das cidades italianas. A descrição apresentada aqui é especialmente apoiada em Martines, já citado, e F. Schevill. A principal atração de suas abordagens está em não tomarem o *popolo* e os *magnati* como entidades estanques, impermeáveis entre si. Ao contrário, parece mais razoável a hipótese, com frequência aludida nesses trabalhos, de que esses dois grupos – com destaque, é claro, para a camada superior dos *popolani* – eventualmente se superpunham ou se interpenetravam.

que os cidadãos, em particular os mais proeminentes, deixem de lado seus interesses pessoais ou seccionais e levem em consideração o bem comum. Isto é, apelos para que abandonem completamente o espírito e a prática das facções. Significativamente, essas alternativas são apresentadas no momento mesmo em que "a maioria das cidades no *Regnum Italicum* [o norte da Itália] chegou à conclusão – mais ou menos voluntariamente – de que sua melhor esperança de sobrevivência era aceitar o regime forte e unificado de um único *signore* no lugar dessa caótica 'liberdade'" (Skinner, op. cit., p. 24).

De fato, várias cidades da região passaram a ser governadas por regimes absolutos e principescos ao longo dos séculos XIII e XIV. Florença sobreviveu a essa onda e, em fins do século XIV e início do seguinte, chegou a liderar a luta contra a maior potência principesca do norte da Itália – Milão, dominada pela família Visconti. É nessa conjuntura que rebenta a primeira geração de humanistas cívicos na cidade, profundamente engajada na justificação da liberdade florentina contra a ausência desta na rival. Contudo, o tema das dissensões internas, aparentemente, não ocupa o topo de suas preocupações, pelo menos até a década de 1430. Ao fazer essa constatação, Skinner sugere que o fato talvez se deva à paz interna incomum que vive a república por mais de uma geração, após o desmantelamento da revolta dos Ciompi – a rebelião das camadas mais baixas de trabalhadores da cidade[38]. Leonardo Bruni, um de seus expoentes, chega mesmo a dizer, num refrão ciceroniano, que "nós [os

---

38. Ver G. A. Brucker para uma análise dessa revolta.

florentinos] fomos bem-sucedidos em equilibrar todas as seções de nossa cidade de modo a produzir a harmonia em cada aspecto da República" (apud Skinner, op. cit., p. 73).

Por certo, há que se colocar boa parte desse entusiasmo de Bruni, e do texto do qual foi extraída essa sentença, na conta do enorme consenso que a cidade vivia no momento em que a ameaça externa se mostrava especialmente aguda. Mas é preciso desconfiar um pouco dessa retórica consensualista, que bem podia esconder a hegemonia desfrutada pelas classes mais abastadas nesse período[39].

Ao longo do século XV, porém, Florença vai seguir o caminho de outras cidades e sucumbir ao domínio dos *signori*: durante sessenta anos (1434-1494), o governo florentino fica sob o virtual controle da casa dos Médici. Diz-se "virtual" porque, formalmente, as instituições republicanas, embora com modificações significativas, permanecem mais ou menos intactas; seus principais postos e operações, contudo, são açambarcados por uma facção liderada pelo chefe da família Médici: "Ricos, astutos, decididos, os Médici construíram um vasto e duradouro sistema de poder baseado em uma rede de amigos e partidários, progressivamente organizada graças a uma cuidadosa política de concessão de favores. Ofereciam a alguns a ajuda necessária para a abertura de negócios ou para superar dificuldades financeiras; a outros, empréstimos para os dotes destinados a casar suas filhas com distinção e proveito; a outros, ainda, auxílios

---

39. Recentemente, um grupo de estudiosos do humanismo florentino elaborou uma crítica contundente de abordagens que se restrinjem à análise do discurso dessa corrente, abstraída de sua origem social. Ver, a esse respeito, a coletânea organizada por J. Hankins.

para resolver problemas com a justiça ou com os impostos devidos. Desse modo, os Médici se tornaram os verdadeiros senhores da cidade, apesar de declararem frequentemente sua condição de cidadãos 'como os demais' e de Florença conservar as aparências de uma república livre" (Viroli, pp. 28-9). Segue-se, então, uma crise externa, provocada pela invasão francesa da Itália, os Médici são expulsos de Florença e a república é restaurada. Como reconstruir o governo? Em busca de um modelo, os florentinos voltam sua atenção para Veneza, a única cidade importante que lograra preservar, *ininterruptamente*, não só a forma mas também o espírito das instituições republicanas. Leia-se: conservar a liberdade sem deixar-se acompanhar pelo mal endêmico de tantas outras cidades-repúblicas (Florença inclusive), a discórdia intestina, a luta de facções. Com isso ganhara a reputação de cidade livre e tranquila, a *Serenissima* República. Vale dizer: o "mito de Veneza".

O debate sobre a constituição mista não só volta ao primeiro plano, mas também ganha uma inflexão importante. Como ponto de referência da reflexão, as experiências antigas, com Roma ao centro, passam a enfrentar a concorrência de uma experiência moderna, a de Veneza. Entre outras coisas, lá estariam combinados, em quase perfeita harmonia, os três elementos típicos do "regime misto": uma instituição régia, o *Doge*, um cargo eletivo e vitalício; uma instituição senatorial, o *Consiglio dei Pregadi*; e uma instituição, que os observadores relutavam chamar de "popular" – de qualquer forma, um espaço de participação mais alargado –, o Grande Conselho (*Consiglio Grande*), reunindo cerca de dois mil membros. Mas qual o segredo de sua estabilidade, de seu relacionamento interno sem graves convulsões sociais e políticas? O que teria induzido seus cidadãos a deixar de lado seus interesses mais particularistas em prol do interesse geral?

O mito de Veneza, além da reflexão teórica, tem seus efeitos práticos: a partir de 1494, o republicanismo florentino retorna sob a égide das instituições venezianas. Não que o novo governo imite exatamente suas agências tradicionais. Na verdade, há uma mistura: procura-se revitalizar os órgãos que o domínio Médici havia desfigurado e, ao mesmo tempo, impregná-los com o espírito da constituição de Veneza. Ergue-se, então, uma estrutura de governo pensada em três níveis: a "cabeça" da república, com um colégio de priores (*priori*), eleito para um mandato curto, de uns poucos meses, e liderado pelo Gonfaloneiro da Justiça (*Gonfaloniere di Giustiza*), que mais tarde, em imitação ao *Doge*, se tornará um cargo vitalício, embora eletivo; os "braços", formados por pequenas comissões de *gentiluomini*, com membros também eleitos, encarregadas do acompanhamento dos diferentes assuntos de governo: as finanças, a política externa, a gestão militar e dos "domínios" fora da cidade e assim por diante; e o "corpo", formado por um conselho geral de cidadãos, totalizando cerca de três mil membros, o *Consiglio Magiore*, encarregado de aprovar ou rejeitar os assuntos mais gerais propostos pelos priores, inclusive as questões legislativas. Enfim, algo que aparentava a combinação régia, aristocrática e democrática[40].

---

40. G. Silvano faz uma análise das mudanças institucionais ocorridas durante os primeiros anos da república de 1494-1512 e dos debates que elas suscitaram no período.

Uma atenção especial será dada ao modo de selecionar os magistrados e os membros de comissões e do grande conselho. Também aqui vamos encontrar uma confluência da retomada da própria tradição florentina e a imitação de Veneza: um complicado sistema de votação e sorteio é reelaborado, com vista a prevenir a manipulação e o choque de facções[41]. Tal preocupação já reflete um aspecto do debate teórico que se estenderá para além da experiência prática florentina desse período: o problema da *maquinaria de governo*. Trata-se, outra vez, de um deslocamento importante dos tópicos relativos aos modos de preservação da liberdade. A liberdade não seria o resultado exclusivo de uma disposição moral adequada dos cidadãos, de uma devoção especial de todos ao bem comum, mas também de uma *prudenza* voltada para articular corretamente as agências e os postos oficiais, prefigurando os atritos, as crises e os modos de sua absorção sem traumas graves. Insinua-se aí o ideal de um sistema de engrenagens com forças contrárias em equilíbrio, que lembra algo da reflexão polibiana, e contudo algo mais, nutrido pelo clima renascentista de entusiasmo pela criatividade técnica e artística. Pocock, comentando o pensamento de Donato Giannotti no período subsequente, fala de uma aposta na "mecanização da *virtù*" (1975, pp. 284-5).

Mas o debate florentino se desdobra e ganha mais sutilezas. A república fracassa outra vez: em 1512, o governo é derrubado por um exército sob comando espanhol em estreita articulação com os Médici, que então retomam seu domínio. Enfim, novas reviravoltas em Florença, mas Veneza

---

41. Uma descrição razoavelmente detalhada desses sistemas em Florença e Veneza pode ser encontrada em Manin (1997), pp. 54-67.

continua *Serenissima*. A constituição mista, supostamente em operação no regime que não lograra conservar-se, é submetida a reexame. O diálogo mais profundo se dá nas obras dos três grandes pensadores políticos dessa fase: Maquiavel, Guicciardini e Giannotti. Evidentemente, não são eles os inventores dos termos da nova discussão – como observadores ou participantes diretos da experiência fracassada, recolhem esses termos de uma reflexão coletiva difusa e submetem-nos a uma reelaboração mais fina. A questão--chave: *governo stretto* ou *governo largo*? Por trás dela, o velho problema: as dissensões internas destroem a liberdade?

Maquiavel, o mais velho dos três, enquadra a discussão da maneira mais inusitada. No livro que discute especificamente os regimes republicanos – os *Discursos* a que já se referiu –, ele retoma, logo nos primeiros capítulos, as análises de Políbio sobre a experiência romana, o ciclo das constituições e o regime misto. Num primeiro momento, ele segue de muito perto as pegadas do historiador grego: as constituições simples são instáveis e tendem a transmutar-se de uma para outra segundo um caminho inexorável e recorrente; logo, as formas mistas são superiores porque são mais capazes de se conservar. Em seguida, as experiências de Atenas, Esparta e Roma são comparadas, e a conclusão é favorável às duas últimas, por adotarem regimes mistos. Mas então o leitor depara com um deslocamento importante: Esparta é contrastada com Roma e aproximada a Veneza. As constituições de Esparta e Veneza ensejam uma ordem política interna tranquila e pacífica, porém apresentam sérias deficiências em sua segurança externa – embora Maquiavel reconheça que as deficiências de Veneza são menos graves, graças a sua localização geográfica – e carecem da "grandeza" de Roma. Claramente, Maquiavel pretende criticar, pela *via antiqua*, o modelo da *via moderna*: seu alvo é o mito de Veneza[42]. Mas o que fascina seus contemporâneos a respeito de Veneza é a conservação da liberdade sem as dissensões internas. Maquiavel tem de construir um argumento em torno desse ponto se quer de fato atingir o coração do mito. É nesse aspecto que surge o questionamento mais inusitado e, também, o de mais difícil aceitação: qual o problema com as dissensões internas? Em si mesmas, diz o florentino, elas não são a causa da destruição da liberdade. Pelo contrário, uma coisa tem a ver com a outra, liberdade e dissensões se causam reciprocamente. Só quando a discórdia civil se combina com fatores favoráveis à política autodestrutiva de facções é que a liberdade pode ser ameaçada. (O argumento apresenta, nesse ponto, uma complicação, que será desenvolvida no próximo capítulo; de qualquer forma, sua intenção é distinguir claramente "dissensões internas" de "facciosismo".) Esparta e Veneza, por um lado, e Roma, por outro, são contrastadas em termos de política interna exatamente nessa questão: as primeiras são sossegadas porque suas constituições não dão espaço e voz às camadas inferiores, plebeias, da cidade; enquanto em Roma as plebes eram ativas. Daí os "tumultos" romanos, os conflitos entre a aristocracia e o povo, resultado inevitável da intromissão plebeia no governo da república. Mas daí também que a liberdade romana fosse mais ampla. Esparta e Veneza são

---
42. Cf. *Discursos sobre a primeira década de Tito Lívio* I.2 e I.5; e Skinner, (1978), p. 171.

versões do *governo stretto*, de uma constituição inclinada para a aristocracia, que Maquiavel mesmo reluta chamar de "mista"; e Roma, um tipo de *governo largo*, uma constituição, essa sim "mista", se não inclinada para a democracia, certamente com forte componente popular. E, para concluir, o florentino vincula estreitamente esse aspecto da política interna com o sucesso e a "grandeza" externa da república romana (*Discursos* I.3 a I.6; cf. Pocock, 1975, pp. 194-9).

Vamos agora ao reverso dessa linha de raciocínio: os argumentos de Guicciardini em defesa do *governo stretto*. Não por acaso, são argumentos que simultaneamente alvejam o que poderia se chamar de "mito de Roma", o que é também bastante inusitado. Em seu *Diálogo sobre o governo de Florença*, ele coloca em questão a sabedoria da constituição romana ao abrir-se para a discórdia civil[43]. É muito improvável que um governo cheio de tumultos e convulsões pudesse produzir o sucesso militar romano. Sua boa ordenação militar já se fazia visível durante a monarquia, portanto antes da ascensão das plebes à liberdade. São, portanto, ocorrências independentes. Pode-se mesmo afirmar que, não fosse pelo "uso enérgico que faziam das armas", aquele governo "instilado pela sedição" seria levado "mil vezes" ao desmoronamento. O governo de Veneza, ao contrário, embora seja uma *città disarmata*, dependente de tropas mercenárias e menos voltada para a conquista – o que Guicciardini

---

43. N. Bignotto, em seu estudo sobre Guicciardini, lembra que os escritos políticos do autor não foram publicados em vida, nem ele, aparentemente, tinha a intenção de publicá-los. Porém, esses textos refletem debates que Guicciardini, amigo pessoal de Maquiavel, certamente testemunhou e dos quais participou: "seus escritos guardaram os traços dos temas da época, as estratégias de argumentação e, sobretudo, o vocabulário de um debate" (Bignotto, 2006, p. 71).

aparentemente nada tem a objetar, em princípio –, possui um ordenamento interno que se sustenta por si mesmo, sem depender das vicissitudes externas. E suas virtudes encontram-se precisamente na divisão de tarefas constitucionais de suas principais agências: o Grande Conselho, o componente popular, cuida da proteção da liberdade, do império da lei e da segurança individual; o *Doge* e os *Pregadi* (os senadores), com os outros magistrados que deles descendem, garantem aquilo que se espera de um príncipe e dos *ottimati*, a tomada das decisões mais importantes por homens experientes. Essa divisão proporciona também freios recíprocos às ambições e aos excessos de ambas as partes: porque tais propensões vão sempre existir, são as instituições de governo que devem se encarregar de neutralizá-las[44].

Em seu exame crítico de Veneza, Maquiavel alude ao fechamento que bem cedo sua constituição estabeleceu contra a inclusão de novos membros aos privilégios da cidadania, o que a tornou um atributo hereditário e praticamente a limitou a um número fixo de famílias[45]. Esse é um de seus critérios para identificar um pendor aristocrático à constituição, para qualificá-la como um *governo stretto*. Guicciardini não dá muita importância a esse argumento, pois, diz ele, trata-se de um problema comum a todas as cidades, pelo menos entre as modernas: em algum momento, elas sempre fecham suas instituições políticas ao ingresso dos recém-chegados – imigrantes, plebeus de condição muito modesta etc. Isso acontece em Veneza de forma muito característica, mas em Florença (supostamente mais "democrática"

---

44. Cf. Guicciardini, *Diálogo*, livro II; e Pocock, op. cit., pp. 238-9.
45. É a *serrata* do Grande Conselho, em 1297 (cf. Bouwsma, p. 60).

nesse aspecto), no fundo, as coisas não são tão diferentes. Logo, o que importa para diferenciar os *popolani* e os *ottimati* é o critério numérico e a posição relativa que cada qual ocupa dentro do quadro institucional: os primeiros são os "muitos" – daí que o *Consiglio Grande* veneziano ocupe a posição relativa dos "populares", independentemente de seu real conteúdo social – e os segundos, os "poucos". Sua crítica à experiência republicana fracassada de Florença é que, no relacionamento interno, institucional, das agências, o maior Conselho (dos "muitos") operava sem os devidos freios, e não havia de fato uma agência aristocrática sólida que o moderasse e assumisse as funções de "cérebro" da república. Essa é sua crítica ao *governo largo* (*Diálogo* II, pp. 97-103). E, com base nela, Guicciardini constrói um ideal constitucional no qual a autoridade do governo encontra-se de fato nas agências régia e *ottimati*, não por conta de seu caráter social, mas de seu número e qualidade intelectual e moral. Aos "muitos" é reservado, então, um papel estritamente negativo: sua agência deve providenciar um espaço de competição para os líderes, dentro do qual suas virtudes "permaneceriam incorruptas e eficazes" (Pocock, op. cit., pp. 219 e 233)[46].

Donato Giannotti é o menos conhecido dos três autores. O presente estudo não teve nenhum acesso direto à sua obra, mas a literatura secundária chama a atenção para um aspecto de seu pensamento que interessa aqui. Como Guicciardini, esse autor florentino é fascinado pela estrutura constitucional de Veneza, e não esconde seu desejo de vê-la

---

46. Para mais comentários sobre Guicciardini e a constituição mista, ver Blythe, pp. 295-7, e Bignotto, 2006, pp. 102 ss. Para um estudo abrangente do diálogo entre Maquiavel e Guicciardini, ver F. Gilbert.

um dia adaptada às condições de sua cidade. (Donato Giannotti terá um papel ativo na terceira e última experiência republicana de Florença, no final dos anos 1520, ocupando o mesmo posto que havia sido de Maquiavel na segunda república.) Mas seus argumentos apontam na direção do *governo largo*. E, para sustentá-los, ele vai reexaminar o tópico da constituição mista de um modo bem peculiar: questionando o ideal de um equilíbrio perfeito entre os componentes do regime. Pois, se eles fossem perfeitamente equilibrados, suas forças seriam iguais; como a mistura dos componentes jamais é tão completa a ponto de fazer desaparecer a característica (*virtù*) específica de cada um, o resultado de tal equilíbrio será uma república "cheia de discordâncias". Sua alternativa é, então, uma constituição mista desigualmente "temperada". Ou seja, um regime em que as diferentes agências governamentais sejam profundamente interdependentes entre si, fundindo porém essa interdependência numa hierarquia, com uma das agências ganhando predominância sobre as demais.

Mas quem, ou qual, deveria predominar? Giannotti está, nesse ponto, como que em busca de um *locus* do poder político, uma questão bastante nebulosa quando se pensa na gramática da constituição mista. Repare-se, todavia, que o autor não está preocupado com esse problema enquanto associado ao da *fonte* e *legitimidade* dos entes políticos, questão que levará, por exemplo, os contratualistas modernos a operar num outro registro, típico do que será chamado neste livro de *soberanismo*. Giannotti quer situar-se no mesmo campo de questões de Guicciardini e, porém, dar-lhes uma resposta diferente. Assim: se a qualidade central da república é a *prudenza*, em que espaço *institucional* é mais provável que ela se adense e se conserve? O argumento, cuja sinuosidade não há como reproduzir aqui, fixa-se nestas questões: a) os "poucos" (*grandi*) são acostumados a dar ordens e os "muitos" (*popolari*) a obedecer – mas especialmente obedecer às leis; porém, "é mais fácil aos que estão acostumados a obedecer às leis aprender a dar ordens do que aos que sempre dão ordens aprender a obedecer às leis"; b) os muitos, que obedecem a uma ampla variedade de leis, tendem a agir "com um certo grau de prudência, o que os poucos com frequência não fazem, pois suas paixões conhecem menos limites"; e, "como os *popolari* são mais numerosos que os *grandi*, 'pode-se dizer com probabilidade que eles [*popolari*] formam um maior agregado de prudência'" (apud Pocock, op. cit., pp. 310-1; cf. Blythe, pp. 298-9).

Ao marcar distância de Guicciardini, Giannotti não deixa também de distanciar-se de Maquiavel, já que este mantém-se fiel ao ideal polibiano da igualdade das partes na balança constitucional. Dessa igualdade Maquiavel extrai heterodoxamente a virtude dos "tumultos", o que Giannotti considera um vício. Como resultado, esse autor acaba se deslocando para uma teoria com um aspecto menos "misto" do que o tradicional, o que também é o caso de Guicciardini, mas com nítido predomínio do componente popular. Todavia, como seu modelo é a estrutura constitucional de Veneza, *grandi* e *popolari* aparecem estreitamente relacionados a "muitos" e "poucos", isto é, ao critério numérico e sua posição relativa dentro do quadro das agências governamentais. E, como em Guicciardini outra vez, tal critério torna pouco ou nada relevante o conteúdo social da divisão.

A cidade-república e a questão do Estado

A tendência, entre os autores renascentistas, de reduzir a diferença entre "aristocracia" e "povo" a um critério numérico espelha de fato uma dificuldade crescente, ao longo da evolução histórica das cidades italianas, de dar um significado social à aristocracia. Com raras exceções, os grupos aristocráticos sofrem uma contínua crise de identidade nessas cidades. Na esfera da reflexão política, essa questão coloca uma dificuldade séria para transpor a teoria antiga clássica da constituição mista para as novas realidades históricas.

Como vimos, a teoria antiga está fortemente comprometida com a distinção entre as ordens e com a hierarquia de *status* social que a implica, tomada como natural. A constituição mista significa uma coalizão, uma união política das ordens. Mesmo quando há transfusão de elementos de uma ordem para outra, como ocorreu no desenvolvimento da república romana, a distinção permaneceu firme e ponto de referência da reflexão política. E ainda que esta se deslocasse na direção de uma teoria sobre agências governamentais que concorrem umas com as outras – uma espécie de teoria de freios e contrapesos, como em Políbio – esse deslocamento não ofereceria maiores dificuldades, uma vez que as diferentes ordens se organizavam diretamente nas diferentes agências, dando-lhes as respectivas identidades políticas. Contudo, o novo contexto urbano do norte da Itália, um lusco-fusco entre o medieval e o moderno, é um terreno minado para esse tipo de elaboração. A abordagem da história social, nesse contexto, pode ajudar a esclarecer esse ponto.

A aristocracia da Antiguidade era, fundamentalmente, um estamento guerreiro: um estamento "equestre", cujos membros lideravam as batalhas montados em seus próprios cavalos. Nos primórdios das comunidades a que pertenciam, eram os únicos capazes de providenciar por conta própria os custosos equipamentos de cavalaria. A liderança na guerra lhes emprestava imediatamente a legitimidade para exercer os postos mais honrados do governo da comunidade. Liderança militar e liderança política se combinavam e eram sustentadas pela condição de grandes (em comparação ao restante da comunidade) proprietários de terra. Guerra-governo-terra era a tríade que dava uma identidade efetiva, tanto social quanto política, a essa aristocracia. A guerra, porém, não era importante apenas para esse estrato, mas para toda a comunidade urbana. Em Roma, por exemplo, as plebes passaram a ganhar relevância política e a constituir uma ordem separada e independente, isto é, como "povo", quando o protagonismo militar da aristocracia, baseado na cavalaria, começou a sofrer a concorrência de uma infantaria muito eficaz – embora de custo de sustentação menor e *status* inferior – composta de uma espécie de classe média de fazendeiros capazes de bancar o pesado equipamento de batalha[47]. Apesar de só exercer a atividade militar em "tempo parcial", por causa de recursos econômicos mais modestos da maioria de seus membros, a capacidade de exercê-la era a condição *sine qua non* da participação plebeia na comunidade política.

    O caso romano das plebes tem suas peculiaridades, mas essa forma de constituição do povo, primeiro como um exército hoplita (um corpo compacto de soldados a pé) e,

---

47. Cf. Von Fritz, pp. 197-9.

em seguida, como uma ordem no interior da comunidade política, pode ser encontrada em inúmeros centros urbanos do mundo greco-romano. Essa concorrência popular, contudo, não necessariamente punha em questão o prestígio da aristocracia, uma vez que seu *status* estava efetivamente articulado à pretensão de continuidade de uma longa linhagem de homens experientes na guerra e no governo, apoiada pela disponibilidade real (graças à grande propriedade da terra e ao *éthos* guerreiro) de cultivar e exercer a liderança nesses dois campos. A evolução política do *demos* em Atenas, e em outras cidades com significativa atividade portuária, é um caso especial porque ali o papel importante das camadas mais baixas, de *status* inferior aos estratos médios da já então tradicional infantaria hoplita, na composição da marinha de guerra, foi o que lhes trouxe o reconhecimento social e político[48]. Esse fato explica, pelo menos em parte, a radicalização democrática de Atenas. Apesar disso, não se pode esquecer de que, ali também, um senso comum de hierarquia social fora preservado, a despeito da evolução das instituições políticas, em especial a valorização do estilo de vida nobre. Mas no contexto romano, tal estilo, marcado pela carreira militar e política, era efetivamente a referência básica de ascensão do plebeu rico, pois só o reconhecimento nesses campos, e não a atividade estritamente econômica, lhe dava acesso aos níveis mais elevados da hierarquia política.

Todavia, no caso da aristocracia[49] das cidades-repúblicas italianas, essas credenciais da identidade de *status* supe-

---
48. Cf. B. S. Strauss, pp. 313 ss.
49. Diz-se *a aristocracia* apenas para simplificar a descrição, pois em realidade existem diversos grupos aristocráticos dispostos, eles mesmos, numa espécie de hierarquia interna.

rior muito depressa deixaram de ser perfiladas. É verdade que, nos primórdios das comunas italianas, quando estas tiveram de se afirmar perante o Império e o Papado, a nobreza feudal que se transferiu de malas e bagagens para os núcleos urbanos teve um papel destacado na liderança dos combates que foram travados contra aquelas potências, e isso lhe conferiu o prestígio para exercer o virtual monopólio dos altos postos de governo. Mas logo essas marcas de prestígio se diluíram graças ao envolvimento crescente nas atividades típicas dos estratos não feudais da comuna – diga-se, os estratos *burgueses*, envolvidos no comércio e na banca. Pois agora só essas atividades, e não a propriedade da terra, poderiam lhe garantir o poder econômico necessário para sustentar seu prestígio social[50]. Porém, mais do que isso: essa diluição foi acompanhada do crescente afastamento da vida militar em defesa da comunidade, da atividade guerreira efetiva e direta contra o inimigo estrangeiro. Mas tal não era a marca exclusiva dessa aristocracia socialmente diluída, pois estamos falando de um modo de vida extensivo a todos os habitantes da comuna, inclusive o emergente *popolo*, como bem observa Weber:

---

50. Uma peculiaridade das cidades italianas do Baixo Medievo é a assimetria política entre a zona urbana e o *contado*, o campo das áreas adjacentes. Ao contrário das cidades antigas, as comunas medievais não lograram integrar politicamente as duas regiões. Ainda que incorporassem o *contado* a seu território, como ocorreu nas regiões da Toscana e Lombardia, seus habitantes permaneciam com um *status* político inferior; de modo que quem vivia na zona rural ou não pertencia à cidade de modo algum ou era dela um cidadão de segunda classe (cf. Anderson, p. 176). Esse fenômeno deve ter ajudado a desestimular a identificação da nobreza urbana com a propriedade da terra: mesmo que seus membros adquirissem imóveis rurais no *contado*, seu vínculo com eles resultava bem mais débil do que o de uma aristocracia agrária propriamente dita.

Enquanto na Antiguidade o exército hoplita e seu treinamento, e logo os interesses militares, crescentemente vieram a constituir o pivô de toda a organização urbana, no período medieval os privilégios da maioria dos burgos começaram com a restrição dos deveres militares do citadino ao serviço de guarnição. Os interesses econômicos dos citadinos medievais repousavam no ganho pacífico através do comércio e das trocas, e isso era ainda mais pronunciado nos estratos mais baixos da população urbana [...] A situação política do citadino medieval determinava seu caminho, que era o do *homo oeconomicus*, enquanto na Antiguidade a *pólis* preservou durante seus melhores dias seu caráter como a tecnicamente mais avançada associação militar: o citadino antigo era um *homo politicus* (Weber, 1978, pp. 1353-54).

Essa luminosa observação, todavia, não pode nos distrair a respeito da tenaz persistência da aristocracia nessas cidades. Pois, sem poder evocar as principais marcas de seu prestígio – a vida dedicada à guerra, apoiada na grande propriedade rural – e não podendo sustentar sua pretensão de *status* diferenciado apenas na atividade econômica, esses estratos se apegavam com unhas e dentes à única garantia possível de distinção: o monopólio dos altos cargos públicos, quando não de toda cidadania política (como aconteceu em Veneza). Ocorre que, na maioria das cidades onde isso se deu, os demais estratos da população, organizados em agremiações de cunho profissional e econômico (as guildas) e liderados pelas mais ricas, rebelaram-se violentamente contra essa pretensão ao longo dos séculos XII e XIII, não raro impulsionados pela luta fratricida entre as próprias famílias aristocráticas. Curiosamente, essas rebeliões não tiveram como desfecho um compromisso entre as duas ordens, mas geraram um questionamento profundo da ordem política calcada na distinção aristocrática. Isso explica não só o surgimento de organizações independentes do próprio *popolo*, fruto de uma união política das guildas, mas o esforço de fazer dessas organizações as referências fundamentais da autoridade política da cidade como um todo – experiência que resultou no que um estudioso contemporâneo, John Najemy, chamou de "republicanismo de guildas".

Esse esforço, é verdade, jamais conseguiu completar seu objetivo, pois a autoridade política sob hegemonia das organizações do *popolo* também sofreu, ao longo do tempo, problemas endêmicos de estabilidade interna[51], o que acabava ocasionando retornos a uma ordem política apoiada nas distinções aristocráticas – só possível, é claro, através de uma complicada reinvenção e de ideais políticos fundamentados em tais distinções. De qualquer forma, a ascensão do *popolo* deixou marcas definitivas na história das cidades, seja pelas instituições inéditas que trouxe, seja pela diluição social ainda maior a que obrigou a velha nobreza:

> Sempre que o *popolo* foi completamente bem-sucedido, a nobreza ficou, de um ponto de vista puramente formal, apenas com privilégios negativos. Enquanto os cargos da comuna

---

51. Em várias cidades, depois da vitória sobre os *magnati*, a população de artesãos, o *popolo minuto*, organizada em guildas menos ricas, começou a exigir do *popolo grasso*, das guildas mais poderosas, os mesmos privilégios obtidos dos *magnati*. Vai haver ainda um outro momento, em que uma multidão de trabalhadores braçais, pequenos artesãos e pequenos comerciantes, não organizados em nenhuma das guildas tradicionais, exigirá participação nas decisões da cidade e a organização e o reconhecimento de suas próprias guildas. Este último estágio, embora menos frequente, foi marcado, por exemplo, pela revolta dos *Ciompi* em Florença, em 1378, ou em Perugia, no mesmo ano, onde temporariamente os pequenos artesãos conseguiram "excluir do conselho de *priores* [o mais alto posto executivo da comuna] não apenas a nobreza, mas também o *popolo grasso*" (Weber, op. cit., p. 1305; cf. Najemy, 1991, pp. 274-5).

[de toda a cidade] eram abertos aos *popolani*, os cargos do *popolo* não eram abertos à nobreza [...]. Em certos momentos, apenas as resoluções do *popolo* diziam respeito a todos os cidadãos. Em muitos casos a nobreza era explicitamente excluída, temporária ou permanentemente, de qualquer participação na administração da comuna (Weber, op. cit., p. 1304).

É verdade que ocorreram muitas rebeliões plebeias nas cidades antigas, e que delas resultou a construção de novas instituições políticas, exclusivamente populares, como as *concilia plebis* e os tribunos romanos. Porém, elas raramente levavam a um questionamento tão incisivo da própria vida nobiliárquica. Tanto que seus desfechos resultavam em alguma forma de negociação na qual os grupos aristocráticos concediam pequenos ou grandes espaços de participação plebeia na comunidade política, dependendo de quão democrática era a natureza do compromisso[52]. Nada parecido, portanto, com as medidas que foram implantadas em cidades-repúblicas italianas – por exemplo, os "Ordenamentos da Justiça", após a vitória do *popolo* em Florença em 1293 – visando a praticamente emparedar as famílias de escol: "a exclusão dos cargos públicos de todas as famílias aderentes a um estilo de vida cavalheiresco, a exação de juramentos de conduta leal de parte da nobreza e a imposição de garantia financeira para o comportamento de todos os membros de uma família patrícia, a aprovação de leis penais especiais pelas ofensas políticas dos *magnati*, inclusive por insultar um *popolano*, e a proibição de compra de propriedade imobiliária vizinha à propriedade de um *popolano* sem antes obter a permissão dele" (id., ibid.).

---

52. Para o caso de Roma, ver Roldán, pp. 71-88.

O caso das democracias, como a ateniense, pode parecer uma exceção ao contraste que se está fazendo aqui entre a cidade antiga e a cidade plebeia medieval. Porém, é comum perder-se de vista, na análise da política nas cidades antigas, inclusive a democracia ateniense, a questão do tabu religioso que, apesar de toda a evolução do período clássico no sentido de seu relaxamento, permanecerá um elemento crucial na forma de integração dos diferentes grupos sociais dessas cidades. Esse ponto não escapou a Weber, que em suas análises diferencia claramente o *synoikismos*, típico da integração comunal-religiosa da cidade mediterrânea antiga, e a *coniuratio* da corporação medieval. Analisando o estudo de Weber sobre as cidades, Nippel faz uma anotação muito importante a esse respeito. A passagem é um pouco longa, mas vale registrá-la aqui:

> Na antiguidade pré-cristã, a religião não inibiu a confraternidade, embora também não a tenha encorajado especialmente. A confraternidade materializava-se em certo grau na união dos chefes de sibis ou clãs que originalmente constituiu a cidade-Estado por meio do *synoikismos*, isto é, ou o efetivo "abrigo comum" num centro urbano ou a constituição de um centro político singular para as até então separadas comunidades. Mas os clãs patrícios tentaram manter sua exclusividade ritual em relação aos plebeus, o que só foi abolido no curso das lutas entre as ordens. De acordo com Weber, as antigas cidades-Estados *não atingiram* a intensidade da confraternidade que mais tarde seria atingida na comuna medieval, onde os citadinos constituíam a comunidade *fazendo um juramento individual* [a *coniuratio*] [...] Na Europa medieval, a confraternidade tinha uma base religiosa positiva, uma vez que todos os membros da comunidade já pertenciam à mesma igreja, simbolizada na comunidade da Eucaristia (Nippel, 2000, pp. 248-9; grifos adicionados).

Essa citação marca bem a diferença entre o comunitarismo universalista da religião cristã e o comunitarismo mais segmentado das religiões da Antiguidade greco-romana, o que produz seu impacto nos diferentes modos de integração cívica. Por isso mesmo, não causava nenhum desconforto, nenhum senso de contradição, entre os cidadãos das democracias antigas, que sua ampla e efetiva igualdade política, que envolvia também, como se viu, as camadas mais pobres, fosse contrastada por uma também ampla prática da escravidão. Diga-se de passagem, "a mais completa expansão da exploração de escravos na Grécia antiga recaiu precisamente nos períodos de democracia" (Weber, op. cit., p. 1343).

Ao contrário, na política moderna, o reconhecimento da igualdade de *status* tenderá a receber uma glosa universalista, o que sempre a colocará em contradição aberta com formas remanescentes de desigualdade, inclusive e especialmente a que separa cidadãos livres e escravos. Esse ponto simultaneamente assinala a diferença entre o conceito moderno de *povo* e o conceito antigo. Por isso mesmo, tem razão Ober ao dizer que "a população de cidadãos de Atenas era coletivamente uma elite política *vis-à-vis* a de não cidadãos, e o *status* político de um cidadão era normalmente herdado [...] O grupo de cidadania era então a elite sociopolítica fundamental, da qual todos os outros grupos de elite eram necessariamente subconjuntos" (Ober, p. 261). Assim, apesar de sua radicalidade democrática, a experiência ateniense não parece representar um desvio tão extremo das características gerais da cidade antiga aqui endossadas. Do ponto de vista da organização política, ela constitui, de fato, uma experiência inusitada, desde que logrou diluir nas agências populares qualquer articulação separada da aristocracia, o que muito a enfraqueceu politicamente. Porém, há que não esquecer as profundas diferenças culturais, em particular religiosas, que separam a igualdade ateniense e a igualdade moderna – e é fundamentalmente aí que se deve buscar a distância entre as respectivas democracias.

Retomando então a questão da herança do pensamento político clássico na cidade-república italiana: é evidente a dificuldade de elaborar uma teoria da constituição mista em moldes clássicos nesse contexto. Pois, como foi dito, essa teoria depende de uma visão hierarquizada da comunidade dos detentores de credenciais de participação, a comunidade política (a *civitas*). Se o critério básico de hierarquia social é a distinção entre as duas ordens fundamentais apresentadas pela tradição, o povo e a nobreza, certamente uma exclusão da nobreza virtualmente apontava para uma *civitas* horizontalizada, em busca de uma homogeneização de *status*. Essa perspectiva, de fato, jamais se estabilizou socialmente na experiência da cidade italiana, medieval ou renascentista, mas deixou esta questão fundamental para o futuro: como construir uma teoria da constituição mista que aponte para um *vivere civile* com igualdade de *status* se, afinal de contas, aquela está fundada num ideal de aliança e compromisso entre distintos *grupos sociais*? Três alternativas podem ser antecipadas:

1) Ou a teoria da constituição mista é definitivamente esvaziada de seu conteúdo social e reduzida a uma teoria de freios e contrapesos – algo que começa a se desenhar nas reflexões de Guicciardini e Giannotti. Nesse caso, a teoria tende a se transformar numa análise puramente institucional

das agências de governo, cuja diferenciação tem de se basear num critério relativo às operações internas dessas agências – o critério do número e/ou o da especialização das funções constitucionais etc. –, o qual é liberado da remissão a grupos sociais.

2) Ou a teoria é reelaborada com base em outros critérios de clivagem social sobreviventes ao questionamento da *hierarquia* das ordens – por exemplo, a clivagem econômico--social em detrimento da estamental – digamos, entre ricos e pobres. Essa teoria renovada da constituição mista mantém a noção de que a *civitas* é uma aliança de grupos sociais, mas opera com a ideia de uma cisão ostensiva em seu interior, ao entender esses grupos como antagônicos, porém não inconciliáveis, e então idealiza um compromisso e um equilíbrio entre eles. Tal perspectiva será discutida no próximo capítulo.

3) Ou a ideia da constituição mista é colocada definitivamente de lado, e em seu lugar ergue-se uma teoria na qual a estrutura institucional é a expressão inequívoca da *civitas*, isto é, de uma comunidade sem hierarquia de *status*, que agora poderia ser chamada, toda ela, de *povo*. É uma aproximação típica do pensamento democrático moderno, orientada por uma teoria da soberania, com várias possibilidades, mas notadamente esta: uma teoria da república na forma Estado; a alternativa, ademais, leva a uma teoria da *representação política* que busca mediar entre a cisão da *civitas* e sua reunificação no Estado. Esse caminho será discutido nos capítulos três e quatro.

É curioso, mas não surpreendente, que as reflexões de Guicciardini e Giannotti remetam à experiência constitucional de Veneza. Pois essa cidade é precisamente a grande exceção da evolução histórica abordada neste capítulo. Ali, uma espécie de "aristocracia burguesa" – se é que se pode falar assim – não identificada nem pelo *éthos* guerreiro nem pelo distanciamento da atividade comercial e bancária, mas pura e simplesmente pelo monopólio da participação política e dos cargos públicos, logrou resistir durante séculos, impenetrável e indivisível, ao assédio do *popolo*. Uma experiência que não é nem sequer comparável à persistência das sólidas aristocracias dos grandes Estados nacionais europeus, nem mesmo a inglesa e a prussiana; pois todas essas, apesar de suas metamorfoses na direção de uma nobreza "cortesã", estiveram mais ou menos sustentadas na herança feudal, graças em especial à grande propriedade da terra, o que não é o caso da veneziana. Como essa sobrevivência foi possível, só mesmo um estudo específico e detalhado da história de Veneza poderia esclarecer – algo que está além do propósito deste livro[53]. De qualquer modo, lá estava uma *civitas* socialmente homogênea, fechada, constituída de um número bem delimitado de membros e que, num sentido estritamente jurídico, poderia se chamar, toda ela, de "povo". É isso que fará Rousseau[54], de modo um tanto forçado até para o seu próprio pensamento, mas não Guicciardini e Giannotti, ainda magnetizados, como se viu, pela perspectiva da constituição mista. Maquiavel também não o faz, mas por uma razão distinta: abrindo-se para uma teoria da

---

53. Mas ver Bouwsma, caps. II e III; e as notas de Martines, pp. 158-60.
54. "É um erro considerar o Governo de Veneza como uma verdadeira aristocracia. Se lá o povo de modo algum participa do Governo, a nobreza é o próprio povo" (Rousseau, *Do contrato social* IV.3, p. 123).

constituição mista renovada, opera com o termo "povo" num sentido mais sociológico do que jurídico – ou seja, como o conjunto dos estratos mais baixos e empobrecidos da hierarquia social –, e este, naturalmente, ele não encontrou na constituição de Veneza.

A ausência de *éthos* guerreiro das aristocracias e das comunidades urbanas italianas de modo geral nos leva ao tópico das tropas mercenárias, e esse a um fenômeno institucional cujo isolamento analítico é da maior importância para o que se desenvolverá nos próximos capítulos.

Após um período heroico em que as cidades, lideradas por uma nobreza ainda militarmente cultivada, enfrentam as tentativas do imperador germânico de submetê-las a seu controle, e após o reconhecimento político do *popolo* e das guildas, essas cidades passam por uma profunda transformação no modo de administrar a guerra e seu próprio território. Lauro Martines descreve bem os dois termos desse processo, estreitamente relacionados:

a) "Uma consequência inevitável da ascensão política do *popolo* foi a rápida expansão do governo, a difusão do funcionalismo na criação de novos cargos e conselhos. Os sucessores do *popolo*, *signorias* e oligarquias, herdaram administrações hipertrofiadas e as utilizaram para seus próprios fins."

b) "Uma vez que os *popolani* eram menos dados à guerra do que seus rivais a cavalo [os nobres], e porque as vitórias do *popolo* colocaram mais e mais nobres no exílio e em exércitos profissionais, o número de mercenários cresceu estavelmente e a guerra tornou-se crescentemente cara [...]. Os custos de governar aumentaram e as complexidades das finanças públicas multiplicaram-se" (Martines, p. 64).

Como esta citação acima sugere, o problema do modo de administrar a guerra tem vínculos importantes com a expansão da maquinaria governamental e a ascensão do *popolo*. O uso de tropas mercenárias surge num contexto em que as cidades passam a erguer aparatos, ainda que bem discretos no início, de funcionários encarregados de conduzir a rotina do governo, e a criar novos mecanismos de impostos, diretos e indiretos, destinados a sustentá-lo. Tais aparatos começam a ganhar forma especial quando, pressionadas pelo *popolo*, as comunas – a fim de dar cabo às *vendettas* entre as famílias nobres e à impunidade de seus membros quando cometiam crimes contra a gente do *popolo* – resolvem eleger e pagar pessoas de fora da cidade para administrar a justiça, a fim de garantir sua imparcialidade no julgamento dos conflitos internos. Essas pessoas, que recebiam títulos tradicionais e de origem imperial, como o *podestà*, traziam consigo seu corpo particular de auxiliares, também pagos, e contavam com um corpo de milicianos recrutados das guildas para impor suas decisões. Mais tarde, a comuna popular mesma, quando insatisfeita com a administração providenciada pelas instituições mais tradicionais da comuna urbana, tratou de providenciar sua própria justiça, através do *capitano del popolo*, que com frequência era pessoa também contratada de outras cidades (cf. Weber, op. cit., pp. 1302-03). A origem *externa* desses aparatos administrativos sutilmente sugeria uma distinção entre eles e a comunidade de cidadãos para a qual serviam.

Fenômeno igualmente importante, embora posterior, é a formação de um *staff* de auxiliares aos magistrados eleitos, na forma, por exemplo, das chancelarias de Florença. Como os magistrados possuíam mandatos muito curtos e rotativos, a república carecia de funcionários fixos que dessem continuidade à rotina administrativa e secretariassem os colegiados eletivos. Geralmente, esses funcionários eram escolhidos entre membros das guildas das profissões mais eruditas (notários, juristas), e sua indicação aprovada pelos conselhos comunais. Os chanceleres recebiam salários e frequentemente serviam a república durante anos a fio, como aconteceu com os célebres Coluccio Salutati e Leonardo Bruni. (Na república de 1494-1512, Maquiavel também ocupou um posto de chancelaria; na verdade uma espécie de subchancelaria, que não tinha o mesmo *status* da que fora exercida por Salutati e Bruni.) Esses novos administradores com o tempo introduziram na república seu cabedal de conhecimento especial, como o jurídico e o de contabilidade, frequentemente graças a uma experiência anterior na administração de negócios privados. É sobretudo essa constatação que vai fazer Burckhardt ser tão enfático na remissão das origens do Estado moderno às repúblicas italianas[55]. Mas há que não perder de vista as ambiguidades do contexto histórico, particularmente do campo intelectual.

Esse modo de governar, sem dúvida, contrasta claramente com o típico, por exemplo, dos magistrados romanos durante a república. A começar dos cônsules, eles não possuíam um "gabinete", um *staff* oficial e público de auxiliares.

---

55. Cf. Burckhardt, parte I. Falando do "Estado como obra de arte", Burckhardt afirma que a república florentina "merece o título de primeiro Estado moderno" (p. 49). Ver também as instrutivas anotações de M. Florenzano, pp. 21-9, sobre o debate historiográfico a esse respeito.

Se tinham de operar algo sem a sua presença – o que não era incomum na gestão dos cônsules, por causa de suas obrigações militares fora da cidade –, ou tal operação era diretamente encampada pelo Senado, tratando-se de uma questão mais grave, ou ela dependia da colaboração informal dos "clientes", gente agregada às suas famílias. Essa característica explica, pelo menos em parte, a influência efetiva que o Senado manteve sobre os negócios públicos durante a maior parte do período republicano. Mesmo o exército comandado pelo cônsul não era um corpo permanente, mas recrutado de acordo com as necessidades de guerra. No campo militar, esse quadro só mudou quando a república expandiu extraordinariamente seu território, dilatando os tempos de serviço, quando não os tornando praticamente contínuos. Isso provocou, nesse campo tão fundamental, a perda gradual da capacidade de influência do Senado em comparação à dos cônsules e outros comandantes militares[56].

Por outro lado, nas comunas italianas, os recursos necessários para sustentar sua pequena máquina governamental também puderam ser usados para bancar, inicialmente, as tropas mercenárias. Porém, com o aumento dos conflitos entre as cidades, e dos soldados empregados no campo de batalha durante o século XIV, combinado com o disparo dos custos de treinamento das tropas e da sofisticação da tecnologia militar, tais recursos tornaram-se mais e mais inadequados. Para expandir suas receitas, as comunas trataram de inventar uma série de impostos indiretos, empréstimos forçados e, mais decisivamente, um mecanismo

---

56. Cf. Weber, op. cit., pp. 1366-67; Von Fritz, pp. 161-7 e pp. 178-9; e Finley (1997), p. 28.

de crédito apoiado nos cidadãos mais ricos – muitos deles banqueiros já treinados em transações desse tipo com pessoas privadas ou públicas –, que passam a amealhar vultosas somas através do pagamento dos serviços desse crédito. Em Florença, o uso extensivo de impostos indiretos sobre produtos de consumo e transações de todo tipo (*gabelles*) e do crédito público (o *Monte Comune*), especialmente durante guerras prolongadas, será uma das grandes causas das convulsões sociais e reviravoltas políticas que tomarão conta da cidade a partir de meados do século XIV[57]. Causa essa que se juntou à aguda crise econômica da cidade ao longo dos anos 1340, provocada pelo "calote" do rei da Inglaterra, então financiado por banqueiros florentinos, e pela famosa epidemia que levou à devastação demográfica. Na esteira dessas novas fontes de receita vai se erguer um aparato administrativo igualmente expansivo, fontes essas que também são desconhecidas nas cidades-repúblicas da Antiguidade – pelo menos até o período de maturação do Império Romano – e antecipam práticas que se tornarão comuns nas monarquias dos Estados nacionais:

> Como em outros lugares, o orçamento em Florença foi consideravelmente dilatado durante a primeira metade do século XIV, graças a despesas excepcionais exigidas com o abastecimento de comida, urbanização e acima de tudo guerras [...]

---

57. Nas cidades-repúblicas antigas, os tributos "nunca se convertiam em imposto regular, estando os pobres totalmente isentos deles nas *póleis* gregas e em grande parte em Roma. De fato, os cidadãos pobres, os camponeses em especial, estavam livres de impostos: ocasionais impostos sobre vendas, direitos portuários e primícias para os deuses não constituíam peso significativo. É por essa razão que os impostos, tão básicos nos conflitos sociais da baixa Idade Média e da modernidade, quase não aparecem como ponto importante na Antiguidade Clássica anterior ao Império Romano" (Finley, 1997, p. 46).

Esta inflação orçamentária continuou depois de 1348-50; como antes, suprimentos e atividades militares ainda formam os principais itens de despesa, mais extensos do que nunca, mas estes itens são agora acompanhados por outros: por exemplo, a ereção sistemática de fortificações no *contado* [a zona rural] e o pagamento dos salários dos empregados de uma burocracia em proliferação (De la Roncière, pp. 141-2).[58]

As repúblicas antigas não conheciam também os mecanismos de contração de dívidas públicas para financiar seus empreendimentos militares. Como observava David Hume, num de seus ensaios econômicos: "Parece ter sido prática comum na Antiguidade acumular provisões durante a paz para as necessidades da guerra e acumular tesouros antecipadamente como instrumentos de conquista ou defesa, sem confiar em imposições extraordinárias, muito menos em empréstimos, em tempos de desordem e confusão. [...] Pelo contrário, nosso moderno expediente, que se tornou bastante generalizado, consiste em hipotecar os rendimentos públicos e confiar em que a posteridade pagará os encargos contraídos por seus ancestrais."[59]

Ainda que em estágio bem embrionário, pode-se flagrar no fenômeno institucional acima descrito um modo *estatista* de articular o governo. Como caracterizar *administrativamente* esse fenômeno? A rigor, um modo estatista se insinua, no plano administrativo, quando as pressões contrárias dos deveres políticos da cidadania e dos deveres sociais da reprodução material levam a admitir práticas que

---

58. Sobre a influência das guerras e dos novos impostos introduzidos nesse período, ver ainda Brucker, pp. 315 ss.
59. D. Hume, "Sobre o crédito público", in *Escritos sobre economia*, p. 57. Cf. Finley (1986), p. 273.

constituem uma espécie de divisão de trabalho de segunda ordem. Quer dizer, não a divisão técnica do trabalho no sentido da produção de mercadorias, mas a divisão entre as atividades não políticas e as atividades políticas – inclusive e principalmente as militares –, introduzindo, portanto, a *especialização* destas últimas. Seguindo um curso mais ou menos paralelo a esse fenômeno, os historiadores do pensamento político notam o desenvolvimento de uma importante reviravolta conceitual. Como observa Skinner (1989, p. 112), a concepção de *Estado* que gradativamente dominará o pensamento moderno implica uma noção duplamente abstrata e impessoal: ela significa não só uma entidade distinta das pessoas dos governantes, mas também – e aqui está a novidade que só se tornará categoria teórica entre certos pensadores contratualistas – distinta da *civitas*, isto é, da própria comunidade dos cidadãos. Apesar do caráter abstrato da distinção, o surgimento de um aparato administrativo permanente e de uma organização militar por sobre a *civitas*, no decorrer da notável experiência das cidades-repúblicas italianas, pode ter fornecido à consciência política um objeto suficientemente palpável para essa nova elaboração conceitual.

Note-se, porém: o estatismo apenas se insinuava nas cidades italianas, como que pelas costas da própria reflexão sobre essa experiência. Há que não subestimar outros fatores que inibiam sua completa aceitação – dois deles, pelo menos, merecem ser mencionados. Primeiro, a concepção colegiada da atividade de governo: além de submetidos a um rígido sistema de rotação, os magistrados tomavam suas mais importantes decisões em comissões que diluíam a responsabilidade pessoal e a hierarquização típicas das burocracias modernas. Segundo, e não menos importante: essas cidades não chegaram a desenvolver um sistema próprio de governo representativo. As variadas misturas de "escrutínio" – pelo qual os candidatos às magistraturas eram indicados por um complicado sistema de votação – e sorteio típicos de seus sistemas de governo tinham o propósito de selecionar os ocupantes de cargos públicos, mas não de escolher cidadãos que fossem representantes de outros cidadãos. E isso não acontecia por mero desconhecimento: a eleição de representantes já era um instituto mais ou menos estabelecido em parlamentos dos Estados territoriais, particularmente em suas câmaras plebeias[60]. Embora tenham admitido o crescimento de um aparato administrativo semiprofissionalizado, as repúblicas italianas mantiveram uma atitude de desconfiança para com essa segunda forma de distinção interna da cidadania – talvez por causa mesmo de suas origens feudais, em relação às quais um estudado distanciamento foi preservado até os estertores de sua existência na forma republicana tradicional.

De fato, esse republicanismo, que é, aliás, a primeira vertente intelectual a assinalar a diferença entre a "república" e as "pessoas" dos governantes, terá sérias dificuldades para reconciliar seus valores político-morais com as diversas formas de especialização da política que então emergiam – daí o profundo desconforto ideológico gerado pela introdução de tropas mercenárias. Portanto, conservará uma atitude teórica e prática muito refratária à ideia de um arranjo

---

60. Cf. Pitkin (1967), pp. 241-52; e Pitkin (2006), pp. 15-28.

institucional supostamente colocado acima da comunidade cívica, tese que ganhará força com as teorias absolutistas da soberania. Ao contrário, sua alternativa preferida continuará sendo a constituição mista, na qual a *civitas* subsiste ao mesmo tempo como comunidade e como estrutura política, embora socialmente estratificada. Mesmo esse arranjo terá de se haver com a crítica cada vez mais forte ao seu componente aristocrático tradicional, levando a uma importante inflexão da teoria, como se verá no capítulo a seguir.

Capítulo II

A constituição mista plebeia

Com o "revival" do republicanismo nos últimos anos, tem havido muita discussão sobre a compatibilidade entre república e democracia. A questão é: sob que forma? O próprio autor deste livro chegou a intervir no debate, procurando mostrar que a absorção de ideais democráticos só se tornou possível modernamente com a emergência da forma Estado[1]. O presente capítulo, contudo, revisa em parte essa resposta, propondo uma ampliação das possibilidades da teoria da constituição mista, na qual a comunidade cívica poderia sobreviver à sua democratização e acomodar uma forma política compatível com aquela teoria, embora com importantes modificações.

Chamar-se-á essa alternativa de *constituição mista plebeia*. Na história do pensamento político, a grande ponta de lança dessa alternativa é a visão de Maquiavel sobre a república e a constituição mista – que, de certa forma, também vislumbra seus limites. Guiado pelo pensador florentino, este capítulo dedica-se a explicar o conceito e mostrar suas relações com a democratização interna da república e sua expansão externa. Em seguida, o capítulo faz um salto da conjuntura da cidade-república renascentista para a do século XVIII, o segundo período "neoclássico" da modernida-

---

1. Cf. C. Araujo (2000).

de europeia, com suas esperanças de renovação da ideia de república. Tais esperanças são aguçadas com o movimento de independência levado a cabo por colonos do império britânico no Novo Mundo, a "revolução americana". Porém, a reflexão política produzida no calor dessa luta, se é verdade que resgata o legado da constituição mista plebeia, também parece colocá-lo em questão. Essa ambiguidade põe a revolução americana – mas especialmente o assim chamado "partido federalista" – numa espécie de lusco-fusco entre as formas políticas contrastadas neste livro.

Maquiavel e as duas alternativas da constituição mista

No capítulo anterior, foi registrado que a elaboração maquiaveliana destoava de modo bem marcante dos demais pensadores renascentistas justamente no tópico das dissensões internas da república. Para o que se tem em vista aqui, é muito esclarecedora a remissão aos *Discursos sobre a primeira década de Tito Lívio*, em especial aos primeiros capítulos do Livro I, onde encontramos uma abrangente reflexão sobre a constituição mista. Como já apontado, a intenção de acompanhar o argumento de Políbio é flagrante logo no início da análise. Lá estão a classificação canônica das constituições simples e suas degenerações, as ideias do ciclo recorrente a que estão submetidas e de que a melhor constituição é a mistura dessas simples (*Discursos* I.2). Também lá estão a caracterização polibiana da constituição romana e o fato de ter se aperfeiçoado ao longo do tempo, e não, como Esparta, estabelecida de pronto por um único legislador. Contudo, ao pegar carona do historiador grego, Maquiavel vai aos poucos traçando seu próprio caminho, de um modo tentativo e sinuoso, pois suas proposições se modificam conforme avançam o raciocínio e os capítulos, até chegar a noções mais claras e firmes. Mas já no capítulo 3 ele diz algo que muitos autores modernos repetirão depois: "Como mostram todos os que escreveram sobre política, e como numerosos exemplos históricos indicam, é necessário que quem constitui e dá leis a uma república parta do princípio de que todos os homens são maus, estando dispostos a agir com malignidade sempre que haja ocasião." Pois os homens só fazem o bem "quando necessário" (*se non per necessità*); ao contrário, se têm "liberdade de escolher e fazer o que bem entendem, a confusão e a desordem não tardam a surgir em toda parte". Daí que, assim como a fome e a miséria os tornam industriosos, "as leis os tornam homens bons". A virtude é fruto da necessidade, e a necessidade deriva ou da natureza ou do bom ordenamento (*buono ordine*) da república.

Esse é o preâmbulo de sua própria leitura da evolução política de Roma – agora um tanto descolada de Políbio[2] –, que resultará na introdução da tese que Maquiavel sabe polêmica. Há os que alegam, diz ele, que a república romana era tão cheia de tumultos e confusões que, não fosse pela "boa fortuna e virtude militar" para contrabalançar esses defeitos, "sua condição seria pior do que qualquer outra república" – opinião, como se viu no primeiro capítulo, externada por autores como Guicciardini. Quem pensa assim

---

2. Para um contraste mais amplo entre Políbio e Maquiavel, mas com uma perspectiva distinta da adotada neste estudo, ver Bignotto (1991), pp. 174-82.

não percebe, porém, que, se a própria organização militar é boa, isso só pode derivar da boa ordem política, e "raramente acontece que a boa fortuna não provenha dela". Mas em que consiste a boa ordem política? A essência da boa ordem da república é *a preservação da liberdade*. Roma nasceu livre (*Discursos* I.1) e por longo tempo soube conservá-la "com glória". O que a possibilitou, qual o seu segredo? Dessa pergunta emerge a bem conhecida proposição, que vale a pena repetir:

> Os que condenam as lutas entre os nobres e as plebes parecem desaprovar a causa primeira que assegurou a liberdade de Roma, prestando mais atenção ao barulho e ao clamor de tais tumultos, do que aos bons efeitos que deles resultam. Não percebem que em qualquer república há duas diferentes disposições [*umori*], a do povo e a dos poderosos [*grandi*], e que todas as leis favoráveis à liberdade provêm de sua desunião (*Discursos* I.4, p. 113).[3]

Note-se a inversão da relação causa-efeito na análise de Maquiavel: não é que a liberdade traz como consequência as dissensões internas, mas são as últimas que dão lugar à liberdade e a conservam. A tese parece contraintuitiva, pois a boa ordem, que tem que ver com a liberdade e é muito valiosa, fica positivamente associada às dissensões, que significam conflitos, convulsões, instabilidade, enfim, a desordem, o que é um grande inconveniente. Na verdade, Ma-

---

3. As páginas dos *Discursos* citadas nesta seção referem-se à edição inglesa feita pela Penguin (1970), embora a presente tradução não se mantenha estritamente fiel a ela, beneficiando-se também de duas versões para o português: a edição publicada pela UnB (1994) e a da Martins Fontes (2007). As páginas citadas de *O Príncipe* e da *História de Florença* correspondem exatamente às respectivas edições listadas nas Referências bibliográficas, no final deste livro.

quiavel nunca diz que os tumultos são bons e convenientes em si mesmos; apenas afirma que tais fenômenos produziram, *em Roma*, "bons efeitos". Um dos grandes princípios de seu pensamento, repetido à exaustão, é que nenhum acontecimento conveniente ou que produz algo conveniente deixa de ser acompanhado de algum inconveniente. "É preciso examinar, portanto, em todas as nossas resoluções, qual apresenta menos inconvenientes, abraçando-a como a melhor, porque jamais se encontrará nada que seja perfeitamente puro e isento de dúvidas" (*Discursos* I.6, p. 121). É claro que a liberdade é a própria razão de ser do "viver civil": não há qualidade mais conveniente. Recordemos em que ela consiste. Maquiavel não destoa aqui do senso comum renascentista: uma comunidade é livre, do ponto de vista externo, quando estabelece seu modo de viver coletivo, definindo suas próprias leis e governo, isto é, quando é "dona de si mesma"; e é internamente livre quando não está sob o domínio absoluto de um *signore*. Desse segundo sentido provém a rejeição humanista do "regime principesco", identificado com o domínio absoluto de um homem sobre os demais. Florença perdeu sua liberdade quando caiu sob tal domínio, e Roma idem. Mas também não era incomum usar a palavra num sentido mais amplo: os cidadãos são livres quando *nenhum grupo* no interior da comunidade alcança o domínio absoluto sobre os demais, isto é, não logra tornar-se uma espécie de *signoria* social, em vez de individual. Daí que o governo aristocrático e o democrático possam tornar-se "tirânicos", na medida em que o grupo governante que cada qual representa venha a submeter os demais. Maquiavel utiliza com frequência esse sentido ampliado e aplica-o plenamente ao analisar as lutas sociais romanas. Pois ali a questão da liberdade não havia se encerrado com a expulsão dos Tarquínios (a família real), mas continuou *através* da disputa entre os dois grupos fundamentais que dividiam a cidade. Pode-se até dizer, sem ferir as intenções do autor, que essa disputa trouxe vários inconvenientes, mas foi a melhor maneira de evitar o entrincheiramento da liberdade, uma vez a república instalada. Em outras palavras, a liberdade republicana é mais ampla ou estreita conforme seus grupos sociais estão ou não colocados em pé de igualdade no governo. Porém, quanto mais o estejam, mais agudos serão os conflitos internos.

Em que consiste a divisão social da república? Em algumas passagens, Maquiavel sugere a divisão estamental clássica: de um lado, os nobres (*nobili*); de outro, o povo (*popolo*). Mas sua primeira definição formal da natureza da divisão lhe dá um sentido mais amplo: a cidade está dividida por duas disposições (*umori*) antagônicas: os que querem dominar – os poderosos (*grandi*) – e os que não querem ser dominados, o *popolo* no sentido da "raia miúda" (*plebe*). Segue-se quase de imediato dessa definição que a plebe, exatamente porque não deseja dominar, mas apenas não ser dominada, é a melhor "guardiã da liberdade" (id., I.5). Logo em seguida, porém, a definição se desloca para algo um pouco menos genérico: no grupo dos *grandi* estão aqueles que têm e receiam perder o que têm (*che temono di no perdere l'acquistato*), e no grupo da *plebe* estão os que não têm e desejam ter (*che desiderano d'acquistare*). E a "aquisição" abrange tudo o que os homens possam desejar: poder político, riquezas, prestígio, precedência, honrarias etc. No fundo, Maquiavel quer reduzir o conflito entre as ordens a uma simples instância do conflito mais geral entre poderosos e não poderosos, grandes e pequenos, ricos e pobres, deixando de lado também toda pretensão de superioridade moral dos primeiros, ou de inocência dos segundos. A divisão envolve qualquer clivagem social entre "os que têm" e "os que não têm", podendo ser aplicada indistintamente tanto ao contexto social romano quanto aos contextos florentino e italiano modernos – isto é, à luta no interior do próprio *popolo* (por exemplo, entre o *popolo grasso* e o *popolo minuto*) –, como de fato o autor o faz diversas vezes nesse e em outros escritos. A dinâmica do conflito, por sua vez, depende do grau de insatisfação de ambos com sua própria situação, ou do "apetite" de cada lado para melhorá-la: pois os grandes podem desejar ainda mais do que têm, e os pequenos mais do que os poderosos estão dispostos a aceitar[4].

E isso "pode facilmente se tornar a causa de não pequenos distúrbios" (id., I.5, p. 118).

Contudo, de nada adianta a liberdade interna se não houver garantia de liberdade externa. Maquiavel jamais perde de vista este ponto: qual o vínculo entre a política interna, na qual há ou não dissensões e conflitos, maior ou menor liberdade, e a política externa? Tal é o seu modo de esclarecer a discussão sobre o melhor formato da república, se *governo stretto* ou *governo largo*. O argumento se desdobra

---

4. "Maquiavel não se opõe à ambição irrestrita, a menos que a restrição seja a ambição rival; e sua questão é respondida de tal modo que a ambição deve ser, no todo, útil à república. Como os que têm procuram adquirir tão avidamente quanto os que não têm, a aquisição deve ser a necessidade orientadora de qualquer república [...]. Se a virtude republicana clássica é o autossacrifício, então Maquiavel considera-a inadequada para as tarefas aquisitivas das repúblicas" (Mansfield, pp. 89-90).

por comparação. Por um lado, Roma, exemplo de *governo largo*; por outro, Esparta e Veneza, exemplos de *governo stretto*. O que caracteriza um e outro? As constituições de Esparta e Veneza, a partir de um determinado momento de suas histórias, fecharam suas comunidades políticas para "novos cidadãos", transformando todos os que já estavam dentro em nobres (*gentiluomini*) e os que ficaram de fora em gente simples (*popolani*). Como ambas as repúblicas, além dos órgãos decisórios da nobreza, mantiveram uma espécie de realeza – nas figuras do duplo reinado espartano e do *Doge* veneziano –, essa realeza se tornou, indiretamente, o único anteparo dos *popolani* contra a opressão dos nobres, sua única chance de liberdade nesse quadro institucional (id., I.6, pp. 119-20). O *governo stretto* é, na verdade, um tipo de regime misto que alia apenas a monarquia e a aristocracia. Como a realeza não é socialmente distinta da aristocracia, essa combinação não incorpora à política institucional a clivagem dos grupos fundamentais definida por Maquiavel, mesmo que o rei, por uma questão de autoafirmação diante de seus "primos" nobres, venha a buscar apoio direto ou indireto entre os que estão fora do jogo oficial.

Que efeito esse tipo de regime produz em suas políticas interna e externa? Sem dúvida, o governo para dentro deve ser muito tranquilo, sem grandes dissensões e tumultos; e, de fato, quem busca a paz no lugar onde vive não poderia desejar governos melhores que os de Esparta e Veneza, com seus muitos séculos de estabilidade. O problema é o governo para fora, a política externa: não podendo contar com o apoio de grandes e sempre renovados contingentes de cidadãos, disponíveis ao recrutamento militar, sua política tem

A CONSTITUIÇÃO MISTA PLEBEIA 101

de ser cautelosa e defensiva. Veneza quase sempre seguiu esse curso com coerência, preservando seus domínios sem o combate direto, graças inclusive à sua posição geográfica privilegiada. Esparta, porém, adotou um caminho inconsistente: sua quietude interna – como Políbio já havia registrado – divergia de sua política agressiva e expansionista para além de seus domínios (id., II.3, pp. 282-3). O resultado é que, quando essa república logrou conquistar quase toda a Grécia, não encontrou forças internas suficientes para manter o que adquiriu e rapidamente entrou em colapso. Mesmo Veneza, que por um lapso de imprudência ocupou, em certa ocasião, "uma larga porção da Itália, não tanto pelo sucesso das armas, mas com dinheiro e astúcia, quando teve de mostrar seu poderio, perdeu tudo numa única batalha" (id., I.6, p. 122).

E o que dizer da constituição romana? Seu governo é *largo* porque desde sempre Roma incorporou à sua comunidade política novas correntes de cidadãos, isto é, sempre foi politicamente receptiva aos "estrangeiros" (*forestieri*). No início, isso aconteceu por pura necessidade, uma vez que a cidade vivia cercada de repúblicas aguerridas, inimigos que só poderiam ser repelidos se todos os homens disponíveis, independentemente de sua condição social, se pusessem em armas (id., II.2, p. 274; II.3, p. 282). Mais tarde essa prática serviu menos para propósitos defensivos do que para a expansão territorial, e por isso mesmo tornou-se tanto ou mais necessária. Contudo, para os patrícios, o estrato mais poderoso que nos primeiros tempos controlava sozinho o governo da cidade, a prática trouxe uma consequência inevitável: o gradativo compartilhamento da autoridade política com os plebeus, os grupos recém-ingressantes. Nos tempos da monarquia, o atrito incipiente entre os dois lados foi amortecido pela proteção real. Com a sua queda, patrícios e plebeus se viram frente a frente, e o conflito teria adquirido um curso sangrento e totalmente disruptivo se os plebeus, depois de terem "corrido em tumulto pelas ruas" e "se recusado a inscrever-se para a guerra", não tivessem obtido a concessão política que reclamavam: o reconhecimento dos tribunos, que a partir de então se tornaram, ao mesmo tempo, protetores da liberdade plebeia e mediadores dos conflitos com a aristocracia. Maquiavel, nessa altura, é cauteloso com sua tese inicial de que os conflitos sociais preservam a liberdade, em vez de destruí-la. Assim é, *desde que* os grupos antagônicos consigam encontrar um terreno comum, ainda que movediço, em que possam selar compromissos, mantendo a tensão recíproca em níveis compatíveis com a convivência política, isto é, sem banimentos e banhos de sangue. Daí os capítulos dedicados ao modo sábio com que os romanos teriam lidado com as "calúnias" (*calunnie*), o instituto da acusação pública (id., I.7-8). Os conflitos, é claro, jamais pararam nesse ponto, apenas encontraram uma vazão institucional, reconhecida por ambas as partes, uma vazão que continuamente transformava e era transformada pelas relações entre os adversários sociais internos e pelas relações entre a república e seus inimigos externos.

Qual dessas alternativas é a melhor? Maquiavel apresenta a pergunta como se fosse uma questão de "escolha": se o que se quer é a paz interna e uma longa estabilidade, e ao mesmo tempo uma república satisfeita com seus domínios originais, então o melhor caminho é o *governo stretto*, a constituição timidamente mista, isto é, com viés aristocrático; se, ao contrário, busca-se o "glorioso" caminho da expansão e, em contrapartida, aceita-se o preço a pagar – a república turbulenta –, então a alternativa é o *governo largo*, a constituição mista em sentido pleno, de viés popular. Logo, porém, o pensador florentino inflexiona o raciocínio e conclui que a escolha é apenas aparente. Se as repúblicas tivessem tal controle dos acontecimentos externos, se pudessem ser circunspectas e defensivas quando quisessem, e agressivas e expansivas quando necessário, tudo estaria bem resolvido. Ocorre que, como é "impossível ajustar a balança de modo tão fino e manter esse curso mediano [*questa via del mezzo*] no ponto desejado, deve-se considerar a possibilidade de desempenhar um papel mais honroso", ou seja, estar preparado para a expansão, se a "necessidade" assim o exigir, e "ser capaz de preservar a posse do que se adquiriu" (id., I.6, p. 123). Não há, pois, como erguer uma república tímida e impetuosa ao mesmo tempo, pois essas características são inerentes à sua constituição política, mais ou menos como a timidez e a impetuosidade são qualidades fixas do caráter de um príncipe: "o homem circunspecto, quando chega a ocasião de ser impetuoso, não o sabe ser, e por isso se arruína" (*O príncipe* XXV, p. 104). Assim, o modo mais seguro de a república se precaver contra a incontrolável variação dos acontecimentos externos e, por conseguinte, preservar sua independência – sua liberdade externa – é o caminho expansivo. E esse caminho leva ao *governo largo* e a uma liberdade interna mais ampla; em consequência, à incorporação política dos plebeus, ao confronto deles com os grandes, aos tumultos e às dissensões. "As inimizades entre o povo e o Senado devem, portanto, ser vistas como uma inconveniência necessária para se alcançar a grandeza romana" (id., I.6, pp. 123-4).

A ideia da impetuosidade da república de viés popular recoloca, nessa reflexão, a dialética da virtude e da fortuna, e lhe dá conteúdo social. Sempre avesso a apresentar a condição humana de modo idílico, Maquiavel não crê que o "espírito público" necessário às repúblicas seja tão desprendido a ponto de tornar seus protagonistas, os cidadãos, indiferentes às suas próprias ambições, aos seus desejos de *acquistare*. Tais ambições assumem aspectos diferentes dependendo do grupo social a que se pertence. Em princípio, os plebeus apenas não querem ser dominados. Mas uma vez lançados à arena política, uma vez reconhecidos seus direitos de participação, esse grupo se torna quase tão agressivo quanto seus adversários: os plebeus querem adquirir o que não têm, e com isso se tornam impetuosos. Naturalmente, vão tomar como um desafio quaisquer resistências e obstáculos ao seu caminho. Do mesmo modo, a república impetuosa toma qualquer resistência à sua expansividade como um desafio. As circunstâncias externas são a sua fortuna: "porque a fortuna é mulher e, para dominá-la, é preciso bater-lhe e contrariá-la. E é geralmente reconhecido que ela se deixa dominar mais pelos impetuosos do que pelos tímidos" (*O príncipe*, XXV, p. 105). Mas o que é a *virtù*? É a capacidade humana de arrostar tais obstáculos, enfrentar os desafios. Mas não se trata de um poder estático, e sim de uma força essencialmente dinâmica, que se alimenta de sua própria capacidade de agir sem descanso; por isso, só existe enquanto houver obstáculo a vencer – *fortuna* –, uma está para a outra como a matéria viva está para a sua forma.

Esse ponto se articula com uma série de argumentos expostos nos *Discursos*. Vale destacar, primeiro, a muito citada recomendação de que as repúblicas devem saber "retornar aos princípios" (*ridurre ai principii*) periodicamente (*Discursos* III.1). Maquiavel compara essa prática com uma técnica médica: quando um corpo se acumula de males depois de existir durante algum tempo, a melhor forma de restabelecer sua saúde é purgá-lo. Algo parecido tem de acontecer com o corpo político, a fim de que renove sua *virtù*. Essas renovações, diz ele, provêm ou de fatores "extrínsecos", ou "intrínsecos" – que nada mais são do que manifestações da fortuna. Embora não vincule sistematicamente os dois fatores nessa passagem, o autor os mantém muito próximos na análise. O exemplo que ele oferece para os primeiros são as guerras que colocam a república numa situação muito adversa inicialmente, obrigando-a a purgar os vícios adquiridos e restabelecer os bons costumes originais. E o exemplo dos segundos são os choques entre os grupos sociais da cidade, que a levam a criar novas instituições, como aconteceu com o estabelecimento dos tribunos da plebe em Roma. O conflito externo e o conflito interno são, portanto, os elementos que dão dinamismo a uma república virtuosa, isto é, o impulso para se renovar de tempos em tempos.

Os exemplos indicam como os conceitos de virtude e corrupção se esclarecem mutuamente. Pois a *corrupção* significa simplesmente a inanição, o resultado da indiferença ao desafio ou da ausência de obstáculos; e a *virtù*, o seu oposto, só pode sê-lo porque é capacidade de movimento, ação criadora, especialmente nas situações adversas. Esse ponto vai ao centro da questão que se pretende recuperar aqui, uma vez que as dissensões internas favorecem a liberdade na exata medida em que *os povos não estejam corrompidos*. Porém, não há na capacidade expressa pela *virtù* nada que denuncie nem uma perversidade, nem uma inocência intrínsecas. Quer isso dizer que a *virtù* é isenta de qualidades morais? De modo algum. A liberdade e a glória, que Maquiavel associa a ela, são valores político-morais: a ação política impulsionada pela *virtù* os tem na mira, e é o que os cria. Porém, na constituição mista visada pelo autor, o espírito público liga-se à liberdade e à glória de um modo muito mais sinuoso do que poderia parecer ao argumento republicano mais comum, presente claramente nos humanistas cívicos.

Há um vínculo muito estreito entre o "caráter" da república expansiva e o "caráter" de seus protagonistas internos. Se os plebeus não fossem impetuosos, a república também não o seria. Contudo, também não o seria se a camada social mais elevada, a dos ricos e poderosos, não respondesse em nível adequado aos desafios provenientes das camadas de baixo. Aquele grupo poderia simplesmente ficar onde estivesse e responder de forma absolutamente negativa às esperanças plebeias de melhorar sua condição. E, se de fato a plebe aumentasse mais e mais seu desafio, uma resistência inflexível acabaria levando ao impasse e à paralisia, destruindo a república por dentro. Mas ela (a camada mais abastada) poderia, ao contrário, saber movimentar-se como a plebe e lidar flexivelmente com seus desejos, encontrando uma vazão para os próprios anseios e os de seus potenciais adversários internos. Maquiavel fala certamente da "vazão" *institucional* (id., I.7, p. 124), mas ele não deixa dúvidas ao leitor de que essa *não é* a única nem, talvez, a principal: "toda cidade deve encontrar meios com os quais o povo possa dar vazão às suas ambições" [*con il quali il popolo possa sfogare l'ambizione sua*] (id., I.4, p. 114). Por isso, a política externa é uma resposta igualmente necessária à ameaça do impasse. Na verdade, não há solução puramente interna aos conflitos sociais: daí que alimentem o caráter expansivo da república de viés popular. Em Roma, aquilo que começou como uma atitude defensiva da república (defender-se contra a agressão de seus inimigos) e defensiva do patriciado (ceder, sem render-se, à pressão plebeia de reconhecimento dos tribunos) transformou-se, logo mais, em política positiva sistemática: elevação dos plebeus à condição de "sócios *juniores*" da república *e expansão*[5]. Como um bólido girando numa espiral em contínua aceleração, as duas respostas, a interna e a externa, passam a se retroalimentar, o que tornou a república romana um complexo político tão robusto que não mais encontrou rivais.

Onde buscar, nesse ponto elevado, mais combustível, desafios e obstáculos para prosseguir? Uma vez que não mais os encontre no movimento para o exterior, é inevitável que a república passe da política extrovertida para a *introspecção* que, no entanto, já não tem mais nada a ver com a saudável capacidade de "retornar aos princípios". A grande ameaça à continuidade virtuosa, agora, provém exatamente daquilo que antes tinha sido fonte de seu dinamismo, pois

---

5. Mansfield, estudioso de Maquiavel que centra sua interpretação na íntima ligação entre a liberdade republicana e a política externa expansiva, faz o seguinte comentário sobre a natureza da parceria social romana: "A virtude da legislação romana é que ela tratava as plebes como uma grande nação vizinha, real ou potencialmente hostil, algo semelhante ao modo como os romanos tratavam os samnitas. De acordo com Maquiavel, os nobres romanos fizeram das plebes seus *aliados*" (Mansfield, p. 90; grifo do autor citado).

que outro combustível poderia haver à sua reprodução – esgotadas as conquistas – senão seus próprios intestinos, digamos assim? Tal como o "lobo universal" de Shakespeare, depois de fazer do mundo a sua presa, a república expansiva acaba por "devorar-se a si mesma"[6]. Eis o ciclo polibiano, à Maquiavel: também a constituição mista plebeia tem sua trajetória de ascensão, zênite e declínio. Mas, tal qual Políbio, ele não vê essa mortalidade como uma desgraça, e sim como um acontecimento natural: "A grande verdade é que todas as coisas do mundo têm uma duração finita" (id., III.1, p. 385). Sua resposta ao problema da finitude da república não é a esperança de quebrar a fatalidade do ciclo, mas o uso excelente de sua temporalidade por parte dos homens. Como observa T. Ménissier, o que dá tensão à república de Maquiavel não é exatamente o ciclo, mas o ritmo que seus cidadãos são capazes de imprimir no seu desenrolar[7]. Portanto, a visão do florentino sobre a corrupção não é a simples transposição de um conceito cosmológico para a política. Indo além da afirmação de que todas as repúblicas estão fadadas a desaparecer um dia – o que seria trivial –, importa para o argumento da corrupção considerar o que elas podem deixar para a posteridade, como "exemplo" a ser seguido. Até cumprir por inteiro o seu ciclo, uma república, se for virtuosa, terá impresso no mundo a sua marca, que é a grandeza e a imortalidade de seus feitos.

Como se vê, Maquiavel elabora sua análise mais abstrata da trajetória romana num registro que é tipicamente

---

6. "And appetite, a universal wolf, / so doubly seconded with will and power / must make perforce a universal prey, / and last eat up himself". *Troilus and Cressida* (I.iii.120-4). A citação está em Pocock (1975), p. 217.
7. Cf. Ménissier, pp. 211-2.

clássico; porém, ao mesmo tempo, há algo que destoa dele. Seria oportuno, para esclarecer melhor esse ponto, e aproveitando a deixa do parágrafo anterior, perguntar se, para além da generalização de uma experiência concreta (que é a intenção explícita dos *Discursos*), haveria razões de fundo mais filosófico no pensamento de Maquiavel – uma concepção da história universal, ainda que apenas esboçada – que o levam a insistir, primeiro, que não há outra maneira de resolver as dissensões internas da república plebeia senão através da expansão externa; e, segundo, que essa empreitada, mesmo quando bem-sucedida – ou exatamente *porque* bem-sucedida –, coloca a república no caminho de seu próprio declínio e ruína. Um dos lugares mais ricos para pensar essa questão é o "Proêmio" do segundo livro dos *Discursos*, quando o florentino, descolando-se da análise de fatos e exemplos, dá livre curso a uma especulação quase metafísica sobre as relações entre a virtude/vício dos povos e o tempo histórico. O motivo desencadeador da reflexão, como bem indica C. Lefort[8], é mostrar que, ao defender a tese de que os modernos deveriam imitar os modos de proceder dos romanos, o autor não estaria sucumbindo à tendência vulgar de glorificar o passado e desprezar o presente. Mas o texto tem uma amplitude que vai além desse ponto. Para a discussão que interessa à presente análise, o Proêmio do segundo livro fornece a explicação maquiaveliana para o férreo ciclo polibiano das constituições, e o porquê de mesmo as repúblicas mais virtuosas estarem submetidas a ele. Nesse sentido, o texto dialoga com os primeiros capítulos da obra.

---

8. Cf. Lefort (1972), p. 532.

Assim, observando as oscilações das "cidades e províncias" de seus tempos de glória para os de infortúnio, e vice--versa, o discurso chega à seguinte proposição fundamental: "E, pensando em como tais coisas acontecem, concluo que o mundo sempre foi de um mesmo modo, que nele sempre houve o bom e o mau, mas que há variações entre este mau e este bom, de uma província para outra, conforme se vê pelo conhecimento que temos dos reinos antigos que variaram de um para o outro de acordo com a variação dos costumes, embora o mundo permanecesse sempre o mesmo" (*Discursos*, p. 266). Em outras palavras: o tempo histórico não tem o dom de criar bem e mal, virtude e vício; em seu fluir, o tempo apenas os distribui mais ou menos desigualmente no espaço do mundo. "Depois de colocar a sua *virtù* na Assíria, ele a colocou na Média, depois na Pérsia, até chegar à Itália e a Roma." A experiência romana significa, na odisseia cósmica de Maquiavel, um momento de alta concentração da *virtù* numa só província, a qual, porém, não estava fadada a ali permanecer indefinidamente. Ao implodir, esse bloco colossal de virtude vai se espalhar em fragmentos ao longo do próprio mundo conquistado por ela: "e se, depois do Império Romano, não se seguiu nenhum império que tenha durado e onde o mundo tenha acumulado toda a sua *virtù*, pode-se, contudo, ver que ela se espalhou por muitas nações nas quais se viveu virtuosamente..." (*Discursos*, p. 267).

Note-se a aritmética consistente de Maquiavel. Na medida em que a soma de bem e de mal no mundo é sempre a mesma, quando a virtude se acumula em grande densidade em certa província, há como que uma rarefação dela em outras. Eventualmente, pode ocorrer uma desconcentração geral, como depois do Império Romano, mas então restará a cada lugar daquele mundo, antes unido por uma mesma potência, apenas uma pequena porção de sua antiga força moral. Assim, como não há nem criação nem destruição, apenas deslocamentos no tempo, o que alguns lugares ganham de bem ou mal, outros necessariamente o perdem na mesma proporção. Sua distribuição, portanto, é um jogo de soma zero. Além disso, há de se estimar que, depois de completar seu longo périplo pelo mundo todo, igual porção de bem e mal volte um dia a ocupar o mesmo ponto de partida, e assim indefinidamente, numa espécie de eterno retorno. Mas o que explica os deslocamentos? O Proêmio não responde a essa pergunta explicitamente, mas pode-se supor que a resposta seria a mesma que ele providencia para apontar, nessa passagem, uma das principais razões de por que os homens tendem a ficar tão insatisfeitos com o tempo presente. "Visto que os apetites humanos são insaciáveis, porque, tendo os homens sido dotados, pela natureza, do poder e da vontade de desejar todas as coisas e, pela fortuna, de poder conseguir poucas, o resultado é o contínuo descontentamento nas mentes humanas e o fastio das coisas possuídas: o que leva a condenar os tempos presentes, a louvar os tempos passados e a desejar os tempos futuros..." (*Discursos*, p. 268). O leitor atento vai perceber que essa explicação é basicamente a mesma que, segundo Maquiavel, dá inteligência às dissensões sociais romanas e, de modo geral, a todos os conflitos que movem as relações internas e externas de qualquer república ou principado. Em suma, a *virtù* migra de um lugar para outro exatamente porque os homens nunca estão satisfeitos com o que têm e sempre querem mais do que o pouco que a fortuna lhes reserva. Porém, é a própria *virtù* que os instiga a desafiar a fortuna... Lembremos que a *virtù* dos povos e a liberdade de que desfrutam estão intimamente associadas no argumento. Na verdade, são termos inseparáveis. Isso significa que, se a soma de virtude no mundo é sempre fixa em todos os tempos, também o será a de liberdade. Assim, a uma acumulação de *virtù* numa província corresponde idêntica acumulação de liberdade, cuja contrapartida é sua rarefação em outras províncias. Não por acaso, nos capítulos seguintes a esse Proêmio, ao mostrar como a república romana foi se expandindo ao longo de sua história, o autor não deixará de observar que esse movimento levou a um esvaziamento da liberdade – às vezes gradual e suave, às vezes acelerado e brutal – às cidades conquistadas (*Discursos* II.2), fato que só foi compensado graças à prudência romana de sempre acolher os "estrangeiros" como novos cidadãos da república (id., II.3). Do mesmo modo, Maquiavel expõe por que as repúblicas tendem a formar impérios mais opressivos aos povos conquistados do que os principados: "E, de todas as duras servidões, a mais dura é a submissão a uma república: primeiro, porque ela é mais duradoura, e da qual há pouca esperança de escapar; depois, porque a finalidade da república é tirar a vitalidade de todos os outros corpos, para que seu próprio corpo possa crescer. Tal não será feito por um príncipe que te submeta, desde que não seja um príncipe bárbaro, destruidor de terras e arrasador de toda civilidade humana" (id., II.2, p. 280).

Note-se, outra vez, como esse raciocínio é implacavelmente consistente com a suposição da finitude da *virtù* e da liberdade: se é verdade que os principados acumulam menos liberdade em sua vida interna, em compensação eles são menos opressivos em suas relações externas; já as repúblicas fazem o inverso, e as repúblicas virtuosas, isto é, mais livres, o fazem mais intensamente ainda. E não poderia ser de outra forma: a mesma insatisfação com o tempo presente que leva os romanos, através de leis e ordenações adequadas, a garantirem e ampliarem sua liberdade como cidadãos da república, também os leva, através das armas, a "sugarem" a liberdade do mundo ao seu redor. Como em sua visão o tempo histórico não tem o dom de criar bens, inclusive liberdade, mas apenas redistribuí-los, Maquiavel não vê outra maneira de dar um lugar seguro à liberdade da república senão através da externalização do conflito – em última instância, a república plebeia só se reequilibra porque encontra *no espaço*, e não no tempo, uma vazão para suas dissensões internas. É evidente que em algum momento, como se viu parágrafos acima, esse mecanismo de apropriação da liberdade externa vai se voltar contra a própria república, na medida em que o movimento expansivo perca impulso ou se esgote. O ciclo polibiano da corrupção das constituições segue então o seu curso. Porém, na concepção maquiaveliana da história, isso significa que a liberdade começa a se deslocar para outras províncias. Definitivamente, esse é um bem acessível aos povos em diferentes épocas e lugares, mas raramente universal numa mesma época, a não ser nas situações muito passageiras em que a *virtù* se distribua igualmente, embora em pequenas parcelas (mas o que isso quer dizer em termos de liberdade?), por todas as províncias.

Uma distribuição assim igualitária, no entanto, corresponderia a tempos muito menos marcados pela glória, pela grandeza e imortalidade das realizações humanas – valores por demais estimados por Maquiavel para nos levar a crer que ele preferisse tais épocas a outras possíveis. Eis aí a sua afinidade com a ética e a política clássicas – mas que não deve nos enganar. Em nenhum momento o pensador florentino oferece uma justificativa para essa afinidade que se ancore na ideia de uma hierarquia natural das coisas, como é típico na filosofia clássica. O não acolhimento dessa ideia geral tem como correlato a rejeição de que haja uma hierarquia fixa entre os grupos sociais na constituição interna de uma república, por um lado, ou entre povos, por outro. Em consequência, toda a valorização clássica de um equilíbrio natural da cidade, inclusive e especialmente através de uma constituição mista, cai por terra. E precisamente porque há uma permanente discordância entre o que os homens desejam e o que a fortuna lhes oferece no tempo presente, Maquiavel deixa de lado a elaboração de uma ética da boa vida, ao modo de Platão ou Aristóteles, que lhe permitisse vislumbrar um estado ideal de plena satisfação (*eudaimonía*), individual ou comunitária – algo que, na filosofia clássica, faz definir a cidade por uma condição de autossuficiência (*autárkeia*). Em Maquiavel, pelo contrário, a independência e a liberdade da *civitas* jamais podem equivaler à autossuficiência nem a um equilíbrio natural e fixo de sua constituição interna que lhe corresponda. Se é verdade que há um equilíbrio a ser buscado na constituição de uma república, este é precário, mutável e necessariamente dependente de suas relações com outros povos. Daí a cumplicidade intrínseca entre a política interna e a política externa. Assim, o ideal de equilíbrio de uma constituição mista ganha um sentido novo e mais abrangente – o sentido do que se chama aqui de uma constituição mista plebeia –, na medida em que coloca o problema da avaliação da boa ordem de uma república na perspectiva dinâmica da história universal, que não concede nenhum privilégio, de ordem natural ou divina, a uma determinada nação ou grupo social.

Entende-se, dessa mesma perspectiva, por que diversos comentadores modernos de Maquiavel viram em diferentes elementos de sua concepção da política e da ética uma ruptura com o mundo clássico, a despeito de sua insistente reivindicação da *via antiqua*. Por exemplo, a crítica radical do "meio-termo", a *via del mezzo*, que atinge o cerne das éticas aristotélica e ciceroniana, como ressaltam, cada um a seu modo, Isaiah Berlin e Quentin Skinner; ou, como no comentário de Claude Lefort, sua recusa da perspectiva da *boa sociedade*, isto é, da *civitas* entendida como um conjunto harmônico, comum à quase totalidade do classicismo antigo. Há que reconhecer algo de profundamente "trágico" nesse realismo impiedoso, em especial na visão da liberdade e da *virtù* como bens escassos e não universalizáveis, o que faz seu pensamento desviar-se também de outras tendências modernas, talvez mesmo de seu *mainstream*. Mas não será preciso discutir esse ponto aqui[9]. Para o que se propõe neste estudo, basta guardar que *virtù*, plebeísmo, liberdade e propensão da cidadania para o conflito social e para a guerra

---

9. O vínculo entre o pensamento de Maquiavel e a tragédia tem sido destacado em estudos mais recentes de sua obra. Ver J. G. Castro da Costa, para uma análise desses estudos.

estão profundamente imbricados numa concepção muito singular da forma política e de suas relações com a história. De certa maneira, esses mesmos elementos ajudam a explicar toda a frustração de Maquiavel com os acontecimentos de seu próprio tempo e de sua vivência política, a Itália e a república de Florença. Sigamos um trecho da *História de Florença*, que talvez seja o seu depoimento mais incisivo a esse respeito, e também um dos mais claros quanto às suas expectativas de um autêntico regime misto:

> As inimizades entre a nobreza e o povo que a princípio ocorreram em Roma terminavam em disputa, e as que ocorreram em Florença, em combates; as de Roma, com uma lei; as de Florença, com o desterro ou a morte de muitos cidadãos; as de Roma sempre aumentaram a virtude militar; as de Florença a extinguiram completamente; [...] as vitórias do povo faziam a cidade de Roma mais virtuosa porque, começando os plebeus a participar com os nobres nos cargos civis, militares e judiciais, contagiavam-se a seu lado das brilhantes qualidades daqueles e, ao crescer a cidade em virtude, crescia em poder. Porém, em Florença, quando vencia o povo, os nobres eram privados dos cargos públicos e, para reconquistá-los, precisavam assimilar-se, não apenas na aparência, mas na realidade, às opiniões, costumes e modo de viver do povo. Daqui nasciam as mudanças que faziam os nobres de suas insígnias e títulos familiares, a fim de parecerem plebeus; de modo que o valor militar e a generosidade de sentimentos se extinguiam na nobreza, e não podiam crescer no povo, porque não os tinha, sendo Florença cada vez mais humilde e abjeta (*História de Florença* III.1, pp. 157-9).

Não há nesse trecho uma condenação unilateral ao *popolo* florentino. Na verdade, é uma condenação ao inteiro modo de proceder das cidades-repúblicas italianas, que haviam assumido um estilo de vida que, na sua visão, inviabilizava uma interação e um conflito produtivos entre poderosos e não poderosos. Se ao norte da Itália o declínio da nobreza feudal foi um fato auspicioso para a liberdade – e Maquiavel disserta sobre isso nos *Discursos*[10] –, sua substituição pela nobreza urbana não preservou as qualidades da aristocracia que poderiam fazê-la assumir, como ele supunha ter ocorrido em Roma, um papel de liderança política e militar nas repúblicas em construção. Ao contrário, esse grupo deixou-se contaminar por um modo de vida – poder-se-ia chamá-lo novamente de *aristocrático-burguês*, por falta de um termo melhor, e apesar dos equívocos que possa carregar – que a todos atiçava o desejo de *acquistare* e, contudo, não lhes providenciava nenhuma *vazão*.

O resultado foi a luta intestina estéril e a autofagia, muito antes de gerar qualquer grandeza. Segue-se daí, obviamente, o alerta maquiaveliano contra os exércitos mercenários, mas também contra seu efeito mais provável num regime em que o *popolo* encontrou os meios para participar do governo: a transformação das dissensões internas em *facciosismo* endêmico[11]. Voltando aos *Discursos*, eis o autor discorrendo sobre a sorte desse tipo de regime: "Se os Céus fossem tão gentis para poupar-lhe a necessidade da guerra, a ociosidade o tornaria efeminado ou faria proliferar as facções; e essas duas coisas, juntas ou separadas, trariam sua queda" (id., I.6, p. 123).

---

10. Cf. *Discursos* I.55, pp. 245-8.
11. O elogio maquiaveliano das dissensões internas romanas e sua condenação do facciosismo em Florença é um assunto ainda mal resolvido na literatura sobre Maquiavel. Ver, porém, um amplo panorama da discussão em G. Bock.

Constituição mista plebeia: apurando o conceito

Reconstruído o pensamento de Maquiavel a respeito da forma política, procuremos dar-lhe os contornos de uma definição geral para seu uso ampliado neste estudo. A constituição mista plebeia é uma ordem política na qual duas semicomunidades principais, sustentadas por grupos sociais antagônicos, convivem numa mesma comunidade cívica (*civitas*). (Poderia haver mais de duas subcomunidades; porém, sua estrutura mais simples e, por isso mesmo, mais dinâmica é aquela em que a comunidade se encontra perfeitamente polarizada entre dois campos de atração, em torno dos quais giram os demais grupos sociais que incidentalmente atuem nela.) A *civitas* é, portanto, uma entidade cindida a tal ponto que é incapaz de criar para si um único e inequívoco *locus* decisório, o que faz com que se apresente através de diferentes agências governamentais que competem entre si e reclamam diferentes aspectos das responsabilidades públicas. Enquanto a ordem política puder ser descrita como uma constituição mista, a *civitas* permanece cindida, resistindo à sua sublimação por uma entidade que a represente e absorva por inteiro.

Para empregar uma imagem mecânica: sua ordem política interna é como um sistema de dois corpos em movimento, girando um em torno do outro, atraídos mais fortemente para dentro do sistema do que para fora, mas que ao mesmo tempo repelem-se entre si. Não há uma terceira entidade que "resolva" internamente esse antagonismo e possa reclamar exclusivamente para si a legitimidade do jogo constitucional. Isso significa, saindo da imagem e voltando

A CONSTITUIÇÃO MISTA PLEBEIA   119

à tradição do pensamento político, que o conceito de soberania, tal como formulado pelos grandes teóricos modernos da forma Estado (como Bodin e Hobbes), não pode ser empregado para descrever sua vida interna. Do ponto de vista de sua identidade externa, porém, a constituição mista plebeia lembra algo do conceito de soberania. Mas, para não confundi-los, emprega-se aqui o termo *independência*. Por outro lado, longe de apontar para a ideia clássica da autossuficiência, essa noção só faz sentido quando inserida no ambiente hostil da "sociedade das nações". A independência resta, portanto, conceitualmente tributária desse contexto externo.

Embora esta última também lembre algo do típico arcabouço das relações entre os Estados soberanos, sua razão de ser é muito distinta, e peculiar a um conceito de cooperação e conflito que deve muito à visão maquiaveliana exposta na seção anterior. Em particular: a ideia da necessidade incontornável de uma vazão às dissensões sociais dirigida para o espaço exterior da república; e o pressuposto de um jogo de soma zero de *virtù* e liberdade no mundo e, portanto, uma concepção de história que não dá ao tempo uma capacidade de criar coisas novas, mas apenas de distribuir desigualmente as partes de uma totalidade que é sempre a mesma. Assim, o exato correspondente dessa improdutividade do tempo é seu modo peculiar de conceber a vazão dos conflitos sociais: a vazão territorial ou espacial. Esta não admite recursos conceituais – teológico-políticos ou mesmo de teleologia histórica, encontráveis na tradição intelectual do Estado – que projetem modos de sublimar e transcender as dissensões, alternativos ao da perspectiva de ampliação da república, isto é, alternativos ao expansionismo. Em síntese: maior a *virtù* dos cidadãos, maior sua liberdade; porém, maior será o conflito interno da república e, portanto, maior o espaço necessário para manejá-lo de modo a preservar o equilíbrio de sua constituição.

Talvez caiba elaborar um pouco mais claramente o que dá unidade ao regime misto plebeu. Para tanto, é necessário fazer uma distinção entre as noções de bem comum positiva e negativamente determinado. Na perspectiva do presente estudo, toda república justifica sua identidade pelo propósito de promover um bem comum. Na constituição mista aristocrática, ela tipicamente se apresenta na forma de um ideal de bem supremo, perfeccionista, que exprime o padrão de excelência almejado por sua própria aristocracia – que pode variar de acordo com o tipo de aristocracia, se "guerreira" ou "cortesã", por exemplo –, a qual, por isso mesmo, deve ocupar o vértice do ordenamento constitucional. A constituição mista plebeia, todavia, apresenta seus elementos internos não só como antagônicos, mas também em pé de igualdade – para fins de decisão comum, seus interesses e suas pretensões de valor apresentam-se com peso igual, embora rivais. E isso inviabiliza a possibilidade de extrair sua identidade de uma noção de bem comum baseada na preferência aristocrática: o ordenamento constitucional não possui um vértice nem uma escala de excelência que o leve a priorizar uma pretensão em detrimento de outras. Retorne-se à imagem usada há pouco: como um sistema de corpos que giram em torno de si mesmos, atraindo-se e repelindo-se simultaneamente, o máximo que se pode esperar da ordem política plebeia em seu ambiente interno é que a política civil faça surgir uma "clareira" comum entre os grupos antagônicos, algo como um *espaço público* no qual possam estabelecer os termos duradouros de sua convivência social e política. Mas essa clareira não aparece do nada, como já argumentado antes, só podendo emergir da suposição de um ambiente externo hostil que, comparativamente, esmaece a rivalidade interna e projeta, a partir de fora, sua identidade. Esse é o bem comum negativamente determinado.

Tanto no período clássico antigo quanto no período moderno, participação na guerra e participação política tenderam a se reforçar mutuamente, mesmo que os sujeitos sociais desse processo fossem muito distintos. Desse mútuo reforço pode-se perceber, outra vez, a dinâmica apontada por Maquiavel: adversários sociais internos que se transformam em parceiros para enfrentar o ambiente hostil externo, que leva posteriormente a um novo patamar de conflito social e assim por diante. Quando precariamente estabilizada num jogo constitucional, essa dinâmica faz com que cada adversário social aprenda a transformar a força agressiva do outro numa oportunidade para aumentar sua própria potência política, em função da presença do adversário externo, de cuja relação a ordem política como um todo aprende também a transformar sua força agressiva em potência política.

Como a teoria da constituição mista plebeia prevê agências que não são puras funções governamentais, mas articulações de grupos sociais, a referência fundamental da lealdade política não é o indivíduo, mas as semicomunidades que participam da *civitas*. No ideal institucional que lhe corresponde, o cidadão-indivíduo é sempre mediado pelo grupo social com o qual se relaciona privilegiadamente. Ele é "representado" por seu grupo, cuja identidade é construída por interesses comuns e por associações que deem forma e generalidade àqueles interesses. Trata-se, porém, de "representação" em sentido muito fraco (daí as aspas), diferentemente do que será empregado mais à frente para esclarecer o conceito de Estado: a ela falta uma noção de soberania interna, o que impede de elaborar a "fusão" dos diferentes grupos num único conceito comunitário. Haverá, sem dúvida, as decisões comuns, às vezes unânimes, às vezes submetidas à votação e ao princípio majoritário, porém todas ancoradas num compromisso básico entre os grupos sociais antagônicos, compromisso que, não podendo se referir a um conjunto de princípios que transcenda a cisão social, é sempre dependente do balanço das potências políticas que as partes são capazes de reunir. Mais uma vez, a noção de igualdade política implícita é bem peculiar à sua dinâmica: são os atores sociais coletivos em conflito, e não os indivíduos, que devem se colocar em pé de igualdade uns em relação aos outros.

Como se vê, permanece na versão plebeia um ponto que é comum a toda tradição da teoria da constituição mista: ela opera com um conceito de ordem comunitária no qual a "constituição" não se distingue claramente da vida social concreta, negando na prática a polaridade entre a sociedade, o momento da cisão, e a articulação institucional, o momento da unidade ou da unificação – daí, novamente, o sentido fraco de representação política, que, ao contrário, numa concepção que admita aquela polaridade aparecerá como elemento mediador fundamental. Na constituição mista plebeia não é possível conceber assim nem o espaço nem a temporalidade social. Pelo próprio fato de ser pensada como uma aliança de grupos cujas posições estão firmemente estabelecidas e antagonizadas, a ação institucional e a ação social estão profundamente misturadas, de modo que todas as suas fichas são depositadas nas chances de a interação constitucional vir a contemplar, substantivamente e aqui e agora, os interesses básicos de cada grupo fundamental.

A liberdade do cidadão, nessa teoria, resume-se ao seu poder ou capacidade para influenciar as decisões políticas através de seu grupo e suas associações. Não que inexista nessa concepção alguma sensibilidade para demandas individuais. Tais demandas, porém, têm de ser justificadas segundo a dinâmica coletiva inerente à teoria. Ou seja, elas têm de emanar de um acordo básico entre os atores sociais – que eventualmente pode ser vazado em termos mais flexíveis – que deem espaço para a mobilidade individual. Isso, no entanto, apenas até o ponto de não comprometer um jogo constitucional fundamentalmente ancorado na filiação a grupos[12].

A forma aristocrático-burguesa pré-revolucionária

Ao analisar a formação dos Estados absolutistas, Perry Anderson reserva palavras duras a Maquiavel: "[Ele] guar-

---

12. Uma possível sobrevivência dessa visão da forma política no século XX são as concepções "pluralistas", "corporativistas" e "neocorporativistas" do Estado. Essa possibilidade, porém, não será investigada neste livro, que se limita a rastrear a moderna teoria da constituição mista até o século XVIII.

dava em si um certo republicanismo nostálgico feito de vagas recordações da República de Soderini que servira e de uma reverência arqueológica pela idade heroica de Roma registrada por Tito Lívio." Depois: "O que ele não viu foi a força da autoridade dinástica, com raízes na nobreza feudal, que tornou a utilização de tropas mercenárias não somente segura, mas também superior a qualquer outro sistema militar na época." E completa com uma crítica ao Maquiavel de Gramsci: "A incompreensão de Gramsci reflete largamente a sua confiança em Maquiavel como prisma através do qual ele via o Renascimento e a convicção de que Maquiavel representava um 'jacobinismo precoce'" (Anderson, pp. 189, 194 e 197n.52).

Entretanto, o diagnóstico correto sobre o insucesso de um pensamento político para efetivar-se no tempo do qual nasceu não parece tão importante, a ponto de o pensamento mesmo merecer a pecha de anacrônico ou defasado. Teríamos de dizer algo semelhante de Platão, Espinosa, Rousseau ou mesmo Marx? Toda reflexão política brota de seu próprio contexto, mas não está fadada a morrer ali só porque não logrou deitar raízes na realidade histórica imediata. Não raro, ela é capaz de transcender o seu tempo e permanecer viva em outra época e outro lugar. Estudos que mostram a "viagem" de determinadas tradições intelectuais ao longo de vários séculos, surpreendentemente capazes de se transformar em ideias-força para movimentos políticos de grandes proporções, são muito ilustrativos a esse respeito.

Gramsci falou no "jacobinismo precoce" de Maquiavel. Poder-se-ia dizer algo semelhante de seu *plebeísmo*. O pensador florentino percebeu a força que uma república renovada teria ao incorporar esse componente no cerne de sua estrutura política se lhe fossem dadas as condições e o impulso correto. Essa visão não logrou engrenar-se a fundo no ambiente político-cultural das cidades-repúblicas italianas, no ocaso do Renascimento. Tal ambiente acabou se tornando exemplar para todo o resto da Europa por um bom tempo, o qual deve ser tomado como uma das peculiaridades de sua história política antes do advento da Revolução Francesa – dir-se-ia um momento "aristocrático-burguês", para ampliar o sentido do termo usado anteriormente neste capítulo – em plena competição com a outra parte dessa história, ou seja, o momento "absolutista". Contudo, o quadro político-cultural e as instituições que forneceram a sua marca, atingindo um ponto culminante no século XVIII, foram se erodindo nesse mesmo século, justamente no tempo em que uma certa filosofia social (da qual se falará em seguida) lhes fornecia uma explicação e uma poderosa justificação moral. Do fundo desses desenvolvimentos reemergiu o plebeísmo, dessa vez como uma força normativa preponderante, abrindo um novo período para o qual a visão constitucional saída da revolução americana é emblemática, tanto para revelar os limites da tradição da constituição mista em geral quanto para apontar uma reviravolta no significado do republicanismo.

Mas voltemos ao quadro aristocrático-burguês. Trata-se de um contexto que, no âmbito do pensamento político, propiciou a idealização de um condomínio entre reis e aristocracias numa espécie de *governo stretto* – para aplicar nesse caso a terminologia crítica, maquiaveliana, da constituição de Veneza –, um regime misto restrito, com inserção ativa de uma classe de escol, mais uma participação marginal de elementos de camadas ricas, porém "ignóbeis". Uma idealização da república que admitia um campo variado de possibilidades, desde regimes pendentes para a realeza, outros pendentes para a aristocracia e ainda outros com relações bem equilibradas entre ambas. Ela se aplicava com maior plausibilidade naqueles países em que vigoravam formas de governo que a linguagem comum da época chamava de "repúblicas" para diferenciá-las das "monarquias": tipicamente, as poucas cidades independentes que ainda restavam na Itália, como Veneza e Gênova; as cidades suíças, como Genebra, e alemãs; e federações como a Polônia e as Províncias Unidas (Holanda). Exceto as Províncias Unidas, todos em franco declínio no século XVIII, senão antes, mas que mantinham certa atratividade à imaginação política, misturada a um quê de nostalgia pelos tempos de potência e pujança efetivas que haviam desfrutado no passado[13].

Contudo, essa idealização também podia ser projetada, ainda que com mais dificuldade, sobre as grandes monarquias territoriais do tempo, evidentemente, vazando-a na forma de uma constituição mista com um forte elemento de realeza e corte, fundindo nela o *topos* clássico, como uma mescla das três formas simples de governo, e o *topos* caracteristicamente feudal: uma união das "três ordens" – o clero,

---

13. "Em meados do Setecentos as antigas repúblicas ocupavam uma posição marginal não apenas com relação aos estados absolutistas, mas à própria história. Cada vez menos contavam em termos políticos e, mesmo no plano econômico, aqueles que outrora foram os centros de uma vida florescente de trocas e de manufaturas tinham entrado numa fase de irremediável decadência [...] Viviam, às vezes, como Veneza, num limbo de lembranças e de tradições, persuadidas da própria continuidade e perpetuidade, agindo cada vez menos e entregando-se cada vez mais ao sentido da própria existência" (Venturi, 2003, p. 139).

a nobreza e o povo, com o rei aparecendo como símbolo dessa união – com o apelo à ideia de uma "Antiga Constituição" de origem mítica e imemorial[14]. Essa projeção competia fortemente, é claro, com visões *soberanistas* como as de Bodin e Hobbes, as quais apareciam como defesas do absolutismo monárquico e combatiam qualquer concepção posta naquela linguagem tradicional. A versão da teoria da constituição mista aqui discutida, é importante destacar, havia servido de lastro intelectual para justificar as chamadas "revoltas dos nobres" na França a partir do século XVI – que atingem um ponto crítico com o episódio da Fronda, em meados do século seguinte –, assim como as revoltas parlamentares na Inglaterra, muitas vezes embaralhadas com o advento da reforma protestante em ambos os países, de qualquer modo levadas a cabo para opor o crescente absolutismo real.

Discutindo as razões políticas desses movimentos, diz Skinner a respeito do caso francês: "A causa mais ampla de ressentimento entre as classes dirigentes era que o aparato de governo tinha se tornado menos aberto à nobreza hereditária, e mais centrada ao redor da corte e da pessoa do rei. Uma indicação dessa tendência, especialmente perceptível depois das reformas do Conselho [Real] promovidas por Henrique II em 1547, era a crescente propensão de confiar num pequeno grupo de secretários de Estado profissionais, vários deles funcionários das mais altas capacidades. [...] É verdade que a estrutura da constituição medieval, inclusive a autoridade dos *Parlements* e os Estados-gerais, permaneceu teoricamente intacta ao longo da primeira metade

---

14. O problema da origem feudal dessa versão da constituição mista, e seu vínculo com a questão das ordens medievais, não será examinado no presente trabalho. Mas ver Blythe, Pocock (1957) e Earl.

do século XVI. Mas não há dúvida de que esses elementos representativos começavam a ser tratados pelo governo com crescente negligência e desprezo" (Skinner, 1978, vol. 2, p. 255). A oposição a esse estado de coisas, prossegue Skinner algumas páginas à frente, terá como combustível ideológico a recuperação de certas ideias do constitucionalismo medieval, mas com fortes ingredientes do pensamento clássico glosado pelo humanismo cívico renascentista, embora empregado num contexto social inteiramente estranho ao da cidade-república.

Eis, porém, uma questão histórica de fundo da maior importância para compreender esses desenvolvimentos: a despeito de sua fonte feudal, essa apresentação da forma política desejável, embora reservasse proeminência ao papel de uma aristocracia, não podia mais dar ao novo tipo de nobreza, que então crescia junto com as grandes monarquias do tempo, o papel que antes reservava à nobreza gótica, guerreira, do feudalismo profundo. Esse novo tipo de classe de escol, embora crescesse em primeiro lugar junto da corte (daí chamar-se "nobreza cortesã"), não se restringia a esse espaço. Ao contrário, tratava-se de um fenômeno abrangente, que pouco a pouco modificava o padrão de conduta de todas as camadas que reivindicavam a condição aristocrática – a nobreza "de corte" assim como a "de província", a nobreza "de toga" tanto quanto a "de espada" – graças ao cultivo de uma nova moralidade e de um novo comportamento exemplar, que induzia a uma mudança concreta de *estilo de vida*. Consequentemente, não mais podiam ser projetados nessa classe os ideais políticos, e igualmente guerreiros, reservados à aristocracia da Antiguidade clássica. Estamos falando, enfim, de tipos muito diferentes de aristocracia, com seus comportamentos e psicologias sociais contrastantes, que correspondem à sua transformação de uma "classe de cavaleiros em uma de cortesãos" (Elias, vol. 2, p. 198)[15]. Como justificar essa mudança de *éthos*? Como deitar fora o velho e dar consistência moral e política ao novo estilo de vida? Em particular, quais suas consequências para o pensamento sobre a forma política? Ao longo deste trabalho, têm-se discutido ideais de cidadania, ou combinações deles, adequados a diferentes arranjos institucionais. Viu-se como a república romana, e as práticas de cidadania a ela associadas, é um paradigma dessa reflexão, tornada exemplar na teoria da constituição mista. Embora, como indicado no capítulo um, alguns autores do Renascimento Tardio que pertencem a essa tradição, como Guicciardini, tenham iniciado o combate intelectual a esse caráter exemplar de Roma, a crítica era ainda um questionamento tímido, eminentemente pragmático, um esforço para se adaptar às circunstâncias. Uma crítica filosófica robusta só poderia surgir com a elaboração de um pensamento político que conseguisse enlaçar, consistentemente, a constituição mista com uma visão de cidadania apropriada a uma nobreza cortesã. Durante o Século das Luzes toda uma corrente de *filosofia social* vai se esmerar em produzir essa crítica.

O alvo dela é o ideal clássico-antigo da "boa vida", o qual repercute na escolha do padrão ou do estilo de vida desejável para os cidadãos e no modo de pensar sua "união" na constituição mista. Recorde-se de que, na visão clássica, descon-

---

15. Toda a análise da nobreza de corte que N. Elias faz em *O processo civilizador* é de interesse para a presente discussão.

tadas as divergências entre autores, o problema de construir uma complexa maquinaria de agências governamentais em competição não é o único aspecto a considerar na promoção do equilíbrio entre as "ordens". Especialmente decisiva no argumento é a ênfase numa política de manutenção do "espírito" apropriado para exercer a cidadania, isto é, de promoção de padrões de conduta pessoal, adaptados a cada "ordem". Um dos traços comuns mais importantes a todos eles é o cultivo da *severidade dos costumes*. As proposições sobre freios e contrapesos institucionais estão fortemente condicionadas a expectativas a respeito do comportamento social de cada ordem. Entre os da ordem aristocrática, de quem era esperado o exercício das altas funções governamentais e de comando militar, a severidade se traduzia num ideal estoico mais exigente do que para qualquer outro grupo de *status*, fruto de sua pretensão a uma armadura moral à prova da conversão da responsabilidade oficial em arrogância do cargo, da abastança em luxo, e do ócio em dedicação excessiva à "vida contemplativa". Entre os da ordem plebeia, sobre quem, do ponto de vista da política externa, recaía a parte mais árdua da defesa da pátria, a severidade também aparece nos termos de um combate a todas as formas de indulgência ao luxo, a tudo o que pudesse "efeminar" o cidadão-soldado[16]. Em ambos os casos, a vida boa é uma vida de contenção, frugal e atenta contra as possibilidades de

---

16. Sobre a relação entre política republicana, luxo e perda da integridade moral, ver o instrutivo artigo de Berry, do qual destacamos o seguinte trecho: "Para os romanos, e outros, o luxo era uma questão política porque significava a presença do poder potencialmente disruptivo do desejo humano, um poder que deve ser policiado [...] O luxo é um topos padrão na retórica da 'corrupção romana' e a percepção contemporânea de um crescimento da opulência e da instabilidade do governo" (Berry, pp. 598-9).

corrupção da personalidade por conta daqueles aspectos da vida que possam desviar o cidadão de sua entrega à vida política e militar, ambas intimamente ligadas, a despeito das variações correspondentes ao grau de *status*. Em suma, uma combinação de controle de si e *gravitas*[17].

Em contexto britânico, pode-se encontrar a crítica desse paradigma – muito bem estudada por Pocock e associados – entre autores que, no século XVIII, nutriam algum grau de simpatia pela nova ordem pós-Revolução Gloriosa e, portanto, nenhuma pelo discurso antiwhiguista e de viés republicano dos autores que se opunham ao novo estado de coisas. No continente, também é possível flagrar vários lances dessa crítica antes da Revolução Francesa – notadamente entre os autores da escola fisiocrata –, embora o presente autor não tenha encontrado para esses países nenhum trabalho da envergadura dos de Pocock para o caso britânico[18]. Generalizando, o argumento em prol da revisão dos valores políticos tem aproximadamente o seguinte teor. Na Antiguidade, onde tudo era muito rústico, o sucesso político e a vitória militar ainda podiam ser obtidos quase exclusivamente por uma educação pessoal e social minuciosamente voltada para esculpir homens no tudo ou nada das batalhas e das lutas políticas. Esparta e Roma, as repúblicas exemplares, foram a expressão máxima dessa concentração na escultura da personalidade gravíssima. Se essa, porém, fora

---

17. "A *gravitas* significa 'um senso da importância dos problemas em mãos', um senso de responsabilidade e seriedade [...] É o oposto de *levitas*, uma qualidade que os romanos desprezavam, que significa ser frívolo quando se deveria ser sério, afetação, instabilidade" (Barrow, p. 22).
18. De qualquer modo, vale examinar os artigos publicados em Van Gelderen e Skinner (orgs.), vol. 2, parte III.

uma razão importante de seu êxito – assim seguia o argumento –, também o fora de seu declínio, pois não seria inevitável que o próprio sucesso das conquistas levasse a um afrouxamento dos costumes severos? Em tempos modernos, bem ao contrário, guerras são vencidas por países cujo "gênio" são o comércio, as finanças e o refinamento das artes, ou seja, exatamente aquilo que os grandes moralistas da Antiguidade viviam a acusar como as fontes insidiosas da corrupção. De fato, pessoas que se dedicassem ao comércio, às finanças e ao refinamento não poderiam obrigatoriamente dar à política a centralidade e a elevação que esses moralistas desejavam que tivesse. Mas considerar como corrupção esse deslocamento de valores, o argumento concluía, só podia derivar de uma visão muito estreita sobre o que é realmente valioso e nobre na vida. A centralidade da política, no fundo, era ela mesma a expressão da rusticidade e incivilidade dos cidadãos antigos.

Com a emergência do pensamento social do chamado *Scottish Enlightenment*, a visão acima delineada ganha sua robustez clássica. Desse pensamento, há dois tópicos assinalados por Pocock que interessam muito de perto a este trabalho: a moralidade das "maneiras" e a descoberta da centralidade da "divisão de trabalho" na vida social moderna. A primeira representa a tomada de consciência a respeito de uma inflexão no padrão de comportamento geral esperado de uma pessoa "nobre", muito bem descrita por esse historiador do pensamento britânico:

> A virtude foi redefinida – embora haja sinais de uma tendência para o abandono da palavra – com o auxílio do conceito de "maneiras". Enquanto se afastava do mundo do fazen-

deiro guerreiro da antiga cidadania ou da *libertas* gótica, ele ingressava no universo crescentemente transacional do "comércio e das artes" – o último termo significando tanto as habilidades produtivas quanto as audiovisuais – no qual suas relações e interações com outros seres sociais, e com seus produtos, tornavam-se mais e mais complexas e variadas, modificando e desenvolvendo outros aspectos de sua personalidade. O comércio, o lazer, o refinamento e – logo se perceberam suas enormes consequências – a divisão e diversificação do trabalho se combinaram para operar essas transformações. Mas se tal indivíduo não conseguia mais engajar-se diretamente na atividade e na igualdade de governar e ser governado, mas tinha que delegar seu governo e defesa a representantes especializados e profissionais, a perda da sua antiga virtude era mais do que compensada por um indefinido e talvez infinito enriquecimento de sua personalidade, produto de relacionamentos múltiplos, com pessoas e coisas, com os quais se viu progressivamente envolvido. Desde que essas novas relações eram sociais e não políticas, as capacidades que levavam o indivíduo a desenvolver eram chamadas de "maneiras" e não "virtudes" (Pocock, 2003, pp. 96-7).[19]

Enfim, as "maneiras" tornavam o cidadão menos político, mas também menos soldado. E, talvez por isso, a redefinição também sugerisse uma personalidade de civilização superior, porque menos agressiva e mais polida. Essa redefinição, é claro, envolvia uma disputa em torno de ideais de cidadania, de expectativas a respeito de *qual cidadão* seria adequado aos novos tempos. Acrescente-se, porém: uma disputa em torno do padrão a ser seguido pelas camadas superiores da hierarquia de *status*; uma controvérsia que incidia sobre o ideal de *gentlemanness*, das qualidades subjetivas a ele apropriadas. Essa disputa, embora tivesse reper-

---

19. Modificou-se ligeiramente a tradução da edição brasileira deste trecho.

cussões mais amplas, ajuda a dar sentido ao debate que, no contexto político inglês do século XVIII, colocou em polos opostos "republicanos" inspirados, entre outros, pelo pensamento de James Harrington (por isso, às vezes chamados de "neo-harringtonianos") e "whiggistas". Para os primeiros, o *gentleman* propenso à despolitização só poderia resultar naquele caráter leviano, instável e apenas atento aos aspectos exteriores da honra, o tipo bem adaptado às intrigas palacianas, embora agora estivesse circulando em parlamentos – em suma, a antítese do aristocrata virtuoso no sentido clássico-antigo. Para os segundos, essa crítica só poderia sair da boca de saudosistas, que se recusavam a perceber que se gestavam as condições para uma nova personalidade moral, multifacetada e de nível mais alto, capaz de absorver os efeitos da opulência (muito mais prodigiosa agora do que na Antiguidade) sem degradar, como antes, a própria personalidade.

Naturalmente, nenhum dos lados do debate estava pensando em maneiras ou virtudes para as "classes numerosas", seja o rico "ignóbil" ou o proletário. Para os filósofos das maneiras, especialmente, seria difícil encontrar um espaço para justificar o ingresso dessa que seria classificada como "gente rude" na arena política. É verdade que tal resistência bem podia ocultar um interesse de classe, não confessado mas bem concreto, de toda a aristocracia, fosse ela harringtoniana ou whiggista. *Mas não é esse o ponto que se deseja enfatizar aqui*. Da perspectiva de um aristocrata que sinceramente cultivasse os novos valores de seu grupo de *status*, a ameaça proveniente da inclusão política da plebe era, provavelmente, menos aos nobres de carne e osso do que à própria sobrevivência da nobreza. O *gentleman* polido, ainda que um tanto despolitizado, ainda se imagina contar com reservas de dignidade e decência, dadas por sua independência moral e material, que o credenciariam a cumprir um papel constitucional privilegiado. Por isso, também, seria errôneo confundir essa visão com aquilo que, depois da Revolução Francesa, será chamado de liberalismo, mesmo que o discurso deste ressoe algo daquela. Mas o liberalismo é uma corrente política plebeia, quando muito plebeio-burguesa, porém não aristocrática, e só inteligível se levarmos em conta a reflexão sobre a experiência revolucionária e pós-revolucionária.

Assim, o argumento da constituição mista de viés aristocrático reaparece, agora, não em versão grega ou romana, mas nessa versão cortesã com forte sotaque whiggista e britânico: algo que Montesquieu veio a captar muito bem, ao distinguir, em sua tipologia, a Monarquia da República, e não só atribuir diferentes qualidades subjetivas a cada uma – a "honra", para a primeira, a "virtude" para a segunda –, como também diferenciar claramente a Monarquia do Despotismo. Além disso, se levarmos em conta que essa classificação distingue apenas tipos puros, mas que poderiam ser mesclados em regimes históricos concretos, uma determinada monarquia bem poderia ser apresentada como uma "monarquia mista", isto é, uma constituição mista vazada nos termos de Montesquieu: uma mistura de monarquia e república. Para o próprio pensador francês, a Inglaterra era o melhor exemplo moderno dessa forma "política e polida", na medida em que incorporava como nenhum outro país do Antigo Regime o elemento popular, ao mesmo tempo que era capaz de preservar e reproduzir dentro de si uma sólida e atenta nobreza, apta a moderar tanto os impulsos despóticos do rei e sua corte de políticos profissionais quanto os impulsos licenciosos da multidão. Em outras palavras, um país "em que a república se esconde sob a forma de monarquia" (*Do espírito das leis* V.19, p. 77).

Contudo, em relação ao segundo tópico fundamental do *Scottish Enlightenment* – a centralidade da divisão do trabalho –, as perspectivas são mais ambíguas do que a moralidade das maneiras. Adam Smith é o autor dessa linha de pensamento que melhor soube explorar as consequências da divisão do trabalho para o progresso econômico de um modo geral. Não é preciso deter-se nas muito conhecidas passagens de *A riqueza das nações* a esse respeito. Menos conhecido, porém, é o diagnóstico sobre as suas consequências político-culturais. Com o avanço da divisão do trabalho, diz ele, "a ocupação da maior parte daqueles que vivem do trabalho, isto é, a maioria da população, acaba restringindo-se a algumas operações extremamente simples, muitas vezes a uma ou duas". Um indivíduo nessa condição acaba não tendo "nenhuma oportunidade para exercitar sua compreensão ou para exercer seu espírito inventivo", e torna-se "tão embotado e ignorante quanto possa ser uma criatura humana". Não só é incapaz de "formar juízo sobre os grandes e vastos interesses de seu país", como "é igualmente incapaz de defender seu país na guerra" (*A riqueza das nações* V.1, vol. 2, p. 244).

O problema politicamente mais sensível no debate dos autores escoceses sobre a divisão de trabalho é justamente a defesa do país. A discussão lembra algo do debate renascentista: deveria o país ser defendido por uma milícia de cidadãos ou por um exército profissional e permanente (*standing army*)? Entre os escoceses, não há a menor dúvida sobre os benefícios da divisão do trabalho no campo econômico, e de que o enorme aumento da riqueza que ela produz torna um país mais poderoso política e militarmente. Porém, seria prudente estender essa divisão de trabalho para o âmbito militar? Adam Smith oferece fortes argumentos a favor dessa ideia. Primeiro, exatamente porque a divisão do trabalho faz as pessoas se concentrarem num ofício particular, não sobra tempo para que se dediquem aos exercícios militares: "um pastor dispõe de muito tempo de lazer; um agricultor, no estágio primitivo da agricultura, dispõe de algum"; mas o artífice, o fabricante industrial e mesmo o agricultor das "sociedades mais civilizadas não podem empregar uma única hora em tais exercícios sem ser prejudicados, sendo que a preocupação pelo interesse próprio os leva naturalmente a negligenciar totalmente tais exercícios". Segundo, o grande avanço da técnica militar anula os antigos bons efeitos da coragem nas batalhas; e para levar a arte bélica à sua perfeição "é necessário que ela se torne a ocupação exclusiva ou principal de determinada classe de cidadãos; e a divisão de trabalho é tão necessária para o desenvolvimento dessa arte quanto o é para o de qualquer outra". Terceiro, a "regularidade, a ordem e a pronta obediência aos comandos constituem qualidades que, nos exércitos modernos, são mais decisivas para determinar a sorte das batalhas do que a destreza e a habilidade dos soldados no manuseio de suas armas"; porém, uma milícia "sempre será muito inferior [nesse item] a um exército permanente bem disciplinado e exercitado".

Como último argumento, ele aponta o grande aumento dos gastos para treinar e disciplinar um exército, e para bancar as cada vez mais caras armas de fogo e outras inovações na arte bélica, os quais inviabilizam a ideia de envolver regularmente os cidadãos na atividade militar. Isso exige, ao contrário, que a maior parte deles continue a se dedicar à atividade econômica, a fim de que o soberano disponha da renda necessária para pagar aqueles custos. "Na guerra moderna, o grande dispêndio com armas de fogo dá evidente vantagem [...] a um país rico e civilizado sobre uma nação pobre e primitiva. Nos tempos antigos, as nações ricas e civilizadas encontravam dificuldade em se defender contra as nações pobres e incivilizadas. Nos tempos modernos, as nações pobres e incivilizadas encontram dificuldade em se defender contra as ricas e civilizadas" (*A riqueza das nações* V. 1, vol. 2, pp. 173-87).

Os argumentos de Adam Smith, porém, não eram totalmente satisfatórios para quem se preocupava menos com a defesa externa do país – para a qual seu raciocínio pareceria impecável – do que com a liberdade dos cidadãos. Para seu amigo Adam Ferguson, que elaborou um pensamento que dava grande atenção ao problema, a corrupção de parte da cidadania, que essa segunda espécie de divisão social do trabalho poderia trazer, dificilmente seria compensada pelas vantagens no campo de batalha. Esse temor de corrupção, evidentemente, se aplicava à possibilidade da formação de um interesse dos especialistas militares apartado do restante da comunidade política. Pois não parecia implausível imaginar que, mais dia, menos dia, um ambicioso general, bem-sucedido na guerra, ou mesmo a corporação dos oficiais como um todo (agindo, assim, como uma facção em armas), viesse a sugerir a seus comandados que, em vez de investir contra o inimigo externo, submetessem os poderes civis, constitucionais, de seu próprio país: "Não é o perigo externo que o preocupa, são as consequências internas da participação decrescente na coerção, por uma população de uma sociedade 'civilizada', cujos cidadãos se dedicam à produção e não à honra marcial, e permitem que a legítima coerção seja não apenas uma especialidade, mas uma especialidade monopolística [...] Sem dúvida, isso é um perigo, insiste Ferguson nervosamente" (Gellner, p. 61).

Na verdade, essas objeções de política interna ao exército permanente mereceram rápida atenção de Adam Smith. Ele achava que o problema não devia causar tanta preocupação, desde que o comando desse exército estivesse profundamente comprometido com a preservação do poder civil. E isso era possível na medida em que homens pertencentes ao grupo social que tinha o papel de manter equilibrada a balança constitucional, e, portanto, de custodiar a liberdade, estivessem também controlando as armas: "onde o próprio soberano é o general e a grande e a pequena nobreza do país são os principais oficiais do exército, onde a força militar é colocada sob o comando daqueles que têm o máximo interesse em apoiar a autoridade civil, por deter ele mesmo a maior parte dessa autoridade, um exército permanente jamais pode representar um perigo para a liberdade" (*A riqueza das nações* V. 1, vol. 2, p. 186). Ademais, Smith alertava para o perigo oposto, que atentaria muito mais fortemente contra a liberdade, que era o de formar uma corporação armada que não estivesse sob os estritos cuidados de quem respondesse pela autoridade civil, isto é, o rei e a própria aristocracia. Pois tão grande seria a sensação de insegurança nos governantes, que estes seriam levados a empregar doses extremas de violência para "suprimir e punir qualquer murmúrio e queixa". Porém, completa, uma cidadania irrestritamente armada causaria precisamente esse tipo de sensação. Assim, Smith responde à dúvida de Ferguson como um nobre veneziano responderia às objeções contra as tropas mercenárias. Trocando em miúdos, eis o que Ferguson não percebera em suas ponderações: uma milícia popular é incompatível com uma ordem política regida pela realeza e pela aristocracia juntas. Sua posição, no fundo, era inconsistente, pois, enquanto suas intuições inclinavam-se para a milícia de cidadãos, suas convicções constitucionais (a respeito do predomínio aristocrático) eram semelhantes às de Smith.

As ambiguidades da revolução americana

O advento da "Era da Revolução Democrática" (a expressão é de Robert Palmer), no último quartel do século XVIII, causou um profundo abalo nas convicções descritas acima. Em particular, a revolução da independência norte--americana, um de seus pontos de partida, ofereceu aos europeus o espetáculo de uma aliança de fazendeiros – armados com precariedade, mas patrioticamente dispostos a dar o máximo de si pela sua causa – derrotar o exército profissional mais bem preparado e abastecido que se conhecia, que fora capaz, ao longo daquele século, de bater qualquer outra potência europeia desafiante. As consequências desse feito sobre a opinião pública foram desmoralizadoras para o Antigo Regime[20] e deram enorme alento ao ideal de uma nova comunidade cívica, que os críticos da ordem aristocrática supunham que se construía no outro lado do Atlântico. "A palavra 'nação', na linguagem do dia, significava uma comunidade política sem consideração a ordens, hierarquias ou classes" (Palmer, p. 268). Empregada nesse sentido, ela tornava-se agora um termo que os colonos americanos usavam alternadamente com o mais tradicional "Povo" (*the People*). Muito do debate político desse período, que culmina com o ímpeto revolucionário atingindo a própria Europa, a partir da revolução de 1789, vai girar em torno das possibilidades e dos modos de construir esses novos entes políticos no continente.

A ideia de um exército popular derrotando um exército profissional, boa parte do qual constituído de mercenários estrangeiros, tem ressonâncias nitidamente maquiavelianas. E por meio dela faz reemergir, com grande força, a visão de uma forma política que fosse capaz de incorporar à defesa da pátria, sem temores de que isso pudesse subverter sua ordenação, todas as diferentes camadas sociais, especialmente seus estratos mais baixos e humildes. Vale dizer, o surgimento de um ideal de comunidade que dispensava uma hierarquia fixa de *status* – a concepção moderna de nação – possibilitava a renovação de um ideal guerreiro, dessa vez não sob o protagonismo de uma aristocracia guerrei-

---

20. Nas palavras de Franco Venturi: "Com o começo da Revolução Americana, e especialmente com a Declaração da Independência, a crise decisiva [do Antigo Regime] se iniciou" (Venturi, 1991, p. vii).

ra, mas sob o da própria plebe. Tal defesa, portanto, como recomendara Maquiavel, não deveria estar sustentada só no dinheiro – embora, é claro, o problema dos recursos econômicos necessários para a defesa não pudesse jamais ser desprezado –, mas principalmente na força moral de uma república socialmente inclusiva, força que a tornaria praticamente imbatível contra exércitos sustentados apenas no tilintar das moedas. Daí as suspeitas crescentes contra a instituição do "crédito público" – ponto que também já causara não pequeno desconforto entre os próprios filósofos escoceses[21] –, que se suponha ser um mecanismo para sustentar os custos cada vez mais astronômicos de um exército ao mesmo tempo ineficaz e antipopular.

Quanto ao plebeísmo dessa experiência, porém, os colonos mesmos, no processo de elaborar suas ideias não só a respeito do conflito com a metrópole, mas também de sua ordem constitucional futura, mantinham muitas ambiguidades. Poucos estudiosos do assunto discordariam de que a fundação da república norte-americana representa a primeira experiência do constitucionalismo moderno, de que é testemunho, entre outros, o fato de ter dado a um ente político sua primeira constituição escrita. Mas falou-se aqui de

---

21. Curiosamente, Adam Smith é crítico do crédito público, isto é, o mecanismo de empenhar as rendas tributárias futuras do soberano, em troca de dinheiro emprestado a juros (cf. *A riqueza das nações* V.3, vol. 2, pp. 357-93). Mas David Hume é seu crítico mais angustiado. Ele não só a via como um modo perverso de esgotar os recursos de um país, mas achava que, no longo prazo, isso ocorreria inevitavelmente com a Inglaterra, a qual pensava ter uma dívida pública impagável (cf. "Sobre o crédito público", in *Escritos sobre economia*, pp. 57-66). Seria bem difícil, porém, negar a eficácia imediata de um mecanismo que, por exemplo, em poucos dias de subscrições em Amsterdam ou Londres, poderia levantar fundos para uma guerra inteira (cf. Tilly, p. 150). Nenhuma nova tributação poderia ser tão célere para responder a uma urgência militar.

"fundação da república": filósofos e analistas políticos costumam chamar a atenção para esse termo – *fundação* –, que carrega um sentido crucial para todo o republicanismo clássico. Deve-se observar, porém, que, quando flexionado pelos colonos americanos, ele não deixava de conter uma profunda hesitação. Esta se entrevê quando encontramos muitos historiadores, americanos ou não, empregando, ao lado de "fundação", o termo "revolução" para designar o movimento de independência e o processo de construção da nova ordem política – palavras que eles certamente encontraram utilizadas pelos protagonistas dos documentos históricos. Não por acaso, vemos os líderes da independência serem chamados, por esses mesmos historiadores, de "revolucionários", mas, ao mesmo tempo, receberem a designação mítica de "pais fundadores" (*founding fathers*). Contudo, esta última expressão é devedora da tradição romana clássica: a república tem "pais", que são os seus *maiores*. Hannah Arendt, em seu conhecido ensaio a esse respeito, mostra-nos como "fundação", "tradição" e "religião" se fundem para lastrear a concepção romana de *autoridade*[22]. Fundação, nesse sentido, remete a um passado imemorial, mítico – uma espécie de tesouro político e moral colocado fora do tempo ordinário e profano –, no qual estão alicerçadas as leis, os costumes e as instituições de governo. Remete também a uma classe de homens políticos, uma *classe de escol* – na Roma clássica, como se viu antes, representada pelo Senado –, que reivindica um saber esotérico a respeito daquele passado imemorial, privilégio que lhe transmite a autoridade da fundação.

---

22. Cf. "O que é autoridade?", in Arendt (1972).

Na política britânica, esse legado romano se mistura à ideia medieval e germânica da "Antiga Constituição" do reino (*Ancient Constitution*): um conjunto muito vagamente definido de leis e costumes de origem igualmente imemorial e mítica, cujo uso longínquo visa conservar a harmonia do reino e a "liberdade dos súditos". É justamente a Antiga Constituição que os colonos americanos insistentemente reivindicavam, na primeira fase de sua revolta e antes que a ideia da independência amadurecesse plenamente, para defender suas "liberdades" perante as intromissões "ilegais" do governo metropolitano, intromissões que estariam refletindo um desvio grave dos governantes em relação à métrica da fundação[23]. Trata-se, portanto, de uma exigência de restauração, de retorno às origens. Mas é também nesse ponto que a insurgência americana conservava não só um pé no constitucionalismo tradicional, mas também um vínculo com a história do republicanismo no Antigo Regime.

Como observado na seção anterior, esse republicanismo apresenta uma longa folha corrida de lutas contra o Absolutismo. Guardadas suas variações, vamos encontrar em cada caso uma classe de escol numa batalha de vida e morte para preservar sua honorabilidade, isto é, os quesitos de estima social que lhe permitissem continuar pleiteando um papel constitucional especial, no sentido de ser uma espécie de fiel da balança nas relações de poder da comunidade política. Contudo, eram exatamente esses quesitos de estima social que o rei absolutista estava solapando quando desconsiderava ou deixava de reunir os parlamentos – organizados segundo

---

23. Sobre as diferentes "fontes e tradições" que se mesclam no pensamento político norte-americano do período, ver Bailyn, cap. 2.

a hierarquia das ordens –, ou quando vendia a clientes abonados, porém sem nenhuma estirpe, títulos de nobreza.

Outra vez: na luta contra esse poder abusivo, caberia simplesmente *restaurar/restabelecer* o caminho tradicional, aquele que remetia ao passado imemorial e mítico da fundação. Graças aos estudos de Bernard Bailyn e Gordon Wood, entre outros, sabemos que os colonos americanos de fato recepcionaram esse discurso republicano de teor aristocrático para articular seu protesto contra a metrópole. Assim, na primeira fase da revolta, tal como acontecia com a nobreza fundiária europeia, os abusos do governo imperial eram interpretados pelos colonos como um assalto às liberdades tradicionais garantidas a todos os súditos britânicos pela Antiga Constituição[24]. Ao mesmo tempo, contudo, tinham com esse discurso certos desajustes. Para começar, sua luta não era centralmente contra o Absolutismo real. Embora descobrissem pouco a pouco a cumplicidade do rei, o embate principal se dava contra as iniciativas do Parlamento britânico, que sobrecarregavam os colonos com impostos, além de outras medidas que consideravam arbitrárias e tendentes à tirania. Contudo, esse mesmo Parlamento era tido como o centro organizador e máxima expressão da aristocracia inglesa, ou seja, a classe que reivindicava o fiel da balança da Antiga Constituição.

Relacionado a esse, havia outro fato igualmente importante: as colônias americanas não tinham constituído, ao longo de sua história, uma classe de escol semelhante às que existiam na Europa. Nesse aspecto nada desprezível, a in-

---

24. Cf. Bailyn, pp. 84-8.

surgência colonial não tinha o mesmo conteúdo social das "revoltas dos nobres" europeias, acima citadas. Ao contrário, era uma revolta *plebeia* desde o início[25]. A crescente percepção desses desajustes vai então marcar a passagem da primeira para a segunda fase da revolta dos colonos. A passagem se dá com a decisão dos colonos de romper definitivamente com a metrópole, o que os obriga, ao mesmo tempo, a justificar perante a opinião pública europeia e os Estados do continente – possíveis aliados na luta contra a Inglaterra – as razões da separação. Esse o motivo da famosa "Declaração" de independência, vazada na linguagem do "direito das nações", já familiar à comunidade europeia de Estados soberanos[26]. Se, portanto, tal iniciativa afastava de vez os colonos do *establishment* britânico, ela também os colocava em contato com novos sentimentos políticos em gestação na Europa, que tendiam a simpatizar com o caráter plebeu da revolta americana. E, tal como entre os líderes coloniais, esses sentimentos misturavam noções do velho republicanismo com ideias novas, como a de soberania popular. Assim, o mesmo movimento intelectual que recuperava a tradição da constituição mista abria-se também à elaboração de um

---

25. "Apesar da crescente estratificação social durante o século dezoito, a sociedade americana permaneceu notavelmente rasa e indiferenciada para os padrões ingleses contemporâneos. Todas as camadas mais elevadas da sociedade inglesa estavam ausentes na América. Não havia duques, nem marqueses, nem corte e nada parecido com a riqueza fabulosa da nobreza inglesa" (Wood, 1993, pp. 112-3).

26. "Em 1776, a intenção primordial por trás da Declaração de Independência fora a de afirmar perante a opinião do mundo os direitos de um povo organizado em treze Estados de ingressar na arena internacional em condições de igualdade com outros Estados semelhantes. [...] assim sendo, haviam formulado seu apelo às potências do mundo em termos que essas potências entenderiam" (Armitage, p. 58).

conceito inédito de *constituição*, fadado a romper com a definição tradicional, que bebia das águas do soberanismo: a constituição como a "lei suprema" (ou *paramount law*, como vão dizer os americanos) de uma comunidade política[27]. Entre as correntes que se desenvolveram no país após a independência, o chamado "partido federalista" ganha destaque justamente ao dar passos decisivos rumo a essa inflexão. Como se sabe, a corrente formou sua identidade na defesa de uma república com poder central mais forte do que pretendiam outros líderes da independência – isto é, uma "união mais perfeita" que transcendesse os limites de uma simples confederação de repúblicas autônomas entre si. Mas esse passo, que desatava um nó crítico, uma espécie de ser ou não ser do novo país, também os empurrava para a fronteira entre o tradicional e o novo no plano do pensamento político.

E, embora o passo seja fundamental em si mesmo, o que vai interessar na análise que segue é menos descrever o debate e todos os seus interlocutores do que os argumentos subsidiários providenciados por alguns dos federalistas, argumentos usados evidentemente contra os adversários da "união mais perfeita", mas que serviam também para construir um ideal de república. Este se valia do legado intelectual da constituição mista, centrado em sua versão maquiaveliana, embora nem sempre consistente com ela, como se verá[28].

---

27. A discussão mais detalhada desse novo conceito terá de esperar o próximo capítulo, dedicado a reconstruir a vertente do pensamento político que, afinada com a agenda do Estado soberano, ajudará a esclarecê-lo.

28. O foco da presente análise é a coletânea de artigos publicados durante os debates da ratificação do texto constitucional proposto pela Convenção da Filadélfia– os *Federalist Papers*. Não se examinará, portanto, a variedade de posições no interior dessa corrente, que inclui não só uma visão herdeira da constituição mista plebeia – como se destacará aqui, especialmente na pena de James

Nos *Federalist Papers* – *O federalista*, como a obra costuma ser traduzida para o português –, o tópico tradicional da constituição mista é resgatado para dar conta das realidades políticas que emergem das dificuldades crescentes de manter a aliança política e militar dos territórios dos ex-colonos, os "estados", nos mesmos moldes em que fora construída para enfrentar as forças da metrópole. Desnecessário repetir aqui o quanto os revolucionários americanos nutriram-se dos autores clássicos antigos e renascentistas para pensar nesse assunto e projetá-lo sobre o futuro de seu próprio país. Mas, se essa era a referência, nada poderia ser mais estranho do que a rejeição, no esquema teórico do *Federalista*, daquele elemento indispensável das visões prevalecentes das constituições mistas clássicas ou renascentistas: precisamente a aristocracia. Que esse passo é considerado crucial, basta notar a definição de *república* que os autores constroem no texto. Repare-se, em particular, no modo como James Madison o faz num dos artigos:

> Quais são os verdadeiros caracteres da forma republicana? Se quisermos resolver a questão sem recorrer aos princípios, mas admitindo a acepção que os escritores políticos têm dado a este termo [...] por certo nunca obteremos solução satisfatória. A Holanda, em que nem uma única partícula do poder supremo é derivada do povo, chama-se contudo uma república; e o mesmo nome se dá ao governo de Veneza, onde alguns nobres hereditários exercitam sobre a massa do povo o mais absoluto poder. A Polônia, honrada com o mesmo título, oferece a mais desgraçada mistura das formas aristocráticas e monárquicas. Nem é com menos impropriedade que

---

Madison – mas também a defesa de algo bastante próximo à teoria da constituição mista tradicional, como nos escritos de John Adams. Cf. Bailyn, pp. 245-67, e Palmer, pp. 221-8.

se dá o nome de república ao governo da Inglaterra, onde se encontra, na verdade, um elemento republicano, mas onde esse elemento está combinado com a aristocracia e com a monarquia hereditárias. Todos esses exemplos [...] mostram a extrema inexatidão com que a palavra república tem sido empregada nas discussões políticas (*O federalista* 39, p. 118).[29]

A intenção, claríssima, é não aceitar o marco formal do republicanismo característico dos autores humanistas cívicos: a distinção entre "república" e "principado" (ou monarquia absoluta). Pois essa distinção, admitindo em ambas as pontas o elemento aristocrático, podia classificar como republicanos – através do esquema da constituição mista – os governos de Veneza e de outras cidades-repúblicas italianas com características semelhantes. Para os autores posteriores influenciados por esse modo de pensar, isso significava tratar como "republicanos" os governos das Províncias Unidas (Holanda) e da Polônia, e distingui-los claramente dos "principados" modernos, as monarquias hereditárias europeias de origem feudal[30]. Que definição emerge dessa crítica? "Se, para fixarmos o verdadeiro sentido da expressão, recorrermos aos princípios que servem de base às diferentes formas de governo, neste caso diremos que governo republicano é aquele em que todos os poderes procedem direta ou indiretamente do povo e cujos administradores não gozam senão de poder temporário, a arbítrio do povo ou enquanto bem se portarem" (id., ibid.).

---

29. Com uma ou outra mudança, essa tradução e as que seguem são da coleção "Os Pensadores", da Abril Cultural (1973). Quando isso não for possível (pois nem todos os artigos foram traduzidos naquela coleção), a tradução é deste autor.

30. Sobre essa distinção nos séculos XVII e XVIII, cf. Venturi (2003), cap. 1.

The People: essa a expressão para designar exclusivamente a *civitas* em seu conjunto, e não mais uma das "ordens" da república dentro de uma hierarquia estamental. Certamente, uma expressão para designar em termos político-jurídicos a comunidade dos cidadãos, o *populus*, como fariam os autores romanos, inclusive o próprio Cícero, mas também para designar *socialmente* uma comunidade sem distinção de graus de *status*, como Cícero e Políbio *jamais o fariam*. Como, então, tomar a constituição mista como ponto de partida? Uma pista, frequentemente apontada pelos estudiosos do constitucionalismo americano, é a remissão a Montesquieu e sua bem conhecida interpretação da constituição inglesa. O próprio Montesquieu retoma explicitamente a teoria da constituição mista aplicada a Roma, tal como ensinada por Políbio e historiadores romanos depois dele[31], e, por essa via, redescreve a inglesa nos termos de um sistema de separação de poderes – dessa vez, porém, com uma divisão de funções das agências governamentais claramente especializadas nos poderes Legislativo, Executivo e Judiciário (*Do espírito das leis* XI.6, pp. 148-54).

De fato, nas respostas às críticas da constituição elaborada na Convenção da Filadélfia (1787), os autores do *Federalista* evocam Montesquieu para explicar o princípio da "separação e distinção dos poderes Legislativo, Executivo e Judiciário" saído daquela Convenção. Diz Madison: "O oráculo sempre consultado e sempre citado nesta matéria é Montesquieu. Se ele não for o autor do inestimável preceito

---

31. *Do espírito das leis* XI.12-19, pp. 157-66. Montesquieu costumava copiar extratos e fazer sinopses dos livros que lia, e fez resumos das *Histórias*, de Políbio (cf. Shackleton apud Davies Lloyd).

de que falamos, pelo menos foi quem melhor o desenvolveu e quem o recomendou de uma maneira mais efetiva à atenção do gênero humano" (*O federalista* 47, p. 124). Porém, a evocação tem o sentido ambíguo, por um lado, de mostrar que a separação de poderes é algo sempre imperfeito, passível, inclusive, de ação "parcial" ou influência de um poder sobre os outros e, por outro, de lembrar que Montesquieu elaborou sua doutrina tendo em vista as realidades políticas da Inglaterra: "A Constituição inglesa era para Montesquieu o que é Homero para todos os escritores didáticos sobre poesia épica."

Como se percebe na citação anterior, porém, Madison já havia alertado que a Inglaterra, apesar de um "elemento republicano", não era propriamente uma "república". No período pré e imediatamente pós-revolucionário, é bom lembrar, a Inglaterra dificilmente poderia ser uma referência constitucional limpidamente positiva para os colonos, uma vez que estes haviam-na considerado, na Declaração da independência e em outros documentos, um sistema do qual emanavam ações "tirânicas" – e esse julgamento não envolvia apenas as pessoas dos governantes, mas também a Coroa e o próprio Parlamento. E agora o texto sugeria que o Parlamento inglês, além das funções legislativas, tendia a estender perigosamente seus tentáculos sobre os poderes Executivo e Judiciário: "A magistratura executiva forma parte constituinte do Poder Legislativo [...] por ele são também nomeados todos os membros da judicatura" etc. (id., p. 125).

Artigos subsequentes mostravam, ademais, que a nova Constituição Federal se aproximava melhor do princípio da independência dos poderes do que o caso inglês; por exemplo, o alto magistrado Executivo (o presidente) seria eleito de modo separado dos representantes do Poder Legislativo, e os principais magistrados do Judiciário seriam indicados pelo presidente, indicação, porém, sujeita à confirmação por um dos ramos do Legislativo e assim por diante. Mais do que isso, todavia: *todos* os magistrados dependeriam, direta ou indiretamente, do consentimento popular, o princípio arquitetônico da república enunciado pelos autores. Contudo, é justamente esse princípio que Montesquieu não queria e *não podia* usar para interpretar a ordem política inglesa, pois tal significaria pôr em terra o papel constitucional especial que prescrevia à *nobreza*. Em outras palavras, a constituição mista de Montesquieu, seguindo a tradição, não era apenas um sistema funcional de balança de poder, mas uma teoria de equilíbrio social que supunha uma hierarquia fixa de estamentos, explicitamente idealizada a partir do ordenamento inglês: "O poder Legislativo será confiado tanto à nobreza como ao corpo escolhido para representar o povo, cada qual com suas assembleias e deliberações à parte e objetivos e interesses separados [...] O corpo dos nobres deve ser [tal como ocorre na Inglaterra] hereditário. Ele o é primeiramente por sua natureza e, além disso, cumpre que tenha interesse muito forte para conservar suas prerrogativas, odiosas por si mesmas, e que, num Estado livre, devem estar sempre ameaçadas" (*Do espírito das leis* XI.6, p. 151).

Se, porém, a constituição mista é uma teoria do equilíbrio social, do equilíbrio entre diferentes grupos sociais em potencial antagonismo, como essa teoria poderia ser defendida no *Federalista*, que *nega* as distinções de *status*? Na visão renascentista, essa ausência levaria a reduzir a questão toda a um problema de maquinaria governamental – ou, para usar um termo muito em voga em nossos dias (e inspirado numa certa interpretação do próprio *Federalista*), um problema de "engenharia institucional" –, de agências oficiais competindo entre si e buscando um equilíbrio ao longo dessa competição. E não é disso que se ocupa boa parte dos artigos? Sim, mas nem tanto. Várias passagens, senão artigos inteiros, indicam a preocupação dos autores de dar um conteúdo social ao imaginado jogo das instituições governamentais. Tal preocupação é por demais patente quando insistem que a república idealizada na Constituição Federal deveria ser bem diferente das "pequeninas repúblicas da Grécia e da Itália" (*petty republics of Greece and Italy*), as quais são também chamadas de "democracias", com sua "rápida sucessão de revoluções pelas quais eram mantidas num estado de perpétua vibração entre os extremos da tirania e da anarquia"[32]. Aqui e em outras passagens, eles estão simplesmente reproduzindo a descrição típica dos "tumultos" e das "facções domésticas" das democracias da Grécia clássica e das revoluções do *popolo* na Itália medieval-renascentista. Por alusão, queriam indicar também que certas experiências constitucionais da então confederação dos estados americanos estariam caminhando na mesma direção.

Em outras palavras, o clássico tema cívico-humanista das dissensões internas da república, e suas potenciais ameaças à liberdade, vinha à tona. Mas agora era preciso expô-lo em outros termos, e não mais na forma de um conflito entre

---

32. *O federalista* 9, p. 118, ed. Penguin; o artigo é da lavra de Alexander Hamilton.

"aristocracia" e "povo". Assim, o velho problema aristotélico de localizar uma clivagem econômico-social para a teoria das constituições, para além do critério numérico, ganha um sentido renovado e crucial. E esse é o problema que Madison confrontará no muito festejado artigo 10, quando lá expõe seu modo de ver os vínculos entre o jogo das facções e a liberdade. Esse artigo abre uma interessante via de contato entre a tradição da constituição mista e os novos desafios postos pela construção de uma república na América. Madison diz que se pode lidar com as facções de dois modos: ou através de suas "causas", ou através de seus "efeitos". Com as primeiras, por sua vez, só haveria dois caminhos: (a) "destruir a liberdade essencial à sua existência"; ou (b) "dar a todos os cidadãos as mesmas opiniões, as mesmas paixões e os mesmos interesses". O caminho (a) é rejeitado de imediato, desde que "a liberdade é para a facção o mesmo que o ar é para o fogo"; mas sufocar a liberdade seria um contrassenso. O caminho (b) é igualmente rejeitado, por ser "impraticável", já que: "Enquanto a razão do homem não for infalível e ele tiver a faculdade de exercitá-la, há de haver diversidade de opiniões; e, enquanto existirem relações entre a sua razão e o seu amor-próprio, as suas opiniões e suas paixões hão de ter umas sobre as outras uma influência recíproca." E os homens são tão propensos a animosidades recíprocas que, "quando não têm ocasiões importantes para exercitá-las, as distinções mais frívolas e mais extravagantes bastam para acordar paixões inimigas e fazer nascer violentos combates".

Em suma: não há como refrear as facções pelo lado de suas causas. Mas eis que, na própria análise das causas das facções, Madison acaba atribuindo a estas últimas uma certa racionalidade, mesmo admitindo ver nelas um alto grau de volatilidade e acaso. Haveria uma causa "mais comum", objetivamente identificável? Sim: "a desigual distribuição das propriedades". Assim, "os interesses dos proprietários sempre foram diferentes dos que não o são". Algo semelhante "separa os devedores dos credores". A clivagem social da qual emanam as facções, contudo, não é organizada apenas na polarização entre ricos e pobres, como em Aristóteles. Madison amplia a lista de fatores: "É de necessidade que entre as nações civilizadas se formem o interesse da agricultura, das manufaturas, do comércio, das finanças [*moneyed interest*] e outros menos importantes, que dividem a sociedade em diferentes classes com pontos de vista e sentimentos diferentes" (*O federalista* 10, pp. 95-6).

Qual quadro emerge dessa análise? Que o Povo, *the People*, embora constitua um único e mesmo grau de *status* político, sem nenhuma distinção estamental prévia, não forma um todo social homogêneo. A *civitas* do *Federalista*, apesar de não estratificada por ordens, encontra-se sempre cindida por interesses econômicos e sociais antagônicos. É *dessa cisão* que trata a constituição mista *plebeia* idealizada pelos autores, cuja meta primordial é garantir que os interesses de uns não prevaleçam sobre os demais, ou então – desde que certas decisões públicas inevitavelmente beneficiem, às vezes uns, às vezes outros (o que Madison não recusa) – impedir que a prevalência seja tal que leve ao aniquilamento da justiça e da própria liberdade: "A Justiça requer que se encontre um equilíbrio [*balance*] entre eles." Outra vez: que existam interesses antagônicos, essa é uma condição humana inescapável. Daí que não se possa eliminar as causas das facções. Pode-se, porém, lidar com seus efeitos? É aqui que entra a construção institucional, o modo de manter, no plano das agências de governo, a luta faccional em níveis compatíveis com a busca do bem comum e da preservação da liberdade. Há que insistir, porém: na concepção de James Madison, esse jogo institucional, visível e público, se entrelaça com o jogo dos interesses formado de um pano de fundo, ainda assim explícito, de conflitos entre grupos sociais. Como esse ideal de equilíbrio ganha formato institucional? Essa é a questão que leva ao princípio do equilíbrio dos poderes constitucionais supremos; porém, a mais dois outros, igualmente importantes: o federalismo e a representação. Há um problema: se o princípio republicano primordial é que "todos os poderes procedem direta ou indiretamente do povo" (art. 39), e todos os magistrados falam e agem em nome dele, como garantir que os interesses antagônicos se equilibrem, ou mesmo se expressem na estrutura governamental? Os autores não se contentam com o princípio majoritário – que eles admitem derivar do fundamento estritamente popular da república –, pois acreditam que maiorias podem constituir "facções". O equilíbrio dos poderes, contudo, abre uma inédita possibilidade de pensar o vínculo entre povo e instituições. Na leitura do *Federalista*, nenhum magistrado, *nenhuma agência* a que esteja vinculado, incorpora *na totalidade* um mandato do povo. Ao fazer com que os membros do Poder Legislativo sejam eleitos pelo povo e, num sufrágio separado, que o chefe do Poder Executivo também o seja, a Constituição está autorizando ambos os poderes, igualmente, a falar em nome do povo.

E também a cúpula do Poder Judiciário, escolhida por uma injunção daqueles dois outros poderes. Qual é o *locus* da autoridade popular, então? Que agência expressa a sua "soberania"? A rigor, a própria adesão à ideia de um equilíbrio de poderes com base não na estrita separação das funções constitucionais, como prescrevia Montesquieu, mas num princípio modificado de *checks and balances*, tornava mais visível ainda a dificuldade de localização da soberania no plano institucional. Pois, nesse caso, os poderes constitucionais, embora em "departamentos" distintos, tinham suas atribuições embaralhadas: a sede do Poder Executivo também podia, sem inconsistência, reivindicar funções legislativas (por exemplo, o poder de veto), assim como o Poder Legislativo, funções executivas clássicas (interferir na política externa), e o Poder Judiciário, funções legislativas (a revisão judicial da lei).

Os *framers* da Constituição, contudo, o fizeram assim não por erro de raciocínio, mas de forma muito premeditada, justamente por temerem que qualquer um dos departamentos (mas especialmente o Legislativo) pudesse exercer poderes tirânicos *através* de sua função, tivesse tal departamento reconhecido em sua plenitude a respectiva especialidade constitucional. Essa matéria gerou acesa controvérsia durante o debate sobre a ratificação da proposta saída da Convenção da Filadélfia, cuja chave Manin pontua com muita precisão:

> O argumento em torno da separação de poderes de fato opôs dois métodos alternativos para limitar o poder. Os Antifederalistas propunham escrever na Constituição as fronteiras precisas que circunscreveriam as esferas legítimas de ação

das várias autoridades públicas. [Ao contrário,] Para limitar o poder, os Federalistas desenharam um arranjo em que cada ator era confrontado com a resistência e reação de outros atores. O primeiro método poderia ser descrito como um sistema de linhas, e o segundo como um sistema de forças (Manin, 1994, p. 62).[33]

Assim, a resposta à pergunta sobre o lugar da soberania na Constituição, o raciocínio construído no *Federalista* simplesmente a faz, e não poderia ser de outra forma, na vagueza do enunciado inicial do "princípio republicano": a soberania reside "no povo em geral" (*in the people at large*), e "não em quaisquer instituições específicas de governo" (Wood, 2002, p. 160). Cuidado, no entanto: isso não implica a noção de que, caso as instituições falhassem, restaria ainda o recurso à consulta direta ao *people at large*, como sugere Wood na página seguinte ao trecho citado acima. Tal recurso teria de supor a resolução prévia do problema da identidade do povo, que é o ponto de partida típico das primeiras versões modernas do soberanismo. O encaminhamento do regime misto é outro: o povo é uma entidade cindida, sempre o será. As agências governamentais em competição dão expressão institucional a essa realidade incontornável. Mesmo assim, elas devem promover, deliberadamente, aquilo que *the people at large* não faz por si mesmo, ou só faz de modo muito insatisfatório: buscar o "equilíbrio" de interesses. E as agências não têm outro modo de encontrá-lo senão tentativamente, na forma da negociação e do compromisso.

---

33. A análise de Manin é acompanhada de um argumento para compatibilizar essa segunda alternativa com o conceito de soberania, como se verá no final desta seção.

Já o princípio federativo emerge, naturalmente, do problema da extensão do território da república. Em sua classificação tríplice dos tipos de governo – república, monarquia e despotismo –, como se sabe, Montesquieu havia insistido que há vínculo estreito entre a forma do governo e o território. As repúblicas só seriam viáveis se permanecessem pequenas – naturalmente, ele estava pensando nos modestos territórios das cidades-repúblicas antigas e italianas, descontadas as suas eventuais expansões imperiais –, enquanto as monarquias comportavam tamanhos "médios" (como a França, a Inglaterra ou a Espanha), e os despotismos, como o Império persa e o próprio Império Romano, territórios enormes. A república deve permanecer pequena por causa do "princípio" que a mantém estável: a "virtude", isto é, a dedicação prioritária dos cidadãos ao bem comum. Numa república que se expande muito, porém, "há grandes fortunas e, consequentemente, pouca moderação nos espíritos". Quando isso acontece, "os interesses individualizam-se" e "o bem comum é sacrificado a mil considerações, é subordinado a exceções, depende dos acidentes" (Montesquieu, op. cit., VIII.16, p. 120). Daí que a república romana, ao conquistar seu imenso império, só poderia ter se transformado num regime despótico, uma vez que a virtude se extinguira no mesmo compasso.

Entretanto, Montesquieu tinha claro que na época moderna, com o surgimento das poderosas monarquias nacionais, extensas e populosas, as chances de repúblicas pequenas sobreviverem ao "perigo externo" eram muito pequenas. Não fora exatamente esse perigo que as repúblicas italianas não conseguiram suportar a partir da segunda metade do século XV, com as invasões da França e da Espanha? A conclusão parcial do argumento só poderia então ser formulada como um dilema: "Se uma república é pequena, ela é destruída por uma força estrangeira; se é grande, destrói-se por um vício interno" (*Do espírito das leis* IX.1, p. 127). Montesquieu, porém, ainda via uma possibilidade de as repúblicas ganharem força, expandindo-se, sem necessariamente extinguir seu modo de operar: formando "confederações". Mas a confederação não significa mais do que um pacto ou uma aliança precária entre repúblicas, pois a própria necessidade de preservar a virtude as impele a manter praticamente intacta sua autonomia política. Não há união efetiva. Num balanço geral, portanto, era para esta conclusão que o diagnóstico de Montesquieu levava: se tudo o que as repúblicas podiam fazer eram confederações, e estas representavam uma solução intrinsecamente volátil, então o futuro dos entes políticos modernos, com chances de permanecer razoavelmente estáveis e livres, era a monarquia, ou alguma forma mista, uma solução intermediária entre república e monarquia, como ele supunha ser a Inglaterra. Mesmo essa forma mista, porém, significava uma reconciliação, por uma via não absolutista, com os limites sociais impostos pelo *Ancien Régime*.

Na América revolucionária, portanto, o diagnóstico de Montesquieu vai aparecer como uma encruzilhada histórica. Na prática, as ex-colônias (os "estados") que se uniram para lutar contra a metrópole formaram algo semelhante a uma "confederação". Mas essa solução, vencido o inimigo comum, foi se mostrando inteiramente insatisfatória para boa parte dos revolucionários, e tal insatisfação levou-os à

Convenção da Filadélfia[34]. Com o objetivo de formar aquela "união mais perfeita", eles apostaram numa solução intermediária entre a frouxa aliança de repúblicas concebida por Montesquieu e o centralismo das monarquias, e a isso deram o nome de *federalismo*. Para indicar que tal arranjo pretendia de fato uma solução de meio-termo bem ao espírito da tradição, Madison o denomina uma forma de "constituição mista" (*O federalista* 40, p. 259, ed. Penguin). Mas apostar nas chances de uma república que tivesse o tamanho recomendado para a monarquia, ou mesmo mais, era um desafio aberto ao raciocínio do "oráculo" da separação dos poderes, pois significava estender essa separação para o plano (vertical) da divisão territorial, e não limitá-la à separação (horizontal) dos "departamentos" constitucionais. Na verdade, a ideia tem antecedentes em contexto britânico: num artigo curto e preciso, Douglas Adair identificou a influência de David Hume no pensamento de James Madison. Hume apresentara argumentos novos a favor da viabilidade de uma república perfeitamente coesa em grande território, sem recorrer à ideia de uma confederação. Num de seus *Ensaios*, o filósofo escocês apontava o equívoco da opinião segundo a qual

> os grandes Estados, como a França e a Grã-Bretanha, jamais poderão ser transformados em repúblicas, pois tal forma de governo só pode ser aplicada a cidades ou pequenos territórios. Parece provável dar-se o contrário. Embora a instituição de um governo republicano seja mais difícil num país muito extenso do que numa cidade, depois de consumada essa ins-

---

34. Para as razões dessa insatisfação, ver G. Wood (2002), pp. 139-51. Cf. G. Wood (1998), cap. XI.

tituição se torna mais fácil, no primeiro caso, conservá-la firme e uniforme, sem tumultos nem facções" (*Ensaios*, p. 279; "Ideia de uma república perfeita").

O pensador escocês defendia essa alternativa não só por uma razão pragmática – "as pequenas repúblicas podem ser subjugadas por qualquer grande força que venha do exterior" –, mas também por uma consideração mais profunda a respeito do tradicional problema das dissensões internas. Na verdade, o que na abordagem humeana instigou a imaginação de Madison, em particular, era a ideia de *usar a extensão do território para dar uma vazão* a situações críticas que, nas pequenas repúblicas, seriam incontornáveis. "As democracias são turbulentas", dizia Hume, e isso porque "as circunstâncias que facilitam a formação de repúblicas nas cidades [o espaço pequeno] são as mesmas que tornam sua constituição mais frágil e incerta" (id., ibid.).

No artigo 10, Madison agarrou a ideia e inseriu-a na sua análise do jogo das facções de interesse. Nos espaços típicos das *petty republics of Greece and Italy* – os centros urbanos – as comunicações são mais fáceis, os interesses seccionais se coligam com grande rapidez e encontram diversas oportunidades para manipular a seu favor o princípio majoritário. Dispersá-los em espaços mais amplos, que ultrapassassem de longe os limites de uma cidade, dificultaria a sua comunicação e diluiria o impacto subversivo daquilo que se poderia chamar de *efeitos negativos da compactação*. Porém, mais: a própria formação de uma coligação com base em interesses seccionais comuns seria dificultada pelo duplo nível da organização federativa imaginada pela Constituição: a "União", de um lado, os "estados", de outro, cada qual com suas próprias comunidades e suas próprias leis, dentro de suas respectivas esferas de competência. Mesmo que, em espaço federal, as tendências facciosas viessem a superar o obstáculo da comunicação a distância – algo nada implausível mesmo para a época, dado o contínuo progresso econômico e técnico –, os interesses regionais instalados nos estados poderiam servir de contrapeso; e vice-versa. É verdade que a maior complicação institucional tornaria mais lentas as operações de uma agência, caso não houvesse a colaboração das demais; porém, ao mesmo tempo, maiores seriam os freios à usurpação do conjunto por uma mesma facção. Crescendo, pois, "a variedade dos partidos e dos interesses diferentes; o perigo de que a maioria tenha um motivo comum para violar os direitos dos outros cidadãos é menos iminente, ou, se esse motivo existe, é mais difícil àqueles, sobre os quais ele pode influir, conhecer sua própria força e obrar de concerto" (*O federalista* 10, p. 99).

Para mostrar, todavia, o vínculo profundo dessa análise de Madison com a concepção maquiaveliana da constituição mista plebeia, será preciso colocar em perspectiva um problema prático crucial que os norte-americanos enfrentavam desde antes da independência, para o qual a resposta do *Federalista* revelava-se especialmente iluminadora. Esse problema é o da construção do "império da liberdade" a oeste das treze colônias.

A questão era de fato tão importante que, na primeira fase da crise com a Inglaterra, houve um grande empenho dos colonos de encontrar um rearranjo aceitável de suas re-

lações com a metrópole: relações menos assimétricas, por um lado, e de maior autonomia de governo, por outro. Um rearranjo que eles entendiam ser compatível com a preservação do império britânico. Tal empenho baseava-se na ideia de que a unidade do império dependia basicamente da preservação de sua lealdade (a lealdade dos colonos) à Coroa – em última instância, à figura do monarca. E essa lealdade eles estavam, de imediato, prontos a reafirmar. O que estava longe de ser fortuito: a lealdade à Coroa não era apenas o fio que os manteria ligados à metrópole, embora em novas bases, mas parecia ser também a condição fundamental de preservação do vínculo entre as próprias colônias. Contudo, adicionalmente, a aceitação desse marco tinha a ver com o propósito dos colonos de não limitar suas posses ao espaço que já tinham ocupado, mas estendê-las para todo o continente americano, ponto que consideravam já na época uma questão incontornável e até de sobrevivência[35].
Nesse aspecto, a Coroa não só legitimava a ligação entre as colônias já existentes, mas também a continuidade da expansão colonial, o estabelecimento do império em todo o espaço continental. Embora uma Proclamação do rei Jorge III tenha estabelecido, em 1763, limites à expansão territorial a oeste para evitar a intensificação dos atritos com as tribos indígenas – o que causou mal-estar entre os colonos –, tais limites eram sabidamente provisórios e estavam longe de significar uma contradição fundamental entre as

---

35. Wood (2002, pp. 7-11) destaca os problemas que remetiam diretamente à ocupação de novos territórios a oeste: a expansão demográfica, a fronteira agrícola e o comércio com a Europa. Tudo isso, somado, afetava o relacionamento dos colonos com as tribos indígenas, de um lado, e com a própria metrópole, de outro.

aspirações americanas e as perspectivas futuras do império britânico[36].

Como se viu no início desta seção, o grande obstáculo para viabilizar o rearranjo desejado, do ponto de vista dos colonos, era de natureza política e tinha que ver com o papel do Parlamento na vida das colônias. Afinal, havia sido o Parlamento e seus ministros os grandes responsáveis pela sobrecarga de impostos sobre elas ocorrida ao longo do século XVIII: a Lei dos Selos, a Lei do Chá etc. Em seus protestos, os colonos vislumbraram a ideia conciliatória de um sistema de "legislativos", constituído, naturalmente, pelo Parlamento britânico – ao qual concediam uma função regulatória ou supervisora – porém, também pelas assembleias coloniais. Mas essa ideia chocava-se com a doutrina britânica, pós-1688, de que o Parlamento seria a instituição central não só do reino, mas também de todo o império. E era precisamente essa doutrina que os colonos não desejavam endossar[37].

Tão forte parecia essa percepção que, diante da insistência do governo imperial de que os colonos deveriam respeitar as decisões parlamentares, alguns deles (entre os quais o próprio Jefferson) chegaram a vislumbrar um apelo ao rei Jorge III para que agisse de forma mais independente,

---

36. De fato, "a situação no Oeste estava tão confusa que o governo britânico nunca pôde convencer os vários interesses em conflito de que a Proclamação não era nada além de, nas palavras de George Washington (que tinha interesses especulativos nas terras a oeste), 'um expediente temporário para acalmar os índios'" (Wood, 2002, p. 22).

37. "Por volta de 1774, as lideranças coloniais, inclusive Thomas Jefferson e John Adams, argumentavam que apenas as distintas legislaturas americanas eram soberanas na América. De acordo com esse argumento, o Parlamento não tinha autoridade final sobre a América, e as colônias estavam ligadas ao império apenas através do rei" (Wood, 2002, p. 44; cf. Wood, 1998, cap. IX).

lidando com "um número indefinido de parlamentos ao mesmo tempo" (Pocock, 2003, p. 282). Se esse apelo era meramente retórico ou uma simples jogada diplomática, não importa: o ponto é que os colonos, através disso, procuravam sensibilizar uma parte da opinião pública europeia, e mesmo inglesa, mostrando que sua causa era também a do rei. Em suma, a revolta dos colonos não era, em princípio, um ataque à existência do império mas, antes, uma crítica ao regime predominante na metrópole. De acordo com esta, o governo estaria impedindo uma relação equilibrada e justa entre a sede do império e suas colônias. Implícita no argumento estava a ideia de que o regime parlamentar (ou, para ser mais exato, semiparlamentar), como o britânico, tornava o governo imperial excessivamente cioso dos interesses da comunidade metropolitana em detrimento das comunidades da periferia colonial.

Exatamente porque a crítica central incidia no caráter do regime na metrópole, os protestos contra o colonialismo vigente só poderiam evoluir na direção da independência, como de fato evoluíram, se os rebeldes pudessem vislumbrar uma alternativa de governo que substituísse, nas próprias colônias, de modo positivo e consistente, a forma de governo contestada. Para tanto, duas questões precisariam ser respondidas. Primeiro: seria possível construir um centro coordenador dos estados independentes forte o bastante sem que isso trouxesse, outra vez, os malefícios das antigas relações metropolitanas? Segundo, agora remetendo diretamente ao problema da continuidade ou não do "império": como a nova entidade política poderia expandir-se continente americano adentro, permitindo a edificação de um centro ativo empenhado na condução dessa empreitada, mas sem ferir a autonomia dos velhos e novos territórios incorporados?

A resposta a essas perguntas, como se sabe, não será dada sem uma série de conflitos e dissensões entre os ex--colonos mesmos, levando finalmente à formação dos dois "partidos" de opinião que dividiram os debates da Convenção da Filadélfia e à posterior ratificação da Constituição da nova república. Eis por que o artigo de Madison no *Federalista* pareceu tão oportuno e tão carregado de consequências. Seus argumentos não só davam uma resposta ao dilema teórico de Montesquieu, porém, mais importante, eles também respondiam ao problema prático dos ex-colonos: compatibilizar o equilíbrio constitucional da república – a gestão de seus conflitos internos – com a necessidade de sua "ampliação", isto é, a construção do "império" a oeste. Não há, portanto, como dar sentido à resposta madisoniana sem evocar a concepção maquiaveliana sobre as relações entre a política interna da república plebeia e sua vazão espacial, embora com uma significativa modificação, concernente à ideia de federação.

O que Madison percebeu com muita clareza foi que era possível jogar o problema dos "tumultos" e das "facções" a favor, e não contra, a ideia de uma república de grande extensão territorial. Tal era, em essência, o caminho apontado por Maquiavel. Mas é claro que a proposta, para ser aceita, teria que implicar uma ressignificação do termo "império", emprestando-lhe um sentido positivo. Contudo, esse já era o sentido empregado pelos próprios colonos quando se referiam ao problema da ocupação do continente americano.

Ou seja, quando falavam da construção do "império" a oeste, os colonos não queriam, em princípio, dizer que se tratava de um movimento de conquista e submissão de povos e seus respectivos territórios[38]. Tratava-se, antes, de uma colonização que buscaria estender a forma republicana para o restante do continente: em vez de subtrair a liberdade de outrem – resultado que, como se viu, Maquiavel considerava inevitável –, ampliá-la através da transformação dos novos habitantes em novos cidadãos. Justamente esse pretendia ser o segredo da fórmula federativa: ela dava sentido à esperança de fazer crescer o território da nova entidade política sem sacrificar o princípio republicano nas suas fronteiras. É como se fosse possível reproduzir indefinidamente a forma política no espaço, com cada novo território se encaixando aos antigos tal qual uma estrutura modular, bastando para isso que os recém-chegados aceitassem os termos da Constituição Federal.

Em seu conhecido ensaio, que tem como uma de suas plataformas a análise da revolução americana, Hannah Arendt deu grande ênfase a essa esperança dos *framers*: "A maior inovação revolucionária – a descoberta do princípio federativo para a fundação de repúblicas de grande extensão, feita por Madison – em parte derivava de uma experiên-

---

38. Assim, Hamilton pode ter usado a palavra "império" (*empire*), logo no começo do *Federalista* 1, simplesmente para indicar, como parece ter sido costumeiro "antes e depois de 1787", "sistemas políticos extensos, mais do que propriamente organizados" (Pocock, 1987, p. 717). Em outro artigo, o mesmo autor arrisca uma hipótese adicional e bem mais ousada: "É possível imaginar que Hamilton e seus leitores tomassem a palavra 'império' para significar que o governo dos Estados Unidos agora exerce *imperium* sobre todas as terras a oeste das fronteiras estaduais existentes, e deve determinar como estas podem ser ocupadas, organizadas, governadas e vir a ser governadas por si mesmas" (Pocock, 1988, p. 17). Sobre as ideias de Hamilton, ver Stourzh (1970).

cia, de um conhecimento íntimo dos corpos políticos cuja estrutura interna predeterminava sua forma, por assim dizer, condicionava seus membros a uma ampliação constante, cujo princípio não era o expansionismo nem a conquista, e sim a combinação continuada de poderes" (Arendt, 2011, p. 220). A experiência a que a autora se refere nessa passagem é a da própria construção original das treze colônias, que teriam constituído seus respectivos "corpos políticos" e as alianças entre si através de pactos voluntários e não por imposição ou pela violência. Para Arendt, isso leva a duas consequências importantes: primeiro, que a revolução, isto é, a ruptura com a metrópole, não implicaria um retorno dos colonos a um "estado de natureza" hobbesiano, uma vez que romper com o governo imperial não era o mesmo que liquidar com os corpos políticos que já haviam se constituído antes, e voluntariamente, pelos próprios colonos. E sem o retorno ao estado de natureza a revolução americana já carregava desde o início, diferentemente do que viria a acontecer mais tarde nas revoluções do continente europeu, uma boa chance de passar do momento da "libertação" (a independência) para o momento da "liberdade", a construção de um regime republicano que não degenerasse para o despotismo. Segundo, implicava a possibilidade de empregar o mesmo método de constituição de corpos políticos – pactos e alianças voluntários – na ampliação da jovem república.

Ocorre, porém, que o federalista Madison, como se viu, estava de fato preocupado com outra coisa: mostrar que seria possível construir uma república em termos inteiramente novos, distintos inclusive daqueles pelos quais as colônias haviam se constituído no início da colonização. Tratava-se de formar a estrutura de um governo republicano *em substituição* ao governo da metrópole, e não um simples retorno ao momento dos corpos políticos originais: esta última, talvez, fosse a posição de alguns líderes do "partido antifederalista", mas que Madison e seus associados combatiam. Portanto, seu horizonte era o de um novo governo que ao mesmo tempo cuidasse da preservação da liberdade interna da república e canalizasse a expectativa de sua ampliação continente adentro. E a resposta, essencialmente maquiaveliana, foi recuperar a ideia da desejabilidade dos conflitos internos para mostrar que não havia contradição entre liberdade e conflito, mas também que não havia contradição entre liberdade e ampliação do espaço: ao contrário, uma coisa pedia necessariamente a outra. Quanto a saber se era sincera ou razoável a expectativa dos líderes da nova república – a que Hannah Arendt dá eco em seu ensaio – de realizar a expansão territorial sem conquista e submissão, superando assim a visão pessimista de Maquiavel a esse respeito, essa é uma questão que sempre dependerá de um juízo sobre os fatos históricos subsequentes.

(Um fato frequentemente lembrado em favor dessa perspectiva mais otimista foi a incorporação de novos territórios à federação, e ao desfrute de sua liberdade, como efetivamente ocorreu ao longo do século XIX até o extremo oeste; em contrapartida, é certo que as tribos ameríndias e os mexicanos teriam algo a dizer dessa história.)

Quanto ao nexo entre a ideia da "república representativa" e sua extensão, há que frisar, primeiro, que a palavra "distância", um termo espacial, ganha no argumento da representação o caráter de uma metáfora para introduzir o ideal da racionalidade da ação política. Mas o modo como os autores do *Federalista* o fazem serve para resgatar um tópico clássico, um tanto estranho à versão plebeia, mas não à teoria da constituição mista como um todo. Ou seja, o fazem para recolocar o papel da "virtude" no *modus operandi* da constituição mista – evidentemente, não a *virtù* maquiaveliana, mas a virtude de um grupo especial de cidadãos: os próprios representantes do povo. Isso, a despeito de Madison mesmo advertir em várias passagens que não se poderia confiar demasiadamente na virtude moral das pessoas – isto é, suas qualidades de caráter – e sim na sabedoria das próprias instituições[39].

Contudo, não é nesse ponto que recai a ênfase do argumento, quando se trata de indicar o objetivo da representação: "depurar e aumentar o espírito público, fazendo-o passar por um corpo escolhido de cidadãos, cuja prudência saberia distinguir o verdadeiro interesse da sua pátria e que, pelo seu patriotismo e amor da justiça, estarão mais longe de o sacrificar a considerações momentâneas ou parciais" (*O federalista* 10, p. 98). Ou, agora resgatando explicitamen-

---

39. "É vão dizer que homens públicos serão hábeis para ajustar esses interesses opostos e torná-los todos subservientes ao bem público. Homens públicos esclarecidos nem sempre estarão no leme" (*O federalista* 10, p. 96; a tradução ligeiramente modificada está mais próxima do fraseado original). No art. 51, Madison volta à carga: "Se os homens fossem anjos, não haveria necessidade de governo; e, se anjos governassem os homens, não haveria necessidade de meio algum externo ou interno para regular a marcha do governo" (id., p. 131). Esses pensamentos são também os de Hume, que por sua vez ecoam Maquiavel: "Os autores políticos estabeleceram como máxima que, na instituição de qualquer sistema de governo e na fixação dos diversos freios e controles da Constituição, todo homem deve ser considerado um *velhaco* [knave], que tem como fim único de todas as suas ações o interesse privado" (*Essays*, p. 269).

te o argumento das vantagens da distância espacial, ao comparar repúblicas grandes e pequenas nesse tópico, diz o mesmo autor: "como cada representante há de ser escolhido por maior número de cidadãos nas repúblicas maiores que nas pequenas, não será naquelas tão fácil que os candidatos sem merecimento possam empregar, com boa esperança de resultado, os culpáveis artifícios que influem tantas vezes nas eleições; e os votos do povo, sendo mais livres, recairão com mais probabilidade em pessoas de merecimento reconhecido e de caráter geralmente estimado" (id., ibid.)[40]. Assim, curiosamente, Madison é tentado a projetar sobre os representantes do povo aquilo que os autores clássicos da constituição mista costumavam fazer para a aristocracia. É bem sabido, aliás, que, no lugar de uma aristocracia fixa, determinada pelo nascimento e pela fortuna, os líderes americanos muitas vezes se apegavam à ideia de uma aristocracia "natural", eletiva e em perene rotação, baseada única e exclusivamente em seus "talentos naturais" e na virtude moral[41].

Mas como seria possível que os representantes pudessem raciocinar e agir assim, se eles mesmos fossem produtos dos interesses conflitantes da sociedade? De algum modo, eles teriam de ser capazes de ver algo que seus representados dificilmente poderiam ver: que seus bens particulares seriam promovidos na medida em que o bem comum o fosse. Algo semelhante à percepção de um "interesse bem com-

---
40. Cf. argumentos no mesmo sentido feitos por John Jay em *O federalista* 3 e por Alexander Hamilton em *O federalista* 35 e 36.
41. O tópico da representação gerou um outro agudo debate, mais uma vez posto pelo partido "antifederalista", ao longo e depois da Convenção da Filadélfia, sobre os perigos do retorno disfarçado de uma aristocracia. Ver a coletânea dos textos antifederalistas editada por R. Ketcham, e os comentários de I. Kramnick, pp. 62-3, e B. Manin (1994), pp. 34-47.

preendido", como no conhecido argumento de Tocqueville. Mas que qualidades de caráter seriam essas que pudessem condicionar os representantes à sua busca inequívoca? Se a aristocracia de nascimento e fortuna não fora capaz disso, o que haveria nos representantes do povo que os induzisse a resultados diferentes e positivos? Na fórmula concorrente do *Federalista*, esse problema não poderia ser resolvido pelo caráter das pessoas, e sim pela qualidade das instituições – e, se essas fossem projetadas para a competição recíproca, só se poderia esperar o mesmo dos próprios representantes. A racionalidade política teria de ser encontrada, de algum modo, no conjunto da estrutura e da dinâmica de governo, e não em suas partes, muito menos em seus elementos pessoais. E isso, é claro, parece mais consistente com um argumento que absorve o caráter plebeu da república, evitando a idealização de uma classe de escol a serviço da república – pois só esta última poderia responder à demanda por racionalidade reivindicando a virtude (moral) de seus integrantes.

Em sua brilhante análise sobre o sistema de *checks and balances* da Constituição Federal, ao qual integra esse problema da representação política, Bernard Manin acolhe uma terceira alternativa, que, em vez da virtude moral, enfatiza a racionalidade individual dos representantes, porém com a ajuda dos procedimentos de "filtragem" oferecidos pelo arranjo institucional. A filtragem é associada à ideia de distância, porém com uma importante modificação de significado: em vez de distância *espacial*, é a distância *temporal* que produziria a racionalidade desejada. Para tanto, destaca a noção de "senso frio e deliberativo" (*cool and deliberative sense*, termo usado pelos federalistas) que o sistema seria capaz de produzir nas vontades. Como? Através de um "processo de retardamento (ou adiamento)" (*delaying process*): "O sistema de freios retardadores [*delaying checks*] pretendia filtrar as vontades transitórias do povo. Ambos, Madison e Hamilton, assumiam que havia maior probabilidade de vontades persistentes serem razoáveis do que vontades efêmeras. Seu postulado psicológico era de que as paixões esfriavam-se *com o passar do tempo*. Uma vez que, todavia, as vontades irracionais ou caprichos tinham a característica formal de que elas não passam pelo teste do tempo, restrições puramente procedimentais na forma de artifícios de adiamento assegurariam efeitos substantivos" (Manin, 1994, pp. 61-2; grifos adicionados).

Essa parece uma leitura muito plausível, mas que, é preciso registrar, está intimamente associada a um tronco teórico muito diverso daquele que se tem explorado até aqui. De fato, ela não se encaixa nem no resgate da virtude moral de um grupo seleto de cidadãos nem na expectativa de um subproduto positivo do puro choque de interesses entre grupos sociais que, embora igualmente pertencentes ao "Povo", bloqueiem sua identidade – quer dizer, nem à constituição mista aristocrática nem à plebeia. Não por acaso, a interpretação de Manin recorre à ideia de *uma vontade do Povo*, distinguindo nela uma vontade irracional, ilusória, de uma vontade racional, senão verdadeira, pelo menos razoável e mais próxima dos interesses permanentes do próprio Povo. Os representantes, nesse sentido, e com a ajuda do sistema de *checks and balances*, teriam o papel de encontrar tais interesses e, em suas decisões, representá-los. Em outras palavras, supõe-se, no final do processo de filtragem, a possibilidade da *representação do Povo em seu conjunto*, e não apenas a representação (num sentido mais fraco) de suas partes. E é isso que o autor reconhecerá explicitamente, ao dizer que os escritos federalistas, graças a essas noções, acabam promovendo uma ruptura com a tradição da constituição mista em favor de outra, evidentemente mais moderna, que é a da *soberania popular*: "Uma vez que o povo tinha assim a palavra final, ele era soberano no senso preciso que a teoria política dá a esse termo. O conceito moderno de soberania foi construído, por teóricos como Bodin e Hobbes, em oposição explícita ao ideal do regime misto. Havia uma estrita incompatibilidade entre a noção de soberania e o modelo da constituição mista. Ao contrário, freios entendidos como artifícios de adiamento eram compatíveis com a existência de um soberano" (id., ibid., p. 61).

Como admitido antes, essa é uma interpretação não só engenhosa, mas também muito plausível, e não se pretende colocá-la em questão aqui. Na verdade, ela reforça ainda mais a percepção de ambiguidade da revolução americana em sua autorreflexão, também expressa no novo conceito de constituição que ela esboça. O que a leitura de Manin adiciona ao que se disse anteriormente nesta seção é que, além das "recaídas" a motivos clássicos da teoria da constituição mista, em meio a argumentos predominantemente não clássicos, maquiaveliano-plebeístas, da mesma tradição, há indícios também de uma outra série de influências, agora contrapondo *toda* a vertente da constituição mista, de um lado, e a vertente *soberanista*, de outro. Finalmente, essa segunda ambiguidade sugere a hipótese de uma transição, ou um momento de passagem, de uma vertente para outra. Há que explorá-la no próximo capítulo.

Capítulo III

Passagem para o Estado

No capítulo anterior, discutiu-se uma variação da teoria da constituição mista, mostrando as inovações e os questionamentos que ela faz ao legado clássico. Ao mesmo tempo, não se deixou de assinalar algo profundamente desconcertante de sua contribuição: ao propor a intrínseca ligação entre a liberdade da república e sua expansão, a constituição mista plebeia torna mais aguda a consciência dos limites da república, vale dizer, o problema da corrupção. Sua elaboração aponta que a corrupção é mais do que uma ameaça à república – é seu próprio destino.

Não que essa variante da teoria não desenvolva uma resposta ao problema, como também já se indicou: rigorosamente falando, pode-se evitar a corrupção tanto quanto os seres vivos podem evitar a morte; a república plebeia a encontrará inescapavelmente, embora jamais venha a saber ao certo o dia e a hora – o que faz toda a diferença. O esforço político, portanto, é no sentido de adiá-la (a corrupção) ao máximo e criar o fôlego necessário para que a república possa realizar seu ciclo e dizer, por seus feitos, a que veio ao mundo. Tal é a resposta heroica, maquiaveliana, à precariedade dessa forma política – sem dúvida, bem reveladora do que ela continua a dever ao legado clássico. Porém, uma resposta que, por mais verdadeira e consistente que seja, significa um atestado de resignação à mortalidade da república: o desconcerto mencionado encontra-se todo aí.

Este capítulo fará uma reconstrução sintética de uma resposta que, ao rebelar-se contra essa resignação, acaba rompendo com toda a teoria da constituição mista. Dessa resposta o leitor tem sido avisado desde o início do presente estudo. Trata-se do legado teórico do *soberanismo*, comprometido que está com a elaboração de uma forma política alternativa: o Estado. Antes, porém, de reconstruir seu conceito, há que discutir um pouco mais o problema da corrupção e mostrar por que ele é fundamental para o entendimento dos limites da república concebida como uma constituição mista.

República, corrupção e as imagens do tempo

Ao contemplar a história do pensamento político moderno, causa um certo espanto notar que alguns dos lances mais ousados dessa tradição, e as práticas que neles se inspiraram, tenham sido feitos a partir de idealizações sobre a política da Antiguidade clássica. O caso mais notório é o humanismo cívico, ponto de partida de todo o pensamento republicano moderno. Nessa corrente, e mesmo entre seus intérpretes, é tão forte o esforço de identificação com a prática e o pensamento do classicismo antigo, que se chega mesmo a confundi-los, como se fossem no fundo uma coisa só, embora surgidos em épocas tão distantes entre si. Igualmente intrigante é o fato de que alguns dos conceitos mais centrais do republicanismo moderno – posterior inclusive ao humanismo cívico – tivessem como pano de fundo a imagem de uma comunidade agrária muito peculiar, inspirada, outra vez, num modo de vida que se supunha ser (e com boa dose de razão) o viver típico dos cidadãos antigos. De fato, o próprio conceito de *cidadão* empregado não deixa de ter sua dívida para com a imagem do "lavrador" ou "fazendeiro" independente que vivia nessas comunidades. É bem conhecido que esse conceito de cidadão se articulará – na história do republicanismo revolucionário que emerge no último quartel do século XVIII – com a noção de soberania popular, ideia estritamente moderna (que nem gregos nem romanos conheciam), e sem a qual é impossível entender os princípios democráticos de nosso próprio tempo. Curioso, e porém menos lembrado, é o fato de que originalmente a ideia se inspirasse naquela mesma imagem da *civitas* como uma comunidade agrária – muitas vezes vazada em tom nostálgico –, na qual cabia como uma luva a figura ancestral do lavrador-fazendeiro independente. Contudo, numa surpreendente reversão da intenção original de seus inventores, não demoraria muito para que fosse devidamente reinterpretada e filtrada, ensejando propostas teóricas ou práticas que apontavam para idealizações alternativas, para não dizer conflitantes, das que visavam a comunidades agrárias. Prova, mais uma vez, da plasticidade do pensamento político, capaz de adaptar-se a tantas mudanças de história e geografia. Justamente nesse discreto trânsito da imagem do comunitarismo agrário clássico-antigo para algo distinto – que será necessário nomear ao final desta seção – pode-se encontrar uma chave importante da passagem da constituição mista para o Estado[1].

---

1. Trata-se, bem entendido, de uma passagem *conceitual*, e não de uma passagem em sentido cronológico, pois o interesse principal do presente estudo não é a gênese factual da forma política, mas seu desenvolvimento intelectual.

Por outro lado, mas em estreita ligação com esse ponto, a análise da figura do lavrador-fazendeiro independente como sinônimo do cidadão por excelência projeta uma luz sobre o problema do nexo entre a república e a corrupção. Para começar, é obviamente *impossível pensar o cidadão sem a cidade*. Por certo, não se deve perder de vista que o cidadão e a cidade são antes ideias normativas do que tipos empíricos ou sociológicos. Contudo, o cidadão não passaria de uma figura puramente abstrata se não se levasse em conta a infraestrutura da cidade, isto é, a *urbs*, o espaço urbano. Este fornece, física e simbolicamente, o centro, o coração da cidadania, seu ponto de convergência: para lá acode a pluralidade de tipos sociais que integram o corpo dos cidadãos. O modo com que interagem nesse espaço, portanto, é muito relevante. Eis então o ponto a destacar: historicamente, as comunidades políticas clássicas, grega e romana, são o resultado de uma integração muito singular do campo (*rus*) e da cidade, do agrário e do urbano, sendo a terra arável uma referência central dessa integração. Como observa Max Weber, ao falar da diferença entre a cidade mediterrânea antiga e a cidade da Europa medieval:

> Quanto mais para o sul e de volta para a Antiguidade, mais frequente se torna a presença de grandes quantidades de campos dentro do território das cidades. Se hoje estamos muito certos em ver o típico "homem da cidade" como alguém que não cultiva seu próprio alimento, o contrário era a verdade originalmente para a maioria das típicas cidades (*poleis*) da Antiguidade. Veremos então que o "cidadão" urbano com direitos plenos era, em contraste com a Idade Média, identificado precisamente pelo fato de que possuía um *kleros* ou *fundus* [...]: um lote completo de terra arável, que o ali-

mentava. Os "cidadãos" da Antiguidade eram "cidadãos agrários" [*Ackerbürger*] (Weber, 1978, vol. II, pp. 1217-18). Falou-se de integração: na verdade, uma *integração tensa*. O próprio fato de as sociedades agrárias da Antiguidade terem requerido, como complemento necessário, a vida urbana, e vice-versa, produziu, no pensamento político da época, e mesmo em sua cultura de modo geral, as ideias opostas de um equilíbrio e um desequilíbrio. Por isso mesmo, não um equilíbrio estático, garantido para sempre, mas um equilíbrio que precisava ser ativamente preservado, zelado, já que forças centrífugas, desestabilizadoras, sempre à espreita, se faziam sentir de forma aguda. Tais forças não provinham de uma ameaça externa, estranha à vida comunitária, mas do mesmo espaço que propiciava o coração, a convergência da cidadania: a vida urbana. Em termos bem gráficos e esquemáticos: o mesmo ambiente que possibilitava a reunião e a concentração política, como o *forum* romano, era também o que ocasionava outras atividades importantes como a feira, a barganha, a compra e a venda, o contrato e o dinheiro[2]. O espaço de exercício da liberdade em seu sentido mais elevado, a vida civil, era também o da satisfação das necessidades, da troca dos bens necessários à reprodução da vida material.

---

2. "Na Roma republicana, o Fórum não se destinava unicamente às atividades oficiais. Era também zona de comércio e apresentava duas enfiadas de lojas, a norte e a sul... Estas lojas, talvez simples cabanas de madeira, inicialmente, eram propriedade do Estado, que as alugava aos comerciantes, em particular a açougueiros que aí dispunham dos seus balcões. Mais tarde, em data incerta, as lojas dos açougueiros foram transportadas para o norte do Fórum, para as *tabernae novae*. As *tabernae veteres* [as lojas mais antigas] foram então atribuídas aos cambistas que se dedicavam igualmente a operações bancárias" (Grimal, p. 192).

Encontramos nessa intersecção o tópico clássico, e de inspiração aristocrática, da cidade como lugar do limite e do excesso, que faz um paralelo com a distinção entre o mero viver e o viver bem. Pois ali onde se dava a satisfação do necessário de modo geral não estava fadado a fornecer apenas o necessário. Pelo contrário, até para que pudesse ser o lugar da compra e da venda incessantes, para que nunca faltasse o que se procurava, sua tendência era estocar, potencializar o abundante, o mais-do-que-necessário. É precisamente esse *excesso* que instigava o lado vigilante da cidadania, sua face tensa e grave, e que ecoava no ato de pensar seu exercício. Pois a propensão da vida urbana ao excesso, e portanto ao desequilíbrio, desencadeava o movimento no sentido oposto: a contenção e a restrição deliberadas, projetadas na dureza e na simplicidade da vida do campo. Já se mencionou antes a metáfora médica, hipocrática, que esse pensar suscitava: equilíbrio do mais e do menos, do quente e do frio etc. – saúde do corpo natural; equilíbrio do confortável e do rústico, do urbano e do rural – saúde do corpo civil. Porém, quanto mais se percebia na *urbs* uma fuga na direção da abundância, mais a pesada consciência cívica requisitava medidas no sentido oposto. Daí a sistemática pregação contra o luxo, *especialmente no interior das classes de escol* (mais propensas economicamente a dele se apegar), associado à corrupção da virtude e à perda da liberdade civil; pregação que, na história da república romana, chegará à beira da autoflagelação, nos tempos da expansão imperial na direção do Oriente, visto como lugar por excelência do luxo e – não por coincidência – da barbárie e do despotismo. Esse alargamento da tensão moral explica as severas leis suntuárias do período[3]. A própria expansão da vida urbana, por sua vez, não raro percebida também como excesso, como perigosa transformação da *pólis* em *megalópolis*, vai trazer, na voz dos moralistas, o resgate do estilo de vida do cidadão-agricultor. Nesse sentido, a retórica de um Catão, por exemplo, procurava conjurar o pressentimento, comum a seu grupo social, de uma ameaça fatal à república. Mas sua lembrança de um passado austero, apesar de vigorosa, não deixava de soar, já em sua época, algo nostálgico:

> Os nossos antepassados quando queriam prestigiar um homem honesto chamavam-lhe agricultor, bom lavrador [...] É dos lavradores que saem os homens mais bravos e os mais destemidos soldados, a sua profissão é a mais altamente reputada, e a sua maneira de viver a mais segura e olhada com menos hostilidade, e os que se entregam a essa ocupação são menos propensos à deslealdade (citado por Cowell, p. 97).

É interessante notar nessa passagem como as idealizações da vida agrária, ao buscarem seu sentido de grandeza, se inspiram sistematicamente no passado exemplar. Compreende-se: o passado remoto, o passado inaugural, é também o mais despojado, o mais simples e rústico. E é ali que vão se encontrar os caracteres mais eminentes da personalidade civil, com os quais se pretende renovar o presente ameaçado de corrupção. Em comparação a esse passado inaugural, ponto modelar da cidadania, o presente será sempre

---

3. Sobre a relação entre república, luxo e perda da integridade moral, ver o artigo de C. Berry, citado no capítulo anterior.

considerado o tempo da corrupção ameaçante: vale dizer, a ameaça de perda da liberdade. Como se viu, todavia, essa idealização do cidadão-agricultor tem na estrutura urbana um complemento necessário. Há que então buscar um modo positivo de integração, que aparece na ideia do equilíbrio, que também deve ser obtido no plano constitucional. Havendo excesso, ele terá de ser reabsorvido de algum modo, seja interna e moralmente, pela personalidade cívica representada na figura do fazendeiro independente, seja coletivamente, por seu fazer político. Ambas as saídas estão inscritas nas alternativas da constituição mista aqui reconstruídas, as quais, nunca é demais insistir, não se limitam a delinear arranjos e regras institucionais, mas exigem um *éthos* comunitário que lhes corresponda.

É certo que a variante aristocrática pensa ser possível contornar o problema *no interior da própria vida institucional*, conjugando a dinâmica do equilíbrio de poderes com a capacidade de absorção do excesso pela personalidade cívica, num exercício de moralidade estoica, ao mesmo tempo introspectivo e severo. Daí que o deslize e a frouxidão moral sejam o próprio signo da corrupção da cidadania. Porém, a variante plebeia, a partir de uma visão geralmente muito cinzenta da natureza humana, não se limita a apostar nessas duas vias. Como o conflito social é amplamente reconhecido como fonte da liberdade, e por isso mesmo estimulado, a teoria prevê um excesso, um desequilíbrio tão grande no interior da *civitas* que nem a personalidade cívica nem a estrutura institucional seriam capazes de absorvê-lo a contento. Há que, portanto, dar-lhe um ponto de fuga: a vida militar. Não que a vida militar não esteja inscrita na alternativa constitucional concorrente – na verdade, em ambas as alternativas ela é vista como um complemento necessário da própria personalidade cívica. Porém, na variante plebeia, a vida militar torna-se uma exigência incontornável de reequilíbrio constitucional. Esta, por sua vez, volta a cidadania para o exercício da expansão e da conquista territorial. Em suma, o excesso convertia o cidadão-fazendeiro da comunidade agrária clássica no cidadão-guerreiro, que por sua vez convertia a república numa empreitada de acumulação de espaço e de gente, normalmente à maneira de povos-clientes e de escravidão.

A recuperação do equilíbrio interno da república por essa via traz consigo, no entanto, uma angustiante contradição, e disso se aperceberam os mais argutos observadores modernos dessa história. A própria experiência exemplar da república romana a expunha: é que o sucesso da empreitada, o império conquistado, ao tornar-se peso imenso, acabava por fazer-se insucesso, ao desabar sobre a liberdade da cidadania. Montesquieu, um desses observadores, não poderia ter apontado o problema de modo mais claro em suas *Considerações sobre as causas da grandeza dos romanos e de sua decadência*. Primeiro, a gradual diminuição da autoridade civil em favor da autoridade militar: "quando as legiões cruzaram os Alpes e o mar, os guerreiros que se foi obrigado a deixar nas regiões subjugadas, durante várias campanhas, aos poucos perderam o espírito de cidadãos. Os generais, que dispunham de exércitos e reinos, sentiram sua força e não mais puderam obedecer. Assim, os soldados começaram a reconhecer tão somente seu general [...] Já não eram mais os soldados da República, mas de Sila, de Mário, de Pompeu ou de César" (op. cit., IX, p. 71).

Segundo, a emergência de uma nova massa de cidadãos sem identidade com a república e dependente de cidadãos poderosos: "Se a grandeza do Império corrompeu a República, a grandeza da cidade igualmente a corrompeu [...] Transformados os povos da Itália em seus cidadãos, cada cidade levou para ela seu espírito, seus interesses particulares e sua dependência de um grande protetor. Dilacerada, a cidade deixou de formar um todo unido". Montesquieu não está, nessa passagem, criticando os conflitos civis em Roma, como se fossem a causa de sua decadência. Pelo contrário, como Maquiavel, ele crê que tais conflitos tenham preservado sua liberdade. Porém, com a expansão e a consequente perda do "amor à pátria" pela nova cidadania, as boas "divisões" acabaram convertendo-se no seu oposto: "Foi apenas a grandeza da República que causou o mal e transformou em guerras civis os tumultos populares." Poderia ter sido diferente? Aqui, sim, sua conclusão, bem ao espírito do Século das Luzes, é menos resignada do que a ideia do ciclo inexorável das constituições: "Uma República sábia não deve arriscar nada que a exponha à sorte ou ao azar: o único bem a que deve aspirar é a perpetuidade de seu Estado" (id., ibid., IX, pp. 71-4).

Se os conflitos civis levam à liberdade da república, que então levam à sua grandeza e, no fim das contas, à sua ruína, não estaríamos diante de mais do que uma contradição lógica, mas dos próprios limites da constituição mista plebeia? E haveria um modo de superá-los? Foi visto no capítulo anterior que a concepção de história maquiaveliana, fundamental na alternativa plebeia, impõe esses limites e os torna incontornáveis. É, em essência, a mesma que informa o ciclo polibiano das constituições. Costuma-se chamá-la de "concepção cíclica" da história, e convencionou-se atribuí-la aos historiadores e pensadores políticos da Antiguidade. Se tal concepção pode ser assim generalizada, é algo muito controverso[4]. Mas, se for verdade que essa leitura é uma "invenção moderna", como afirma A. Momigliano, por certo Maquiavel inadvertidamente ajudou a construí-la, na medida em que apresentou essa visão no mesmo compasso em que procurava compreender a política dos romanos e, de resto, de toda a Antiguidade clássica. Mas não cabe resolver a controvérsia aqui. Importa apenas ter em mente os vínculos dessa concepção com a imagem do tempo que a acompanha, e os limites da constituição mista plebeia.

Enfim, a concepção de Maquiavel faz pensar que as repúblicas tenham um nascimento, crescimento, apogeu, declínio e morte. É como se a forma política imitasse – embora com qualidades e ritmos próprios – o ciclo da natureza. Cosmologicamente falando, esse é o cerne da ideia de corrupção. Mas, se todas as repúblicas estão assim fadadas, que diferença faz a sua constituição? O que a torna melhor ou pior – em suma, qual o ponto da constituição mista? A diferença está, como se viu, na capacidade de a boa constituição "esticar" o ciclo o máximo possível e imprimir um ritmo excelente à vida civil, permitindo que tenha uma existência gloriosa. "Glória" e "grandeza" são termos que andam juntos nessa concepção, ainda que a levem a aceitar,

---

4. Para uma crítica às metáforas geométricas do tempo, ver F. C. Teixeira, pp. 38-42.

como sua contrapartida, a corrupção e o perecimento da república. Mas o aspecto central do argumento não é a cosmologia em si, mas a ética que a informa. Importa menos, nesse sentido, que Roma tivesse de perecer, e sim que a cidade, no intervalo entre nascimento e morte, houvesse realizado grandes feitos, esses imortais, por sua qualidade e não por sua duração.

Note-se o raciocínio consistente de Maquiavel: a história é cíclica porque os recursos político-morais – a "quantidade" de *virtù* – à disposição da humanidade são finitos. A finitude de *virtù* impõe a finitude do tempo da república, de modo que a dimensão do tempo não é um recurso disponível para resolver o desequilíbrio constitucional que advém dos conflitos sociais. A falta desse recurso é compensada então pela dimensão espacial, que repõe o equilíbrio através da ampliação da república. Porém, uma reposição apenas provisória, pois na verdade a expansão territorial é uma "fuga para a frente", um adiamento da corrupção e não seu banimento. Se o nível de conflito fosse outro, bem menor, como desenhado nas variantes da constituição mista clássica, seria mais plausível pensar medidas para garantir a estabilidade da república. De fato, o próprio Maquiavel, como se viu, admite que Esparta e Veneza, dois casos exemplares da alternativa aristocrática, eram mais estáveis internamente. Porém, isso tinha o seu preço: menos liberdade para o conjunto dos cidadãos, e menos glória para a república. Ocorre justamente o contrário quando se infunde plebeísmo (e, por conseguinte, igualdade social) à constituição mista: os conflitos civis tornam-se intratáveis se considerarmos apenas seu jogo interno – o que por certo é também um preço a pagar por essa alternativa, amplamente compensado, porém, pela glória e pela grandeza da república.

Poder-se-ia perguntar: por que Maquiavel não elaborou uma visão constitucional que cancelasse as desvantagens e somasse as vantagens dessas duas alternativas? Sua resposta, porém, é a mesma que o faz recusar o ideal da *via del mezzo*, a concepção da excelência moral aristotélica, que é desnecessário repetir nesta seção. Mas há que prestar atenção a seu íntimo nexo com a lógica das quantidades finitas de sua concepção do tempo histórico, a qual informa também a famosa passagem do *Príncipe* sobre a *verità effettuale della cosa*: "E muita gente imaginou repúblicas e principados que nunca se viram nem jamais foram reconhecidos como verdadeiros..." Enfim, a lógica implacável da quantidade finita de *virtù* impede que as duas alternativas constitucionais em oposição possam se tornar uma só. E isso compele a que se faça uma escolha do tipo *tertius non datur*: ou uma, ou outra. No fundo, é o reconhecimento da consistência desse raciocínio, e sob a influência dele, que faz o presente estudo apresentar a teoria da constituição mista como resultando, a despeito de seus traços comuns, em duas alternativas em competição, o que leva a reconhecer também seus respectivos dilemas.

Voltemos agora ao argumento de Montesquieu. Registrou-se parágrafos acima sua insatisfação com o destino da república, que, ao buscar sua grandeza, acaba perecendo, tal como ocorrera exemplarmente com Roma. Esse balanço da história romana, como se sabe, informa decisivamente sua avaliação posterior, lavrada em *O espírito das leis*, de que as repúblicas, ao contrário das monarquias, não podem dedicar-se à aquisição de novos territórios e populações sob pena de deixarem de ser o que elas são: um regime de liberdade e igualdade. Ao formular essa máxima, o autor, evidentemente, não estava interessado apenas no passado clássico, mas em questões muito práticas de seu tempo, relacionadas ao problema das tendências de expansão imperial dos países europeus, em particular as possessões coloniais na América. Como essas tendências afetariam suas constituições políticas? Tal como Maquiavel havia sugerido nos *Discursos*, Montesquieu percebe uma diferença importante de padrão de conduta das metrópoles para com as colônias, dependendo de sua forma política: "o espírito da monarquia é a guerra e o engrandecimento", enquanto "o espírito da república é a paz e a moderação" (*O espírito das leis* IX, cap. 2). Contudo, ao contrário do que essas frases possam insinuar, o problema não é uma suposta superioridade militar das monarquias, mas a compatibilidade entre o tipo de regime político e o expansionismo. O fato é que as monarquias apenas estendem para suas províncias o princípio de subordinação que já é próprio aos súditos da metrópole; e, se a subordinação fosse moderada no centro, também poderia sê-la na periferia. Ao contrário, as repúblicas são levadas a estabelecer nas províncias conquistadas, ou seja, nos domínios do império, uma subordinação que é estranha aos cidadãos da metrópole. Assim, em Roma, "a liberdade estava no centro e a tirania nas extremidades". Daí que o governo republicano "é sempre odioso para os Estados subjugados. É monárquico por ficção [nas extremidades] mas, na verdade, é mais duro do que o monárquico" (id., XI.19; e X.7).

Contudo, essas observações do pensador francês deixam entrever algo mais – algo que explica por que ele aponta a solução federativa como uma saída para o dilema das repúblicas. (Recorde-se do dilema: se elas são pequenas, podem ser destruídas por forças estrangeiras; se grandes, por forças internas.) Em vista dos princípios que norteiam a vida de uma república, no fim das contas é impossível compatibilizar a liberdade de seus cidadãos e a manutenção de um grande império territorial. Das duas, uma: ou os cidadãos da metrópole são rebaixados todos à condição de súditos, como nas "extremidades" do império, e então a república deixa de existir até mesmo no centro, cedendo a um regime de dominação; ou os súditos do império se tornam todos eles cidadãos, o que significa tornar cada parte do território imperial uma espécie de república. Isto é, ou o império absorve a república, ou a república absorve o império. Esta última alternativa, é claro, nos leva de volta ao problema da construção de uma república na América inglesa independente e nos leva, especialmente, à ideia de *constitutio libertatis*, que Hannah Arendt atribui a Madison e ao partido federalista. No capítulo anterior, apontaram-se as afinidades entre a visão de Madison e os princípios da constituição mista plebeia. Em particular, o nexo entre a gestão dos conflitos sociais e o tamanho da república. O tom dissonante refere-se justamente à solução federativa, a perspectiva otimista de uma estrutura modular da constituição, que converteria os territórios anexados em unidades republicanas menores dentro de uma república maior. O equilíbrio constitucional interno seria então preservado não pela conquista pura e simples, mas pela multiplicação da república original em um número indefinido de novas repúblicas, encaixando-as umas às outras no quadro da Constituição Federal.

Já se reconheceu neste estudo a plausibilidade dessa perspectiva, e mesmo a aparência de sua efetividade histórica, tendo em vista a capacidade que a república americana demonstrou ao longo do século XIX de incorporar os novos territórios a oeste à estrutura federativa. Ao mesmo tempo, porém, é preciso deixar bem marcados os limites que a concepção maquiaveliana da constituição mista plebeia impõe à saída federalista. Pois o cerne de sua cerrada argumentação – do qual Madison se vale profundamente – é que a gestão dos conflitos sociais requer permanente ampliação territorial da república. Ou seja, cada nova incorporação de território e cidadãos implicará sempre a necessidade de mais espaço para que a república dê vazão aos novos conflitos. Mas o que aconteceria à balança da constituição se a expansão territorial chegasse a um limite? Como dar vazão aos novos conflitos se não houvesse mais espaço para geri-los? Não se pode esquecer que o conceito de uma "república grande" é relativo: na concepção maquiaveliana, ele é sempre relativo ao seu "tamanho" social. Na variante aristocrática da constituição mista, uma república pode ser pequena em termos espaciais, porém suficientemente "grande" em vista da baixa intensidade de conflito social que a caracteriza; porém, não na variante plebeia que, por conta de seu dinamismo social, ao incorporar mais conflitividade, mais exigirá territorialidade. *Não há, portanto, solução espacial definitiva no ambiente dessa forma política.*

Por certo, insista-se, esse enquadramento, e seus respectivos dilemas, é inteiramente devedor de uma concepção do tempo histórico que, em vista da finitude da *virtù*, fecha num ciclo as possibilidades da ação humana. Uma outra imagem do tempo, distinta daquela concebida por Maquiavel, teria de estar disponível aos *framers* da república americana para que esses dilemas da constituição mista não tivessem pertinência. De fato, uma nova filosofia da história estava em gestação no âmbito do Iluminismo europeu, e seus termos políticos já se insinuavam no final do século XVIII: ela orientará todas as ideologias revolucionárias a partir da Revolução Francesa. Há escassos indícios, porém, de que as lideranças americanas já tivessem, no momento da formação da nova república, plena consciência dessa imagem temporal alternativa e, mais, de que a tivessem incorporado à elaboração política. Sem dúvida, conforme se mostrou na última seção do capítulo anterior, a inteligência da revolução americana carrega fortes ambiguidades em relação à forma política, notáveis quando aquela elaboração procura abrir novos caminhos em campos como o da representação política e no próprio uso do termo "revolução". No entanto, eles permanecem desligados de uma reflexão sobre a história. Na verdade, a república americana continuará infensa à nova concepção do tempo desenvolvida na Europa ainda por um bom período, antes de se deixar contagiar minimamente por ela – minimamente, isto é, se descontarmos as reiteradas críticas à falta de "historicismo" de que, até hoje, a cultura anglo-americana é objeto.

O leitor, certamente, já terá adivinhado de que concepção alternativa de tempo histórico está se falando aqui. Seu cerne é o que se convencionou chamar de "filosofia do progresso". Mas não se trata de resenhar os múltiplos aspectos dessa concepção, de resto um tema que já recebeu excelentes e exaustivas pesquisas. O que se pretende indicar nesta análise, e muito esquematicamente, é seu papel na passagem de uma forma política a outra.

Falou-se nas idealizações políticas da comunidade agrária antiga – "utopias agrárias", para simplificar – e discutiu-se como elas informam o conceito de cidadão e o problema das relações entre a república e a corrupção. Finalmente, foi feita uma menção a sobrevivências ou resiliências dessas utopias no pensamento político moderno, em especial no republicanismo. Menção que se impõe um tanto vaga, pois não poderá ser detalhada no presente estudo. Mesmo assim, vale nomear, rapidamente, dois exemplos que interessam bem de perto o que se vai discutir, pois marcam uma virada do pensamento sobre a república nas últimas décadas do século XVIII. Essa virada relaciona-se à ideia de soberania popular.

O primeiro exemplo, mais ou menos óbvio, é o pensamento de Jean-Jacques Rousseau, considerado um dos pais da ideia. Rousseau inspira profundamente a inteligência revolucionária europeia, embora ele próprio estivesse longe de se considerar um pensador revolucionário. Ainda que a soberania popular fosse um conceito com grande futuro pela frente, as referências sociais e históricas inspiradoras do autor voltavam-se para um passado distante que não raro emprestavam aos seus textos – mesmo em várias passagens do *Contrato social*, sua obra-prima política – esse quê nostálgico que já se flagrou antes em outros autores. Esse passado, como sempre, remete à *civitas* clássica-antiga como núcleo da comunidade agrária ideal. É a ela que Rousseau vai recorrer, ao longo do *Contrato social*, para ilustrar os conceitos mais abstratos de seu tratado político. Assim, na parte final, são os romanos e as instituições da república romana – as assembleias, a censura, o consulado, o tribunato etc. – que serão objeto de análise pormenorizada, como um modelo a seguir. Mas instituições para que tipo de cidadão, para qual estilo de vida? O autor deixa poucas dúvidas a esse respeito:

> O gosto dos primeiros romanos pelo campo é bem conhecido. Eles o herdaram do sábio fundador que combinava trabalhos militares e rústicos com a liberdade, e por assim dizer relegava à cidade as artes, engenhos, intriga, fortuna e escravidão. Assim, desde que todos os mais ilustres em Roma viviam no campo e aravam a terra, tornou-se costumeiro procurar apenas lá os sustentáculos da República. Como esta era a condição dos patrícios mais valorosos, era honrada por todos. A vida simples e dura do povo do vilarejo era preferida à vida desocupada e laxa do burguês em Roma. E alguém que teria sido nada mais que um desprezível proletário na cidade tornava-se um respeitado cidadão como um fazendeiro nos campos (Rousseau, *O contrato social* IV.4, p. 126).[5]

"Os mais ilustres em Roma viviam no campo e aravam a terra." Esse tipo ideal de cidadão ronda as narrativas românticas de fundação das repúblicas modernas. O curioso, e até enigmático, é que o pensamento de Rousseau se vale de ferramentas e conceitos abstratos – a soberania sendo o principal deles – que, de novo, a inteligência clássica-antiga simplesmente desconhecia. E tais conceitos produzirão um impacto muito maior no pensamento e na prática política posterior do que suas referências sociais concretas. É como

---

5. A página refere-se à edição brasileira da coleção "Os Pensadores" da Abril Cultural (1978), mas a tradução está modificada. As demais citações de Rousseau neste capítulo seguem o mesmo padrão.

se no discurso de Rousseau o futuro tivesse de se camuflar com imagens do passado. Mas deixemos a análise do conceito de soberania de Rousseau para outra seção deste capítulo. O segundo exemplo não é de um autor em particular, mas de uma experiência intelectual coletiva, a mesma a que se recorreu já diversas vezes neste estudo: a república americana. Mas não é um exemplo tão óbvio como o de Rousseau, pois poucos revolucionários americanos tinham, no plano conceitual, uma clara visão da ideia de soberania popular. (Thomas Paine, a quem se retornará na última seção deste capítulo, pode ser tomado como uma dessas poucas exceções.) Mais importante ainda: na leitura feita aqui, os autores do *Federalista*, comprometidos que estavam com a tradição da teoria da constituição mista, evitam o conceito – certamente não lidam com ele sistematicamente –, ainda que se possa argumentar (como Bernard Manin o faz) que ali esteja implicitamente. Por isso, no capítulo anterior, falou-se da ambiguidade do pensamento revolucionário americano.

O escopo dessa ambiguidade se amplia ainda mais se lembrarmos que à fundação da república mescla-se também uma utopia agrária. O trabalho de Richard Hofstadter, sobre o influente movimento populista nos Estados Unidos do final do século XIX e início do XX, faz essa recordação com maestria no primeiro capítulo do livro. Falando da liderança intelectual ("the articulate people" – "as pessoas articuladas") dos primeiros anos da república, o autor observa: "as pessoas articuladas eram irresistivelmente atraídas pelo aspecto não comercial, não pecuniário e autossuficiente da vida americana da fazenda. Para elas era um ideal. Escritores como Thomas Jefferson e Hector St. Jean de Crèvecoeur admiravam o simples lavrador [*yeoman farmer*] não por sua capacidade de explorar oportunidades e fazer dinheiro, mas por sua operosidade honesta, sua independência, seu espírito francamente igualitário, sua capacidade para produzir e desfrutar de uma modesta abundância" (Hofstadter, p. 23).

Impossível não ficar, outra vez, um tanto perplexos em constatar a grande influência política desses ideais agrários ainda muito tempo depois dos anos de fundação da república. Mesmo nos primeiros tempos já se percebia que o país marchava com vigor quase irresistível "do campo para a cidade", como assinala o próprio Hofstadter – e para um tipo de cidade com características muito diferentes da cidade antiga, que, porém, como em Rousseau, excitava a imaginação dos líderes americanos. É bem curioso, enfim, que uma utopia agrária tivesse orientado a inteligência política de um país que se tornaria depois a mais poderosa sociedade industrial do planeta.

Mas por que essa questão deveria nos interpelar tanto aqui? Porque ela oferece a ocasião para reavaliar o problema das relações da república e da corrupção com imagens alternativas do tempo histórico. Mostrou-se parágrafos acima como a constituição mista, mesmo em sua versão plebeia – ou especialmente nela –, está atada a uma concepção da história na qual a dimensão espacial é a única possibilidade para dar vazão ao *excesso* da república. Isto é, o excesso que provém da intensificação dos conflitos sociais e, relacionado com esta, o da própria abundância, traduzida na afluência material, no luxo, mas também no embaraço provocado pelo afrouxamento dos costumes e dos deveres políticos. Segundo essa visão, enquanto o espaço for um recurso disponível – no movimento de contínua ampliação da república – para absorver o excesso, o jogo constitucional da forma política se reequilibra dinamicamente. Tão logo esse recurso se esgota, porém, o jogo perde sua flexibilidade e termina bloqueado, levando ao beco sem saída da corrupção.

A inconformidade com esse horizonte e, portanto, com a forma política que o acolhe convida a uma imagem alternativa do tempo histórico. Entende-se por quê: na constituição mista plebeia, o tempo é uma dimensão fechada, um recurso fixo e sem elasticidade. Poder-se-ia dizer: é o tempo das utopias agrárias, o tempo da natureza, circular e reiterativo – nascimento, crescimento, apogeu, declínio, morte e assim sucessivamente. A imagem alternativa, evidentemente, requer a abertura do tempo. Mas a partir de que nova idealização comunitária, de que novas utopias? O próprio *pensamento social* que emergia no Século das Luzes, mencionado no capítulo anterior, já estava indicando uma resposta a essa pergunta, na forma de uma reflexão sobre um objeto do qual a história do pensamento clássico dá poucas notícias – ou seja, a economia política. E sabemos qual o seu ponto de partida: o trabalho. Não há nada similar nas utopias agrárias da Antiguidade, pelo simples motivo de que a distinção entre o homem livre e o escravo nunca fora efetivamente contestada pelos pensadores clássicos. E essa distinção estava na base de sua ênfase na propriedade da terra. O trabalho era então associado à condição mais inferior e mais destituída possível – a do próprio escravo.

Isso já poderia ter sido diferente no pensamento político do Renascimento – em vista, por exemplo, da importância das guildas de artesãos nas cidades-repúblicas italianas, onde esse pensamento cresceu[6] –, como de fato começou a sê-lo em outras manifestações do pensamento social, mas não parece haver em nenhum dos grandes autores cívico--humanistas, ou seus herdeiros imediatos, uma atenção especial ao trabalho a ponto de torná-lo uma referência crítica da elaboração política. Algo sensivelmente distinto começa a ocorrer no desenvolvimento do pensamento jusnaturalista e contratualista moderno, inclusive o de origem católica e tomista, que pode ser considerado o precursor da economia política[7]. Pois, graças ao conceito de "estado de natureza", abre-se todo um horizonte intelectual para contestar o estatuto da escravidão. Por essa via se dá a passagem do reconhecimento não apenas da dignidade social do trabalho, mas também de sua dignidade *política*, para finalmente torná-lo um novo paradigma da liberdade. Liberdade é, precisamente, a palavra-guia, a estrela polar de toda a tradição do pensamento político sobre a república que, enxertada num conteúdo social renovado, provoca a reinterpretação da forma política, do sentido de liberdade da própria república.

Para um contraponto às utopias agrárias, pode-se falar então das *utopias do trabalho* e do que elas oferecem de subsídios para uma imagem alternativa do tempo histórico[8]. Esta

---
6. Para um estudo sobre o papel das guildas na organização política dessas cidades, ver Najemy (1979 e 1982).
7. Ver o minucioso trabalho de Knud Haakonssen (1996), especialmente os capítulos 3, 4 e 7, sobre as relações entre o jusnaturalismo e o Iluminismo escocês, um dos pontos de partida do pensamento social de que se fala aqui.
8. A expressão "utopias do trabalho" pretende ser suficientemente vaga para abarcar uma gama de opções ideológicas divergentes, inclusive o socialismo e o liberalismo clássicos. Deixando de lado essas divergências, o argumento ora exposto, como se advertiu, só quer indicar um contraponto genérico, no campo da história intelectual, ao que se chamou de "utopias agrárias".

guarda forte afinidade com o tempo requerido pela sociedade do trabalho: o tempo do *artefato*, aberto e potencialmente infinito. Trata-se de um correlato do próprio cosmo da revolução científica do século XVII, que aliás embala cognitivamente essas utopias: o universo aberto e infinito. Nas palavras de Marcel Gauchet: "O futuro está para o tempo assim como o infinito está para o espaço."[9] E o tempo aberto, que é o futuro ilimitado, pode ser enxertado de valor, na medida em que seja visto como resultado da ação humana. Essa é *a ideia do progresso*. O progresso é o tempo-artefato que, evidentemente, requer seu artífice: o próprio homem. Diferentemente do Deus-artífice do cristianismo, do qual jamais poderia ser um substituto, esse ser é finito e, portanto, tem de supor um mundo preexistente que não criou. Resta operar sobre esse mundo, para o que só pode contar com a infinita largueza do tempo.

Essas três ideias – progresso, trabalho e humanismo radical – carregam, cada qual, sua própria história e desenvolvimento, mas tenderam a formar, nas condições intelectuais modernas, um tripé que acabou animando uma nova teoria da forma política. Nela, o futuro se oferece como um recurso – ainda que estritamente imaginário –, um dispositivo alternativo à dimensão espacial para absorver o excesso da república. Aquele mesmo excesso que, com a introdução do plebeísmo e da igualdade social, intensifica o conflito entre as classes e põe tensão sobre a personalidade cívica e sobre o equilíbrio constitucional. O futuro dá aos sujeitos políticos (os cidadãos) e à própria estrutura constitucional

---

9. Gauchet (1997), p. 176.

um esquema, um "horizonte de expectativas" – para usar o termo de Reinhard Koselleck – que redistribui o excesso no tempo, e não mais no espaço territorial. Como o tempo aberto das utopias do trabalho é potencialmente infinito, a contínua expansão territorial da república deixa de ser uma necessidade e, por isso mesmo, deixa de ser um dilema. E isso guarda íntima relação com a possibilidade de mudança do ideal de cidadão e seu correspondente *estilo de vida exemplar*. Porém, é mais sinuoso o caminho teórico que vai do cidadão das utopias agrárias para o cidadão das utopias do trabalho. A sugestão do presente estudo é que a ponte conceitual que permite esse deslocamento é a noção de *soberania*. Como já se adiantou, ela é a base da passagem da constituição mista para o Estado. Contudo, é um aporte intelectual anterior à descoberta da economia política, à revolução americana e ao próprio Rousseau. O que nos obriga a fazer um novo recuo de época para encontrar os lances pioneiros de sua formulação.

Soberania, artifício e representação política

Já foi dito antes que o conceito de soberania é um desenvolvimento moderno do pensamento político e, portanto, desconhecido pelos antigos. É verdade que eles conheciam conceitos aparentemente similares, como o da "autossuficiência" (*autárkeia*) da *pólis* e o de sua autoridade "suprema" (*kýrios*). Nem um nem outro, porém, dão conta da ideia de soberania que, de suas origens medievais, dá um salto no século XVI e se aperfeiçoa no decorrer do século seguinte, especialmente com a obra de Thomas Hobbes[10]. Em primeiro lugar, a autossuficiência remete às ideias de bem supremo, boa vida e satisfação (*eudaimonía*), cruciais na Ética antiga, e que são transportadas para a filosofia política, traduzindo a finalidade (*telos*) da comunidade cívica. (A filosofia de Aristóteles deu à conexão desses termos sua formulação mais notável, mas a questão não é exclusiva desse autor[11].) Nada disso é usado para fundamentar a soberania, sendo que Hobbes chega até a recusar sentido às ideias de autossuficiência e bem supremo, criticando sua clássica oposição ao "mero viver"[12]. Projetada para a política, essa crítica propõe que o atributo da soberania é perfeitamente compatível com a "insuficiência" de uma comunidade, isto é, sua insatisfação em termos de bem. Exatamente porque insuficientes nesse sentido, certas entidades coletivas (os Estados) podem ser soberanas e, ao mesmo tempo, interdependentes entre si. O que importa à soberania é a *autonomia* – a capacidade dos Estados de se darem leis e decidirem seu próprio destino – e não a autossuficiência.

Em segundo lugar, o conceito de soberania implica, certamente, a noção de autoridade suprema: a questão é como

---

10. Para um excelente estudo, em língua portuguesa, das origens medievais do conceito de soberania, ver R. Kritsch. Ver também J. C. Brum Torres, (1988), cap. 2.
11. Quanto à discussão sobre o conceito antigo da *pólis* como *autárkeia*, ver P. Veyne, pp. 108 ss. Para a visão de Aristóteles, ver Mulgan, pp. 21-3.
12. "A felicidade desta vida não consiste no repouso de um espírito satisfeito. Pois não existe o *finis ultimus* (fim último) nem o *summum bonum* (bem supremo) de que se fala nos livros dos antigos filósofos morais" (*Leviatã* I.11, p. 60). Ver L. Strauss (1950), pp. 188 ss., para uma análise mais ampla das consequências dessa crítica. (Essa página do *Leviatã* e as citadas a seguir referem-se à edição brasileira publicada pela coleção "Os Pensadores", da Abril Cultural (1983). Mas a tradução dos textos citados nesta seção foi modificada em alguns trechos.)

justificá-la e dar-lhe consistência. Com isso em mente, os autores pioneiros da visão moderna de soberania eram críticos intransigentes da teoria da constituição mista, acusando-a de ser completamente avessa àquela noção, mesmo quando a admitia. Daí as palavras ásperas que Hobbes dirige à teoria no *Leviatã*, comparando o "governo misto" à divisão da "alma" em três faculdades descoordenadas, o que resulta num regime de facções: "Pois embora poucos percebam que tal governo não é governo, mas a divisão da República [*Commonwealth*] em três Facções, e o chamem de Monarquia mista; mas a verdade é que isso não é uma República independente, mas Facções independentes." Sarcasticamente, ele diz que a divisão de uma mesma pessoa em três poderia até fazer sentido em Deus e no "Reino de Deus", mas não "quando são os homens que reinam e estão sujeitos à diversidade de opiniões". Mas, "se o Rei representa a pessoa do Povo e a Assembleia geral também representa a pessoa do Povo, e uma outra Assembleia representa a pessoa de uma Parte do povo, não há apenas uma Pessoa, nem um Soberano, mas três Pessoas e três Soberanos". Justamente por isso, tal concepção vai "plena e diretamente contra a essência de uma República" (*Leviatã* II.29, p. 197).

Na mesma linha, Jean Bodin, o grande predecessor de Hobbes, já havia alertado, nos *Seis livros da República*, para a incompatibilidade da ideia de uma constituição mista com a da soberania: "Mas realmente combinar a monarquia com a democracia e com a aristocracia é impossível e contraditório, e nem mesmo pode ser imaginado. Pois se a soberania é indivisível, como mostramos, como ela poderia ser compartilhada por um príncipe, os nobres e o povo ao mesmo tempo?"

(*Seis livros da República* II.1, p. 92). Bodin está nessa passagem criticando explicitamente os pensadores clássico-antigos que defenderam a teoria, além dos autores italianos renascentistas citados no primeiro capítulo deste trabalho. Muito se poderia dizer a respeito dessas críticas. Mas o aspecto marcante da teoria da soberania que se pretende salientar nesta seção é seu cruzamento com os conceitos de representação e as ideias de artefato e cidadania individual. A fórmula hobbesiana fornece a solução canônica, sobre a qual será preciso falar. Segundo Hanna Pitkin, Hobbes é o primeiro autor de peso da tradição do pensamento político a dar ao termo "representante" uma envergadura teórica, ao identificá-lo com a noção de *pessoa artificial*, a pessoa do soberano. Em seu estudo sobre a origem e evolução do conceito de representação, Pitkin salienta que, embora o termo "representação" tenha origem latina (romana), os romanos mesmos não o usavam em sentido político. A palavra passa a ser empregada pela Igreja medieval com um conteúdo teológico – a Igreja e o papa como "representantes" de Deus no mundo –, que, porém, não demora para se ampliar e ganhar uma dimensão propriamente terrena. A partir do século XVII, representar já significava, em diversas línguas europeias, colocar-se no lugar de algo ou alguém ou, para destacar seu papel jurídico e político, *agir* no lugar de alguém[13].

Em sua elaboração da teoria da soberania, o próprio Hobbes não atinou para a importância do conceito em suas primeiras obras, talvez porque a palavra já fosse usada para designar os membros do Parlamento inglês, cujo ativismo

---

13. Cf. Pitkin (2006), pp. 17-21; e pp. 28-9 (sobre Hobbes).

contra a Coroa nos anos 1630 e 1640 o filósofo repudiara. No *Leviatã*, porém, ele resolve se apropriar do termo e dar-lhe um *status* teórico inédito[14]. A questão é elaborada no muito citado capítulo XVI do livro, e costuma ser interpretada como a base de uma das possíveis concepções sobre o que significa representar politicamente: a *authorization view* (a expressão é de Pitkin), que enfatiza a ideia da substituição do representado pela pessoa do representante. Embora, sem dúvida, a ideia esteja claramente intencionada pelo autor, há um outro aspecto que vale a pena destacar, por seu impacto futuro no conceito de soberania. Trata-se da ideia de *deslocamento* ou *distanciamento*, que o próprio Hobbes sugere quando usa uma metáfora teatral para esclarecer sua concepção:

> A palavra "pessoa" é de origem latina. Em lugar dela os gregos tinham *prósopon*, que significa *rosto*, tal como em latim *persona* significa o *disfarce* ou a *aparência exterior* de um homem, imitada no palco. E por vezes mais particularmente aquela parte que disfarça o rosto, como máscara ou viseira. E do palco a palavra foi transferida para qualquer representante da palavra ou da ação, tanto nos tribunais como nos teatros. De modo que uma *pessoa* é o mesmo que um *ator*, tanto no palco como na conversação corrente. E *personificar* é *representar*, seja a si mesmo ou a outro; e daquele que representa outro diz-se que é portador de sua pessoa, ou que age em seu nome... Recebe designações diversas, conforme as ocasiões: *representante, mandatário, lugar-tenente, vigário, advogado, deputado, procurador, ator,* e outras semelhantes (*Leviatã*, cap. XVI, p. 96; grifos do autor citado).

---

14. Para uma reconstrução do debate sobre representação e soberania durante a guerra civil inglesa e a intervenção de Hobbes nesse debate, ver Ostrensky.

O vínculo entre máscara e representação proposto nessa passagem é rico de consequências. Antes de examiná-las a seguir, vale observar as ampliações sucessivas do sentido original de "pessoa" que Hobbes assinala: "do palco a palavra foi transferida para qualquer representante da palavra ou da ação...", até o ponto de não se conseguir mais distinguir o agir do representar. E assim age-se, isto é, representa-se, não só em ocasiões teatrais, oficiais ou públicas, mas até em ocasiões privadas e banais, como na "conversação corrente". De fato, tanto num caso como no outro, observa-se uma situação de interlocução na qual se faz imprescindível uma atitude de abertura entre as partes que buscam o contato, para que a própria interlocução deslanche. Por exemplo, uma boa conversa, por mais simples que seja, sempre requer de cada parte a disposição para trazer para dentro de si os pensamentos alheios, e até mesmo simpatizar com seus sentimentos. Sem essa abertura, ou seja, sem um movimento em direção ao interlocutor, sinalizado por uma abstenção provisória da referência ao próprio *self* em favor do alheio, o contato tenderia ao entrave: nada mais enfadonha do que uma conversa em que os interlocutores apenas falam de si.

Algo muito similar está em operação quando se relaciona o uso da máscara com a atividade de representar. Em nossos dias, é mais frequente associar a máscara à dissimulação afetada, a atitude hipócrita e cínica, do que ao problema que Hobbes destaca nesse texto. Mas, em seu instrutivo ensaio sobre o teatro, Anatol Rosenfeld lembra como a intuição genial dessa *abertura do self* possibilitou a invenção da arte dramática grega, em particular a invenção do ator.

O uso da máscara por um coro, por exemplo, já feito em festivais dionísicos e depois aplicado nas tragédias, marcava claramente a ideia de autotransformação necessária à atuação teatral: "Isso corresponde ao uso frequente da máscara ritual, que transmite aos portadores as forças e qualidades dos demônios ou deuses representados; corresponde também ao fato de Dioniso ter sido o deus da máscara e, em extensão, da metamorfose, fenômeno essencial da arte cênica: tanto os atores como os espectadores se 'transformam' nos seres representados, comungando, mercê da identificação, com seus destinos" (Rosenfeld, 1993, p. 48).

Em sua analogia entre o "ator" e o "soberano representante", Hobbes propõe a figura do "autor", que complementa a do ator. Em ambos os polos da analogia, porém, o autor é uma figura que não deve aparecer em cena. No teatro, ele *cria*, possibilita intelectualmente, porém não se apresenta, permanece como que na sombra. Na analogia hobbesiana, o autor é o "ser representado", mas que se metamorfoseia inteiramente no "ser representante", que passa a fazer tudo no "lugar de" ou "em nome de" outro. Na passagem citada, Hobbes nada fala sobre as personagens que o autor teatral cria, a fim de representar na cena não a si mesmo diretamente, mas outras coisas: outras pessoas, humanas ou divinas, e até mesmo seres não inteligentes ou inanimados. Compreende-se: o autor, o ser representado, que deve permanecer oculto, é menos um *criador* do que a *fonte* da autoridade soberana (daí a ideia da "autorização" para agir). Há que se notar, porém, a intenção hobbesiana de mostrar o que está em jogo quando se institui a soberania, que corresponde não só a uma substituição – ver-se-ão os motivos desta a seguir –, mas também a um deslocamento ou distanciamento: o movimento que vai do mundo privado para o mundo público, que corresponde à passagem da natureza ao artifício.

Para deixar o ponto mais claro, aproximemos a imagem da máscara à do *retrato*. Isto é, o retrato não como uma reprodução fiel de todas as particularidades do retratado, não como um mero espelho dele, mas como uma construção a partir do material bruto que se tem diante de si. Supõe-se, assim, que não se quer capturar o retratado em qualquer situação, mas numa perspectiva especial – digamos, numa *situação solene* que então é congelada no retrato. Essa situação poderia ser aquela em que o próprio retratado desejasse ser visto pela posteridade, se o trabalho artístico lograsse identificar ou ressaltar algum *aspecto essencial* da sua personalidade, ou então *idealizar* na perspectiva retratada um tema para sua personalidade.

Em seu estudo sobre a construção da imagem pública de Luís XIV, Peter Burke destaca esse aspecto dos retratos reais que foram objeto de sua investigação, invocando a consciente necessidade de ocultar, no retrato, a pessoa comum – aquilo que o nivelaria a todas as pessoas comuns de seus súditos – para sobressaltar caracteres de uma pessoa especial e superior: "A maioria das pinturas do rei se enquadra no gênero a que os historiadores da arte chamam de 'retrato solene', construídas segundo a 'retórica da imagem' desenvolvida durante o Renascimento para a pintura de pessoas importantes. [...] O decoro não permite que ele seja mostrado usando as roupas do dia a dia. Usa armadura, como símbolo de coragem, ou roupas ricas, como sinal de posição social elevada, e está cercado por objetos associados ao poder e à magnificência – colunas clássicas, cortinas de veludo etc. A postura e a expressão transmitem dignidade" (Burke, p. 31). O autor lembra que Luís XIV não era representado apenas no retrato, mas em variadas manifestações artísticas, inclusive literárias (poesia) e teatrais. Mas o aspecto importante a ressaltar é menos o tipo de manifestação artística do que a ideia abstrata de *máscara* que todas essas representações do rei indicam. Em pintura, literatura ou teatro, o que importa é a exposição do caráter elevado, especial, da personalidade do soberano. Isso é a máscara.

Certamente, a atividade de criar a máscara exige uma sondagem ou investigação em torno de um *self* idealizado, ainda que a partir de uma fonte original de carne e osso. Mas tal sondagem também requer que não se deixe confundir pela manifestação ostensiva, porém flutuante, desse *self* espontâneo que a fonte original exibe rotineiramente. A criação, pelo contrário, deve marcar uma distância dessa manifestação para que possa captar-lhe um *self* mais profundo ou permanente. Talvez a fonte original só tenha uma noção vaga do que isso significa se carecer dos recursos para colocá-la numa *forma*, o que apenas pode acontecer graças ao domínio de uma arte. A arte se propõe então a resolver este problema crucial: dar ao conteúdo bruto uma forma adequada. Nesse sentido, o próprio rei, antes de ser recriado pela arte, é um "ser representado", sendo o material que o constitui o mesmo de todas as pessoas comuns, seus *súditos*. Só se torna "ser representante" quando advém a pessoa pública, isto é, para usar a terminologia de Hobbes, quando deixa de ser pessoa *natural* para transformar-se em pessoa *artificial*. Enfim, o soberano é um produto da arte ou da fabricação: esses termos, que evidentemente não devem ser interpretados num sentido moralista e negativo, sugerem, ao contrário, o contexto de entusiasmo baconiano pela ciência e pela técnica que o pensamento de Hobbes compartilha com muitos de seus contemporâneos. Porém, tanto no caso da arte quanto da política, indicam que o problema fundamental não é o conteúdo bruto, que é dado, mas a elaboração, a partir desse material primário, de uma forma adequada.

A teoria do soberano pretende então resolver dois problemas que o trabalho de criação da máscara também precisa resolver: a) como recolher o múltiplo numa *unidade*; e b) como, fazendo essa síntese, *transcender* a mera aparência da coisa a partir da qual o artefato se faz. A ideia da máscara sugere a distinção entre o *self* espontâneo que é a "pessoa natural" do soberano e o *self* que a figura do soberano personifica oficialmente, como representante dos súditos. O que ele personifica oficialmente, porém? No trecho citado acima, Anatol Rosenfeld fala do ator trágico personificando forças ou seres divinos. E Peter Burke lembra que Luís XIV, bem na linha do chamado "direito divino dos reis", se faz passar por representante de Deus na Terra: "Luís tomava também o lugar de Deus, como foi assinalado pelo pregador da corte Jacques-Bénigne Bossuet e outros teóricos políticos. Os soberanos eram 'imagens vivas' [*images vivantes*] de Deus, 'os representantes da majestade divina' [*les représentants de la majesté divine*]" (Burke, p. 21).

A perspectiva de Hobbes, porém, é secularista. Ele concebe o Estado não como uma entidade de origem divina, mas como um *artefato* puramente humano, cujo sustento se dá, em última instância, pela vontade e pela razão de seus próprios súditos. Daí que o *Leviatã* seja apenas um "deus mortal", produto de seres igualmente mortais. Contudo, o modo como caracteriza o estado de natureza não permite pensar num convívio humano estável anterior à construção do soberano. Ambas, soberania e comunidade, são obras concomitantes, e, por isso mesmo, não se pode entender esta última como um agregado qualquer de seres humanos. O *self* que o soberano-representante personifica não é seu próprio Eu, mas um *Nós* muito específico, cuja identidade não tem uma existência natural independente, mas é *construída* através da obra do soberano. Isso significa, por certo, que a representação não é um simples reflexo de um ser dado, mas também não é a ocupação arbitrária de um cargo por um sujeito concreto qualquer, carregando consigo todos os seus caprichos, como se aquele lugar não implicasse certas obrigações e responsabilidades substantivas, inescapáveis à autoridade política.

Quentin Skinner fala, nesse sentido, de uma dupla abstração no conceito moderno de Estado que deriva diretamente dessa teoria da soberania: esta não se confunde nem com o ocupante do cargo nem com a comunidade concreta dos súditos[15]. Esse ponto crucial o leva a comparar a visão hobbesiana com a de outros teóricos da soberania dos séculos XVI e XVII, todos eles defensores do Absolutismo real,

---

15. "Esse conceito [de Estado] veio a incorporar um caráter duplamente impessoal. Nós distinguimos a autoridade do Estado da dos governantes ou magistrados encarregados temporariamente do exercício de seus poderes. Mas nós também distinguimos sua autoridade de toda a sociedade ou comunidade sobre a qual seus poderes são exercidos" (Skinner, 1989, p. 112). Em artigo posterior, o autor revisa aspectos importantes dessa interpretação, porém reiterando a ideia de que, para Hobbes, o Estado "é uma pessoa distinta tanto dos governantes quanto dos governados". Cf. Skinner (2009), pp. 341-8.

e tratá-lo como o autor que mais consistentemente procurou resolver os problemas conceituais relacionados a essa defesa. "O governo civil", diz Skinner, "não pode ser visto como igual aos poderes dos cidadãos sob uma outra roupagem. Ele deve ser visto como uma forma distinta de poder, por razões que Hobbes anuncia com completa segurança no *De cive*[16] [...]: 'Embora um governo', ele declara, 'seja constituído pelos contratos de homens particulares com particulares, o direito [deste governo] não depende daquela obrigação apenas.' Ao constituir tal governo, 'aquele direito que cada homem possuía antes de usar suas faculdades para suas próprias vantagens é agora totalmente traduzido em um certo homem ou conselho de homens para o benefício comum'. Segue-se que todo poder instalado com autoridade deve ser reconhecido 'como tendo seus próprios direitos e propriedades, de tal modo que nenhum cidadão, ou todos eles juntos' podem agora ser considerados seu equivalente" (Skinner, 1989, p. 118).

Tais argumentos estão de fato a serviço de uma defesa do Absolutismo real, e nesse sentido divergem do republicanismo cívico-humanista: este, como argumenta Skinner, não só é antiabsolutista, mas antiestatista. Porém, há que registrar três aspectos do raciocínio hobbesiano que vão além dessa controvérsia:

Primeiro, o modo como o filósofo inglês, através de um argumento contratualista puramente hipotético, deriva a constituição do soberano. Hobbes, ao contrário dos outros autores absolutistas mencionados por Skinner, recusa a ideia

---

16. *Do cidadão* (*On the Citizen*, na versão inglesa), obra anterior ao *Leviatã*.

de uma alienação coletiva da soberania – a noção de um 'contrato' entre povo e soberano –, o que nesse ponto é inteiramente consistente com a proposta da identidade entre soberano e comunidade política. Ele pensa o contrato como um acordo "entre cada um com cada um", que corresponde à *soberania por instituição*, ou entre cada um com um "conquistador", como na *soberania por aquisição* (*Leviatã* II.17, p. 106). Duas ideias fundamentais se reforçam mutuamente neste ponto: a) que a lealdade política básica ao Estado não é de grupos sociais – famílias, associações religiosas, associações de ofício, ordens estamentais etc. – mas de *indivíduos*; e b) que tais indivíduos, *cidadãos/súditos*, não existem "por natureza", mas emergem "por artifício" tanto quanto o soberano.

É com base nessa mesma individualidade, porém, que Hobbes falará, no capítulo 21 do *Leviatã*, da "liberdade dos súditos", que é definida pelo silêncio da lei civil. Ou seja, o fato de o querer da *civitas* ser idêntico ao do soberano não implica que os homens como súditos não possam querer algo separado dele (embora não contrário): há um amplo e variável leque de escolhas, para cada indivíduo, que não deveria interessar ao soberano, estabelecendo o campo do *permissível*. "Segue-se necessariamente que em todos os tipos de ações permitidas pelas leis os homens possuem a Liberdade de fazer o que suas próprias razões sugerirem como o mais útil para si mesmos [...] tal como a Liberdade de comprar e vender, de contratar um com outro; de escolher sua própria residência, sua própria dieta, seu próprio ofício, e criar suas crianças como acharem mais adequado; e assim por diante" (*Leviatã* II.21, pp. 130-1). Embora simples, o argumento não é trivial: ele providencia os fundamentos de uma separação, no interior do espaço social mais amplo, entre uma região *estatal*, pertinente ao soberano, e uma outra região *não estatal*, pertinente aos súditos. A mesma individualidade que está na base da soberania e da comunidade política, de um lado, permite constituir, de outro, novas formas de sociabilidade – impossível, é claro, sem a prévia criação do Estado –, nas quais os súditos fazem e desfazem livremente suas relações recíprocas, através de contratos privados, associações secundárias, trocas comerciais etc.[17]

Segundo, há que destacar um importantíssimo elemento temporal no raciocínio: o Estado transcende a existência atual, aqui e agora, tanto do príncipe quanto do conjunto de seus súditos. Mesmo que o "Leviatã", ao contrário do "Estado imortal" (porque divino) de Bossuet, seja um deus perecível, sua construção, ainda assim, é projetada para persistir indefinidamente, para muito além do ciclo normal, biológico, *de cada geração de súditos e também da pessoa natural do soberano*: "Dado que a matéria de todas estas formas de governo é mortal, de modo tal que não apenas os monarcas morrem, mas também assembleias inteiras, é necessário para a conservação da paz entre os homens que [...] também sejam tomadas medidas para uma eternidade artificial da vida" (*Leviatã* II.19, p. 119). Peter Burke observa que Luís XIV foi lembrado exatamente disso por Bossuet, o que não deixa de matizar a célebre sentença em que o rei identificava sua pessoa com o Estado: "No entanto, representar o Estado não é o mesmo que ser identificado com ele. Bos-

---

17. Em seção a seguir se verá que esse aspecto da individualidade aponta para o valor do *pluralismo*, inscrito na forma política do Estado.

suet lembrou ao rei que ele morreria, ao passo que seu Estado deveria ser imortal, e, ao que se conta, Luís falou em seu leito de morte: 'Vou partir, mas o Estado permanecerá depois de mim' [*Je m'en vais, mais l'état demeurera après moi*]" (Burke, id., ibid.). O que, portanto, a figura do soberano captura, e tem de capturar, é essa permanência, essa pretensão de incorruptibilidade, que se traduz aqui nas ideias da máscara e do retrato: o "soberano-representante" é a expressão de um *self* – o *Nós* da comunidade política – vocacionado a transcender sua aparência presente, o qual pode perfeitamente variar ao longo do tempo, sem que o outro tenha de sofrer a mesma variação. Isso é o *Estado*.

Dando, porém, um passo a mais: compreende-se por que essa visão da representação política pode se distanciar de uma interpretação excessivamente pessoal-carismática do soberano. Se é verdade que, em Hobbes, o soberano é uma pessoa, trata-se de uma pessoa demarcada por um campo de forças normativas que o inscreve num conjunto de obrigações políticas, entre as quais a constituição de uma ordem jurídica[18]. No fundo, o Estado é impensável sem a postulação dessa ordem, cujas leis supremas Hobbes expõe de um modo bem generalizado, na forma das "leis de natureza" (por exemplo, em *Leviatã* I, caps. 14 e 15). Por certo, o autor nunca deixa de lembrar o caráter voluntarista das leis civis, decretadas pelo soberano, uma vez que, para se tornarem positivas, as leis de natureza devem passar pelo crivo da interpretação de sua pessoa. Mas ele também faz questão de

---

18. Falar de um Estado, em Hobbes, necessariamente sustentado por uma ordem jurídica é assunto controverso, mas de modo algum estranho aos estudiosos do autor. Ver o artigo de E. Curley (pp. 187 ss.) para um balanço da questão.

dizer que as leis de natureza não são idênticas a uma vontade humana caprichosa e volúvel – seja ela a de um homem ou "uma assembleia de homens" – mas são "certas conclusões, ou teoremas" da razão (*Leviatã* I.15, p. 95)[19]. E o que significa que essas "conclusões" ou "teoremas" sejam uma obra da razão? A resposta já pode ser encontrada muito claramente em *Do cidadão*: a razão é a faculdade humana de "ver o bem futuro", ao contrário dos sentidos externos, que só "veem o bem presente" (*Do cidadão* I.3, p. 55). Note-se, mais uma vez, a dimensão temporal do argumento: o soberano é guiado por princípios que ultrapassam os desejos e interesses passageiros de seus súditos, e também de seus próprios, obrigando-o, nas ações e decisões públicas, a antever o bem permanente deles, projetado num futuro indeterminado.

(Neste ponto, é claro, o leitor de Hobbes fica um tanto perplexo pois, mesmo admitindo que o soberano tem obrigações substantivas no exercício da função, o filósofo inglês também alerta que o súdito não tem nenhum direito de exigir que o soberano as cumpra!)

Terceiro, a fórmula hobbesiana geral da soberania é compatível com uma tríplice alternativa de formas específicas – a monarquia, a aristocracia e a democracia –, das quais vale destacar as duas pontas da série: o "governo real" (a monarquia), em que um membro da comunidade é representante e os demais súditos; e os governos coletivos, a

---

19. Essa observação permite moderar um pouco o impacto da crítica ao formalismo que Pitkin e outros atribuem à "authorization view" da representação, da qual Hobbes seria um dos expoentes. Há, sem dúvida, um forte elemento de formalismo em Hobbes, mas que é complementado por certas obrigações *substantivas* do soberano, derivadas das leis de natureza.

"Assembleia de Homens", popular ou aristocrática, em que uma *parte* ou *todos* os súditos formam um colégio de cidadãos que os representa (cf. *Leviatã* II.19). Com certeza, Hobbes preferia a primeira, por conta de sua menor probabilidade de fissura interna, a qual significaria o retorno do que se pretendia superar, o estado de natureza. O que importa, porém, é verificar a vigência do princípio comum de todas as formas admitidas – a indivisibilidade da soberania – que, portanto, também poderia ser obtida na "Assembleia de Homens", popular ou aristocrática, embora com menores chances de viabilidade prática. Duas consequências devem ser consideradas aqui: a) que, embora o termo "Absolutismo" seja geralmente identificado com o *Absolutismo real* (monárquico), há uma espécie de Absolutismo coletivo inscrito no argumento, apesar de pouco desenvolvido pelo autor, na qual a atividade do soberano coincide com a atividade da própria comunidade dos cidadãos; b) que o cerne da proposta hobbesiana não é a forma de governo, mas os fundamentos que lhe emprestam o correto ordenamento: insinua-se nesse ponto, embora as palavras não sejam as do filósofo, a distinção entre o problema do bom governo, uma questão de prudência, e o da legitimidade, uma questão de princípio.

Mas o que deve nos chamar a atenção nesse tópico é o princípio da indivisibilidade da soberania. Essa é a questão que faz Hobbes privilegiar a representação como "autorização", ou seja, como uma completa substituição de cada súdito individual (o "autor") por uma agência sem fissuras (o "ator"): "tudo quanto o representante faz, como ator, cada um dos súditos faz também, como autor" (*Leviatã* II.19, p. 119). Nesse mesmo movimento, Hobbes impõe que a comunidade de cidadãos assim constituída só possa existir na forma de um "representante", uma pessoa pública com identidade clara e inequívoca. Ele chama essa comunidade de *Povo*, isto é, uma comunidade de indivíduos iguais, na qual a diferença social é irrelevante para estabelecer seus direitos, tornando patente seu contraste com a teoria da constituição mista. Para começar, é óbvio que ela contrasta com a vertente aristocrática da teoria, cuja assunção da diferença social é crucial. Mas contrasta também com a vertente plebeia, na medida em que rejeita a ideia de que o Povo se apresente dividido contra si mesmo, mesmo que na forma de um equilíbrio de grupos sociais colocados em pé de igualdade na arena pública. Assim, o conflito não transparece no interior da comunidade dos cidadãos, na medida em que esta é completamente identificada com aquela pessoa pública, o soberano. Na constituição mista plebeia, ao contrário, não há nenhuma pessoa que a represente nesse sentido e, portanto, a comunidade cívica é igualada ao conjunto dos grupos sociais, cuja identidade não tem como emergir de si mesma, mas apenas do contraste com uma comunidade adversária.

Não é que o conflito seja completamente expurgado dessa versão pioneira da teoria da soberania. Ele é tematizado com clareza no conceito de estado de natureza. E, se o considerarmos como uma hipótese abstrata, e não como uma condição histórica – anterior no tempo ao estado civil –, perceberemos seu papel heurístico de indicar, pelo negativo, a função positiva do soberano: mediar o conflito entre os súditos para produzir a unidade comunitária. Mas mediar como? Questão difícil para o esquema hobbesiano, pois seu argumento está todo centrado na percepção das vantagens da obediência ao soberano em comparação às consequências desastrosas da desobediência. Mas, para que a estabilidade dessa saída vingasse de fato, seria necessário que o súdito estivesse permanentemente convencido daquelas vantagens, introspectiva e passivamente, desde que, no plano político, a ele só é reconhecida a condição de autor, mas não de ator. É apenas através desse exercício de convencimento interior que o súdito torna-se cidadão, cuja comunidade permanece inseparável do próprio soberano. Contudo, se é assim, parece haver uma diferença importante na tríplice alternativa de formas soberanas aceitas pelo esquema. A primeira supõe uma cidadania cuja vontade política individual permanece inerte em relação à vontade do monarca: no fundo, não há uma diferença prática e visível entre o cidadão e o súdito. Na segunda e na terceira alternativas, porém, a vontade individual tem um papel ativo na constituição da vontade do soberano, que continua sendo uma vontade unitária e indivisível, mas que agora é uma vontade coletiva de fato, ou seja, uma soma das vontades individuais regida por um princípio decisório (a prevalência da maioria sobre a minoria). Aqui, sim, há uma diferença entre cidadão e súdito.

Para ambas as alternativas, entretanto, a teoria oferece muito pouco para explicar por que os súditos deveriam sempre obedecer a *qualquer decisão* do soberano, seja ele monárquico ou não. Em particular, pouco tem a dizer na hipótese de o soberano não observar as obrigações que lhe impõem as "leis de natureza", excedendo assim suas funções de promotor do bem comum. Por um lado, como a resistência ameaçaria colocar a comunidade de volta ao estado de natureza, a teoria recomenda que, exceto quando suas próprias vidas estiverem diretamente ameaçadas, é melhor para os súditos suportar a injustiça. Por outro, como a divisão da soberania implica sua dissolução, a teoria não dá espaço para pensar uma estrutura constitucional de equilíbrio de poderes que limitasse as chances de abuso de autoridade. Assim, permanece mal resolvida a questão de como o soberano poderia mediar conflitos entre os súditos – vale dizer, viabilizar sua tarefa fundamental – se ele mesmo torna-se parte do problema, em vez de sua superação.

A despeito disso, o ponto notável da teoria é que ela prevê, como se destacou, a "liberdade dos súditos" e, mais notável ainda, afirma que a soberania nela justificada é a melhor garantia dessa liberdade. É como se tentasse, por outras vias, compensar a precariedade do argumento anterior. A compensação é a seguinte: Hobbes pensa que, na medida em que aquela liberdade é idêntica ao espaço que o próprio soberano permite por seu silêncio (uma liberdade "negativa", como se diz hoje), e não um poder de coexercer a autoridade soberana – uma liberdade "positiva" e política –, o soberano não teria motivos razoáveis para atrapalhar a atividade dos súditos nesse campo. De modo que, quanto menos os súditos pretendessem interferir nas atribuições exclusivas do soberano, mais segurança teriam de exercer sua liberdade e até ampliá-la. "Mas é coisa fácil os homens se deixarem iludir pelo especioso nome de liberdade e, por falta de capacidade de distinguir, tomarem por herança pessoal e direito inato seu aquilo que é apenas direito da República", e então querer "fomentar tumultos e exercer um licencioso controle sobre os atos de seus soberanos [...] e controlar esses controladores, com uma imensa efusão de sangue" (*Leviatã* II.21, p. 131). O resultado é que, em vez de aproveitarem a liberdade que lhes cabe, limitada mas variável, acabam obtendo a liberdade "plena e absoluta" do estado de natureza, que ninguém pode desfrutar.

É precisamente neste ponto que a teoria parece carregar sua maior contradição. Pois, com a "liberdade dos súditos", todo o elemento de *atividade independente* que é negado ao indivíduo na esfera da soberania – leia-se, na esfera estatal – é reconhecido na esfera não estatal. Nesse campo, o súdito se apresenta como um criador de relações para os mais diversos fins, ainda que não políticos, como fazer contratos e associações privadas, gerir negócios, escolher sua residência e profissão, a instrução de seus filhos que achar melhor e assim por diante. Contudo, essa atividade independente não se torna visível no plano político, pois, em relação aos súditos, o esquema hobbesiano privilegia o conceito de representação como uma substituição plena do representado pelo representante, em detrimento da ideia de um deslocamento de si, sugerida, como se viu, na metáfora da máscara. Sendo, porém, tantas oportunidades de geração de novos poderes sociais, tal atividade se torna também – por não ser (nem dever ser, como a teoria admite) politicamente coordenada – tantas ocasiões para a geração de novos conflitos entre os próprios súditos que mais adiante ameaçarão degradar-se num estado de natureza. Por outro lado: como garantir que esses novos poderes sociais não se convertam em poder para contestar a autoridade soberana? Não parece natural esperar que o súdito viesse a ser tentado, com o tempo, a transformar numa potência política sua capacidade de criar relações privadas, na prática convertendo liberdade negativa em liberdade positiva? Enfim, um súdito que imprevistamente se convertesse num cidadão ativo, colocando em xeque a supremacia e indivisibilidade do soberano? Mas com isso a teoria deixa insinuar outra vez, como que pela porta dos fundos, o mesmo estado de natureza que pretendia conjurar.

Em outras palavras: a concepção hobbesiana prevê, numa ponta, a máxima unidade da vida social na esfera do Estado, mas, ao mesmo tempo, admite, na outra ponta, e com a proteção do soberano, sua divisão e fragmentação numa esfera não estatal. Há como que um vazio, uma falha na estrutura do argumento, uma vez que ela não prevê nada que venha a conectar e reintegrar as duas esferas. É como se ambas pudessem levar indefinidamente suas vidas paralelas, sem perigo de curto-circuito, o que é muito implausível. Na verdade, trata-se da mesma questão colocada anteriormente: falta à teoria um esquema que mostre como se dá a mediação do conflito – o que, *do ponto de vista do soberanismo*, teria de se fazer na forma de uma mediação entre o momento da divisão/fragmentação e o momento da unidade da vida social. Esse esquema, como se verá no próximo capítulo, poderia ser apresentado ao modo de uma teoria da representação política que complementasse, e em certos aspectos reformulasse, a teoria do soberano-representante.

Soberania popular, sociedade e utopias do trabalho

O presente estudo deteve-se na concepção hobbesiana da soberania porque avalia que ela assentou as bases de uma concepção de república alternativa à constituição mista, assim como colocou, para a vertente que inaugura na tradição política moderna, alguns de seus problemas fundamentais. Mas não há nenhuma pretensão de reconstruir historicamente sua complexa evolução a partir daí. Interessa, sim, discutir o significado da ideia de soberania popular que ela traz à tona. Embora Jean-Jacques Rousseau seja considerado o pai das concepções de soberania popular, viu-se na seção precedente o quanto ela já está antecipada na elaboração de Hobbes. De fato, podem-se flagrar alguns elementos comuns fundamentais dos dois autores: o soberano como uma pessoa artificial e a própria ideia da ação política como um artefato; o caráter indivisível e absoluto da soberania; e a essencial individualidade do cidadão. Dir-se-á que Rousseau recusa explicitamente a noção do soberano-representante e, de resto, a própria legitimidade da representação política. Diferença importante, mas que não deve ser exagerada. A questão, muito debatida entre os intérpretes, oferece uma oportunidade para retomar o problema, deixado na primeira seção deste capítulo, de um Rousseau dividido entre o passado e o futuro, entre as utopias agrárias clássicas e as novas utopias que, no campo do pensamento político, o próprio soberanismo suscita.

Propõe-se aqui que o filósofo genebrino tem dois tipos de argumentos distintos, embora complementares, para recusar o uso da ideia de representação. O primeiro diz respeito à estrutura formal do conceito de soberania, e o segundo expressa uma crítica substantiva do autor à política e aos costumes de seu tempo. Sabemos que Rousseau foi um leitor atento de todo o pensamento contratualista anterior ao seu próprio[20]. Aderindo criticamente a essa linguagem, a exposição do *Contrato social* revela sua fina percepção de uma dificuldade em manter estritamente consistentes os atributos da soberania que a figura mesma do contrato procura delinear. Mesmo a cerrada argumentação de Hobbes não a contorna – ou melhor, seu rigor a deixa ainda mais clara. O ponto é que Rousseau aceita o desafio hobbesiano de mostrar que a constituição da comunidade política é inseparável da constituição do soberano: não pode haver a primeira sem haver a segunda. É certo que a versão extrema do estado de natureza de Hobbes – a "guerra de todos contra todos" – simplesmente radicaliza a questão: não há qualquer relação social possível sem que se instaure a soberania – esta última conclusão, como se verá, Rousseau não acompanha.

Resta, porém, a concordância sobre a identidade comunidade/soberano, da qual o filósofo genebrino desenvolve o seguinte argumento: quando um grupo de indivíduos resolve sair do estado de natureza e constituir uma comunidade política à parte, no mesmo ato em que a formam tem de surgir uma vontade unificada, que é a soma de suas vontades individuais – isto é, o que há de comum em todas elas –, e uma forma de poder correspondente. Essa vontade comum é o artefato, a pessoa artificial que o contrato cria, cuja existência e força só se mantêm indivisíveis na medida mesma em que a vontade permanecer assim – como *vontade geral*. O soberano, com seu atributo da indivisibilidade, apenas faz sentido como vontade geral, e não há outro modo de a vontade geral se manifestar senão na

---

20. Cf. o estudo clássico de R. Derathé a esse respeito.

forma da lei. Assim, o poder soberano se resume a uma única instância: *o Poder Legislativo*. A partir desse ponto o argumento se desdobra em duas direções. Na primeira, Rousseau constata que nenhuma comunidade, nenhuma agência coletiva, esgota sua capacidade de agir na forma abstrata e generalizada da lei. Afinal, a lei precisa ser aplicada aos casos particulares, seja para julgar transgressões da própria lei, seja para fazer dela um plano de orientação para deliberar sobre ações futuras concretas. A essas capacidades comunitárias ele dá o nome de *governo*, cujos membros são os "magistrados". Contudo, esse poder de agir em situações particulares não pode ser a vontade geral – que, como já se indicou, só se expressa na forma igualmente geral e abstrata da lei –, mas uma "força" ou "poder" específico. O autor faz nesse ponto uma distinção entre "vontade" e "força" (ou "poder") para dar sentido ao que pretende: "Toda ação livre tem duas causas: uma moral, que é a vontade que determina o ato, e a outra física, que é o poder que a executa [...] O corpo político tem os mesmos móveis. Distinguem-se nele a força e a vontade, esta sob o nome de *poder legislativo* e aquela, de *poder executivo*. Nada se faz, nem se deve fazer, sem o seu concurso" (*Do contrato social* III.1, p. 73, grifos do autor citado). Essa diferença dá certa margem a confusão, pois induz à falsa conclusão de que o soberano não tem poder e o governo não tem vontade. Mas Rousseau também oferece outra fórmula, um pouco mais clara: *em relação* à vontade geral do soberano, cujo poder é supremo, o governo significa uma *vontade particular* – não no sentido de vontade "privada", mas de ser uma aplicação da vontade geral a um caso concreto, particular – que tem poder, necessariamente emprestado do soberano, suficiente para executá-la[21]. Em suma: a comunidade política só pode funcionar através de duas agências interdependentes, porém separadas: o *soberano*, formado por todos os cidadãos, sede do Poder Legislativo; e o *governo*, que não requer a participação do conjunto da cidadania, sede do Poder Executivo.

Na segunda direção do argumento, Rousseau elabora o problema da supremacia do poder soberano, ou seja, seu caráter absoluto, que é também um atributo da fórmula hobbesiana. Absoluto: nenhuma deliberação pública pode "obrigar o soberano em relação a si mesmo, sendo consequentemente contra a natureza do corpo político impor-se o soberano uma lei que não possa infringir" (id., I.7, p. 34); logo, supremo: "É absurdo e contraditório que o soberano dê a si mesmo um superior" (id., III.16, p. 111). Assim, não pode haver uma pessoa artificial ou natural com uma vontade que predetermine à do soberano: este negaria a si mesmo se a aceitasse. Sendo essa, porém, uma vontade geral, e não uma vontade particular, ela não pode existir senão através do imprescindível e efetivo concurso das vontades individuais de cada cidadão, cuja soma é a vontade geral. Em outras palavras, só pode haver vontade geral *enquanto os cidadãos agirem em comum* para constituir essa vontade[22].

Com esta última proposição, Rousseau não pretende o puro e simples resgate do valor da participação no exercício do poder político, como se fosse um valor em si mesmo. A questão é bem outra. Ele pensa poder reunir, numa única

---

21. Cf. *Do contrato social* III.2, p. 80, e II.2, p. 44.
22. Um ato de soberania, portanto, sempre envolve "uma convenção do corpo com cada um dos seus membros" (id., II.4, p. 50).

fórmula, duas coisas que a teoria da constituição mista não aceitaria que pudessem andar juntas: o caráter absoluto da soberania e o bloqueio do poder arbitrário. "Ora, o soberano, sendo formado tão só pelos indivíduos que o compõem, não visa nem pode visar a interesse contrário ao deles, e, consequentemente, o poder soberano não necessita de qualquer garantia em face de seus súditos, por ser impossível ao corpo desejar prejudicar a todos os seus membros e [...] a nenhum deles em particular. O soberano, somente por sê-lo, é sempre aquilo que deve ser" (id., I.7, p. 35). "Igualdade" é a palavra-chave que o autor emprega para negar que a supremacia do soberano leva necessariamente ao abuso do exercício do poder político. Se os cidadãos forem todos iguais entre si, sua liberdade será preservada no mesmo movimento em que exercerem coletivamente a autoridade soberana. No fundo, não pode haver liberdade sem igualdade[23].

Assim, outro modo de apresentar a questão da supremacia é entendê-la em conexão com a fórmula da igualdade. Fica então rejeitada a possibilidade de que uma outra pessoa, diferente do soberano, possa assumir a vontade geral em seu lugar. Se isso acontecesse, a vontade deixaria automaticamente de ser geral e, no mesmo movimento, o soberano também deixaria de sê-lo. Da tese da supremacia do soberano, portanto, Rousseau extrai à de sua irrepresentabilidade: "Afirmo, pois, que a soberania, não sendo senão o exercício da vontade geral, jamais pode alienar-se, e que o soberano, que nada é senão um ser coletivo, só pode ser re-

---

23. Cf. também *Do contrato social* II.11, p. 66. Mais à frente, a definição rousseauniana de liberdade será examinada junto com os limites que o autor admite para essa fórmula, quando confrontada com condições abaixo das ideais.

presentado por si mesmo" (id., II.1, pp. 43-4). Ou, acentuando ainda mais *a centralidade da vontade* no conceito: "A soberania [...] consiste essencialmente na vontade geral e a vontade absolutamente não se representa. É ela mesma ou é outra, não há meio-termo" (id., III.15, pp. 107-8)[24]. Seria desnecessário insistir no quanto esse conceito de soberania choca-se com a teoria da constituição mista. Mas com a distinção entre soberano e governo Rousseau pode apresentar uma tipologia das formas de governo que, além dos tipos simples clássicos – monarquia, aristocracia e democracia –, também aceita os "governos mistos". Tal aceitação, entretanto, nada afeta a forma da soberania, que sempre permanece única e simples, composta apenas por cidadãos-indivíduos com direitos iguais. E para mostrar o quanto ele continua avesso às prescrições da teoria tradicional, apesar dessa remissão aos "governos mistos", basta observar os reparos que faz à constituição romana, à qual dedica o último livro do *Contrato* para comentar e adaptar aos princípios de sua própria teoria. Um sinal evidente disso, por exemplo, é a crítica, discreta mas incisiva, à separação do corpo soberano em corpos distintos segundo as diferentes "ordens" da sociedade romana. Falando das assembleias da plebe (os "comícios das tribos"), que seria o candidato natural à sede da soberania, ele diz: "Não somente o senado aí não fruía

---

24. Parece ser um pressuposto fundamental do conceito de vontade em Rousseau que sua identidade seja dada pelo sujeito que quer, e não pelo objeto concreto almejado pela vontade. Por sua vez, Hobbes não distingue conceitualmente vontade racional e desejo, mas ele diz que a vontade "é o último apetite ou aversão" num processo de decisão (querer A ou B ou C etc.) *intrassubjetivo* (cf. *Leviatã* I.6, p. 37). Se transferirmos essa definição para processos decisórios *intersubjetivos*, a vontade será a expressão do desejo do último sujeito na deliberação. Quem detiver o direito de expressá-la será o soberano.

de nenhuma posição especial como também não possuía sequer o direito de a eles assistir e, obrigados a obedecer a leis que não haviam podido votar, os senadores eram nesse ponto menos livres do que os últimos cidadãos. Essa injustiça era, de todo, mal compreendida, e bastaria só ela para invalidar os decretos de um corpo no qual não eram admitidos todos os seus membros" (id., IV.4, p. 130).

Repare-se que a observação acima não é uma crítica à prudência da política romana, sempre elogiada, mas uma crítica de princípio. E ela nos faz lembrar de que, com a clara separação entre a forma do governo e a forma da soberania, a concepção rousseauniana pode assentar, com mais firmeza ainda do que a hobbesiana, a moderna diferença, irrelevante na teoria da constituição mista, entre a questão da *legitimidade* e a questão do *bom governo* –, tornando a primeira o problema fundamental da filosofia política: "Rousseau acredita que uma filosofia política tem por objeto a busca do que torna legítima uma associação humana, e não o que a torna perfeita" (Bignotto, 2010, p. 143).

Enfim, de tudo o que se disse até agora sobre ambos os autores, há boas razões para endossar que, embora tenham pontos de partida comuns, Hobbes e Rousseau chegam a conclusões bastante divergentes sobre a soberania. Por não importar ao primeiro distinguir a vontade geral e a vontade particular no conceito, ele acaba desprezando a separação entre o Estado (soberano) e o governo, ou o Poder Legislativo e o Poder Executivo. A identidade comunidade/soberania exigida por Hobbes implica, portanto, instaurar o governo no mesmo ato em que se instaura o soberano, o que o leva também a fundi-los numa só pessoa. Mas isso também significa, invertendo, que, no esquema rousseauniano, mesmo que a vontade do soberano seja indivisível e intransferível, seu poder é, ao contrário, transferível e, desse modo, separável: "O poder pode transmitir-se; não, porém, a vontade" (*Do contrato social* II.1, p. 44). Certamente, o autor faz questão de assinalar uma hierarquia, uma relação de subordinação desses poderes; o governo não passa de uma "comissão" do soberano e dele é dependente: "como simples funcionários do soberano, exercem em seu nome o poder de que ele os fez depositários, e que pode limitar, modificar e retomar quando lhe aprouver" (id., III.1, p. 75). Embora isso o afaste da noção enganadoramente similar da divisibilidade do poder, que está longe de pretender, Rousseau não só confirma a ideia da separação hierárquica do poder comunitário original em dois poderes, como também reconhece que ela traz um risco potencial de divisão. Daí admitir, como uma questão de fato, um jogo tenso na interação entre o Poder Legislativo e o Executivo, dada a tendência do segundo, ainda que indesejável, de buscar a usurpação das funções do primeiro: "Assim como a vontade particular age sem cessar contra a vontade geral, o governo despende um esforço contínuo contra a soberania" (id., III.10, p. 99).

Convém examinar um pouco mais as razões dessa tendência. A questão, todavia, remete a uma segunda ordem de argumentos, acima mencionada, que vai além da estrutura formal dos conceitos da teoria. Em sua terminologia, Rousseau fala do governo como uma agência intermediária entre o Povo como "República" (a comunidade soberana dos cidadãos) e o Povo como "Estado" (o conjunto dos súditos). Há duas diferenças importantes entre "cidadão" e "súdito". A primeira é quando cidadão e súdito não são a mesma pessoa. Embora a mais óbvia, ela é geralmente pouco considerada nos comentários sobre o *Contrato social*. Mas é certo que Rousseau aceita essa possibilidade, como fica claro em seus comentários sobre a constituição de Genebra; por exemplo, quando endossa a diferença, destacada por D'Alembert, entre o "habitante" e o "nativo" – pessoas que vivem na cidade sem direitos políticos, mas obrigadas a obedecer às suas leis – e as ordens dos "cidadãos" propriamente ditos[25]. Antes de discutir sua justificativa, falemos da segunda diferença: esta supõe que cidadão e súdito são a mesma pessoa. A diferença então é apenas de "ponto de vista": o cidadão, como participante do soberano, vê a questão da perspectiva de quem faz a lei, e o súdito unicamente de quem a obedece. Esclareça-se: é claro que qualquer cidadão vai considerar, ao decidir sobre essa ou aquela lei, como ela o afetaria como súdito; porém, essa é uma ponderação que tem de levar em conta também como ela afetaria os demais cidadãos. Isto é, a posição que ocupa como parte do soberano o obriga a considerar o todo. Não é essa a posição do súdito. O fato de as duas incidirem sobre a mesma pessoa minimiza a possibilidade de divergência, mas esta ainda pode acontecer. O próprio Rousseau o explica: "Cada indivíduo, com efeito, pode, como homem, ter uma vontade particular, contrária ou diversa da vontade geral que tem

---

25. "A maioria considera um burgo como sendo uma cidade e um burguês como um cidadão. Não sabem que as casas formam o burgo, mas que são os cidadãos que fazem a cidade [...] O Sr. D'Alembert não se enganou nesse particular e distinguiu muito bem, em seu artigo intitulado 'Genebra', as quatro ordens de homens (que podem ser cinco, se nelas se incluírem os simples estrangeiros) que existem no nosso burgo e das quais somente duas compõem a república" (*Do contrato social* I.6, n. 64, p. 33). Cf. *Cartas escritas da montanha*, Sexta carta, pp. 355-6, nota.

como cidadão [...] Sua existência, absoluta e independente, pode levá-lo a considerar o que deve à causa comum como uma contribuição gratuita, cuja perda prejudicará menos os outros, do que será oneroso o cumprimento a si próprio [...] [E assim] ele desfrutará dos direitos do cidadão sem querer desempenhar os deveres de súdito" (id., I.7, pp. 35-6). Naturalmente, a república dispõe dos instrumentos do governo para prevenir que essa divergência ocorra ou, quando ocorrer, se difunda. O problema real surge quando o próprio governo passa a se aproximar desse ponto de vista em que o interesse particular tende a ser visto em oposição ao interesse comum. Como órgão intermediário, o governo só cumpre adequadamente suas funções constitucionais na medida em que é cúmplice, e como que mais próximo, do soberano (o ponto de vista dos cidadãos); e tende a desviar--se delas quanto mais, em suas operações, desloca-se para o ponto de vista dos súditos.

Se isso vai se consumar ou não, muito depende do estilo de vida, dos costumes e das práticas em outros campos da vida que, embora não estritamente políticas, produzem seus efeitos nas instituições públicas. É neste ponto que a objeção rousseauniana à representação política ganha a dimensão de uma crítica substantiva e mais ampla ao seu tempo. Não é por acaso que ela aparece nos capítulos do *Contrato social* em que ele discute os motivos que levam um governo a usurpar as funções que, na teoria, só o soberano poderia fazer – usurpação essa que significa, para todos os efeitos, a "morte" da república. Mais do que o instituto da representação, o problema de Rousseau está centrado nas práticas sociais que o solicitam:

Desde que o serviço público deixa de constituir a atividade principal dos cidadãos e eles preferem servir com sua bolsa a servir com sua pessoa, o Estado já se encontra próximo de sua ruína. É necessário marchar para a batalha? Eles pagam tropas e permanecem em casa. É necessário atender à assembleia? Eles nomeiam deputados e permanecem em casa. À força da preguiça e do dinheiro, terão por fim soldados para escravizar a pátria e representantes para vendê-la (id., III.15, p. 106).

O ataque à representação, portanto, não pode ser compreendido fora dessa qualificação mais ampla do estilo de vida dos cidadãos. Pois, se esta os levasse a ter uma prática sintonizada com o interesse público, os representantes de fato não passariam de uma simples "comissão", uma extensão normal e inofensiva das operações do governo, perfeitamente compatível com a concepção do autor a respeito da soberania. Mas o problema da prática moderna da representação é que, a seu ver, ela não derivava de uma simples necessidade de governo, mas do cada vez maior envolvimento do Povo "no comércio e nas artes, o ávido interesse em lucros, a frouxidão e o amor aos confortos", que o leva a preferir "servir com dinheiro a servir com suas pessoas [*changent les services personnels en argent*]". E essa é a causa fundamental do "encolhimento" da atividade do soberano, em proveito da expansão da atividade de governo e da consequente hipertrofia de seu aparato administrativo.

A crítica, evidentemente, traz à tona o problema do estilo de vida e dos costumes adequados à preservação do contrato social proposto na teoria. Não é por coincidência que, em contraste ao que denuncia nos costumes de seu tempo, Rousseau lembra a vida frugal e livre do fascínio do comércio e do dinheiro dos antigos espartanos e dos romanos da melhor época de sua república que, por isso mesmo, não só desconheciam, mas dispensavam o instituto da representação, apesar de todos os inconvenientes práticos que essa opção pudesse trazer: "Onde o direito e a liberdade são tudo, os inconvenientes nada são." É por isso que o filósofo genebrino vai insistir que o melhor ambiente para seu contrato social são os Estados de pequena extensão, habitados por simples fazendeiros, dedicados a uma agricultura autossuficiente e o menos possível envolvidos com a produção, compra e venda de mercadorias e a acumulação financeira. O elogio do fazendeiro-soldado-cidadão romano e sua repugnância da *canaille* urbana são eloquentes a esse respeito. Eis aí, outra vez, o fascínio que exerce sobre ele as utopias agrárias da Antiguidade.

Esse mesmo ponto explica por que seu pensamento está disposto a endossar uma república – embora isso exponha seu igualitarismo a grave tensão – em que o cidadão e o súdito não coincidem na mesma pessoa. Isso significa, claro, refletir sobre condições do contrato social abaixo das ideais, porém ainda assim aceitáveis. Rousseau sabe perfeitamente que nas experiências republicanas que ele mais elogia, Esparta, Roma e sua moderna Genebra, nunca houve aquela coincidência. Mas ele procura justificar essa alternativa como uma solução possível para prevenir as tendências de corrupção do soberano. Aqui, a demanda prática por *virtude* parece entrar em choque com a demanda teórica por *igualdade*. Em nome da primeira, o filósofo genebrino mostra-se disposto a separar o joio do trigo, reconhecendo plenos direitos políticos apenas a uma parte dos súditos, em detrimento daqueles mais propensos, por seu modo de vida, a deixar de lado os deveres da cidadania. Priorizar a virtude, por sua vez, significa priorizar a liberdade, aceitando que os destinos da república sejam definidos por um grupo de pessoas menor do que o ideal, mas moralmente apto e altamente desejoso de preservá-la a todo custo. Essa liberdade, ao contrário da definição de Hobbes, não é "o silêncio da lei", mas uma prática cuja base é a rejeição de "qualquer dependência pessoal" e cuja saída institucional só pode ser aquela exigida pelo contrato social: viver sob "a lei que o homem prescreveu a si mesmo"[26]. Porém, como ficaria a situação dos que, nesse quadro, não estivessem aptos à cidadania? Se, de acordo com sua fórmula teórica, a liberdade só é possível àqueles que, ao mesmo tempo, desfrutam a igualdade, a resposta parece evidente. Aos que ficassem de fora restariam, como alternativas, ou uma espécie de paternalismo – tal como a que têm direito as crianças e, sem dúvida, no contexto histórico de Rousseau, as mulheres – ou a pura e simples opressão: "O quê! A liberdade só pode ser conservada com o apoio da servidão? Talvez. [...] Há certas situações infortunadas em que não se pode preservar a liberdade exceto a expensas de outros [...] Esta era a situação de Esparta. Quanto a vós, povos modernos, vós não tendes escravos, mas sois escravos. Pagais pela liberdade deles com vossa própria liberdade" (id., III.15, p. 109).

A passagem acima, cheia de ironia em suas últimas frases, está em consciente contradição com o argumento que o

---

26. Cf. *Do contrato social* I.7, p. 36, e I.8, p. 37. Sobre a justificativa da não coincidência do cidadão e do súdito na mesma pessoa, ver Rosenfeld (1987), pp. 85-96.

autor, em outra parte do tratado, providencia para rejeitar a escravidão, como ele mesmo reconhece na sequência do texto. Puramente retórica ou não, ela revela bem as encruzilhadas de um pensamento que, moderníssimo em tantos aspectos, se vê obrigado a recorrer à tradição e contra si mesmo para expressar seu inconformismo com o presente.

É curioso que, no recorrente apelo à utopia agrária, Rousseau não tenha posto em questão os pontos de partida que o conceito de soberania herda da visão hobbesiana. Entre seus pilares está a imagem de que o soberano e toda a complexa constituição política que gera é um "ser artificial", uma "máquina política" operada, embora, por seres humanos. "A constituição do homem é obra da natureza, a do Estado, obra de arte" (*Do contrato social* III.11, p. 102). Essa imagem, que Hobbes utiliza sistematicamente para combater a ideia aristotélica de que o homem é um ser político "por natureza", traduz uma visão proteica, baconiana, do caráter e sentido da vida humana, inclusive da política. Apesar de sua crítica severa ao movimento iluminista de seu tempo, que herda essa visão – seus estudiosos, corretamente, nunca deixam de o assinalar –, Rousseau não é indiferente à sua linguagem e a alguns de seus pressupostos, aos quais recorre para elaborar sua própria teoria política. Seu aparente passadismo e repentes nostálgicos, pode-se cogitar, fazem parte de seu modo todo peculiar de oferecer uma perspectiva que, embora crítica, não o impede de elaborar uma concepção bem informada dos problemas do mundo presente e uma saída à altura deles. Pelo menos, é o que sugere o lema com que inicia o *Contrato social*: considerar "os homens tais como são e as leis tais como podem ser".

Dessa mesma visão proteica da vida, Rousseau elabora seu princípio da perfectibilidade – sobre o qual, diga-se de passagem, não faz nenhum juízo de valor, mas aceita como um dado da condição humana. O princípio não aparece explicitamente no *Contrato social*, mas com certeza o informa e nos ajuda a compreender suas restrições ao contratualismo que lhe antecede, inclusive ao de Hobbes. A perfectibilidade, como se sabe, é uma descoberta do chamado *Segundo discurso* (o *Discurso sobre a origem e os fundamentos da desigualdade entre os homens*), anterior ao seu tratado político, ao qual será preciso recorrer para melhor demarcar a encruzilhada em que, ao ver deste estudo, seu pensamento político está situado.

Há que enquadrar a questão num tópico relativamente recente para o pensamento europeu do século XVIII: o problema da *socialização* do homem. Esse tópico relaciona-se com a ruptura que Rousseau ajudará a promover na tradição, e também com o nascimento de um pensamento propriamente social, a que se referiu no capítulo anterior. O termo "socialização" aqui empregado sugere a ideia de um movimento com um sentido, isto é, um *processo*: a sociedade entendida como um ente constituído no tempo. Essa ideia não cabe confortavelmente no legado clássico porque a sociedade deixa de ser vista como o resultado de uma sequência de atos voluntários e intencionais, conforme, por exemplo, os conceitos de *societas* e *universitas* que informam as teorias corporativistas medievais, persistentes ainda no jusnaturalismo e contratualismo dos séculos XVI e XVII, apesar de todos os seus afastamentos do direito natural escolástico. Em seu lugar, surge a ideia de uma teia complexa de relações que se expande, pelo menos inicialmente, de uma série inumerável e quase irrefletida de atos, os quais, apesar disso, vão adquirindo uma consistência e um padrão. "Adquirindo", quer dizer, fazendo-se gradualmente, *com o tempo*, sugerindo assim um direcionamento: uma acumulação e não uma dispersão. Pensada desse modo, a socialização liga-se intimamente com o conceito moderno de *sociedade*, que se tornará, mais à frente, uma das noções fundadoras da Sociologia como disciplina independente. Contudo, antes mesmo da Sociologia, é a Economia (ou "Economia Política", como se dizia) que, essa sim, tem o seu batismo no século XVIII.

Mas pensar que a sociedade é um processo, uma acumulação, não significa desde já identificá-la com uma entidade que *progride*, que se aperfeiçoa moral e politicamente e, de roldão, aperfeiçoa cada ser humano que toma parte dessa teia de relações e as instituições que dela emergem. A palavra "progresso" indica uma qualificação de valor, uma interpretação filosófica ou normativa sobre aquilo que o processo social pode trazer à vida humana, questão que depende muito do modo como se apropria deste último. Como a sociedade se torna uma noção umbilicalmente ligada ao tempo, é por aí que ela vai se oferecer como matéria para diferentes filosofias da história, para reflexões sobre a possibilidade do progresso humano, mas também do seu contrário, a corrupção. Nesse sentido, não é nada incongruente que Rousseau empregue seu princípio da perfectibilidade para descrever a lenta socialização do homem e, ao mesmo tempo, denuncie a corrupção de suas instituições históricas. Por aí segue sua divergência com o progressismo resgatado por seus colegas iluministas.

Importa assinalar que essa divergência incide sobre o mesmo objeto, vale dizer, o processo, e faz recurso a um método de investigação um tanto similar: sua reconstrução, dir-se-á puramente mental, segundo uma ordem lógica e não cronológica dos acontecimentos humanos, ocorrências possíveis, sem data e lugar e devidamente selecionadas pela própria reconstrução, conforme o que cada autor, em suas diferentes perspectivas, pretenda realçar. Com efeito, diz Rousseau no *Segundo discurso*: "Comecemos por afastar todos os fatos, pois eles não se prendem à questão. Não se devem considerar as pesquisas, em que se pode entrar neste assunto, como verdades históricas, mas somente como raciocínios hipotéticos e condicionais, mais apropriados para esclarecer a natureza das coisas do que mostrar a verdadeira origem..." (*Discurso*, p. 236). E não poderia ser diferente, porque se pretende um recuo radical, uma "origem" hipotética que não tem nenhum registro histórico, que segue muito além daquilo que pudesse ser a base factual da exposição. Antes da crítica de valor ao que viria da socialização, a originalidade de Rousseau nesse ponto está na substância mesma de seu recuo, extraindo dele as consequências mais inusitadas e, no entanto, perfeitamente consistentes com a ideia do caráter processual da sociedade.

Como ele desenvolverá naquela obra, do *alto grau* de socialidade do presente é possível chegar a uma socialidade *zero* em algum momento desconhecido do passado, isto é, o homem *associal*, embrutecido e solitário, mas, ao mesmo tempo, livre e inocente. Como o próprio método lhe autoriza, importa menos saber se esse homem realmente existiu, do que mostrar sua possibilidade. Por qual razão? Porque

Rousseau quer alvejar a tese de que o homem é um ser decaído por natureza, que carrega em toda a sua existência terrena uma mácula de origem, que explica suas fraquezas, suas perversões e, por conseguinte, sua tendência inexorável à corrupção. Ele pretende mostrar, ao contrário, que não há "pecado original", e que se há perversão no homem, se há corrupção, isso é fruto da própria sociedade, a qual teria engendrado, por um longo e sinuoso caminho, um ser com tais características[27].

Mas a crítica incide também sobre seus interlocutores jusnaturalistas, que no fundo fazem aquele mesmo juízo sobre o homem, ao considerá-lo no estado de natureza, que sua obra rejeita. Outra vez: o problema está em projetar sobre aquela condição remota caracteres humanos que são próprios de sua socialização, e não de sua "natureza". Esta a sua principal objeção a Hobbes: este teria "inoportunamente" incluído "no desejo de conservação do homem selvagem a necessidade de satisfazer uma multidão de paixões que são obra da sociedade e tornaram as leis necessárias" (id., p. 252). O mesmo argumento vai fazê-lo retornar à crítica de Hobbes no *Contrato social*, dessa vez para objetar à tese de que o estado de natureza é um "estado de guerra de todos contra todos" e, portanto, condição permanente e inevitável dos homens que não vivem sob um Estado. Ao contrário, "é a relação entre as coisas e não a relação entre os homens que gera a guerra e, não podendo o estado de guerra originar-se de simples relações pessoais, mas unicamente das relações reais, não pode existir a guerra particular ou

---

27. Para uma excelente reflexão sobre o rompimento de Rousseau com a teologia do pecado original, ver E. Cassirer, cap. IV.

de homem para homem [...] A guerra não representa, pois, de modo algum, uma relação de homem para homem, mas uma relação de Estado para Estado" (*Do contrato social* I.4, p. 28).

Mais radicalmente ainda – e sobre o que muito já se falou –, Rousseau sugere o questionamento mesmo da noção de natureza humana, ao minimizar a ideia de um núcleo fixo de características apto a transcender a mudança histórica. Não que rejeite por completo qualquer constante humana, porém aceita apenas o mínimo necessário para explicar não a perversão do ser, mas, primeiro, sua liberdade e inocência "originais" – leia-se *potenciais*, na medida em que é um recuo lógico, sem prova histórica – e, segundo, a sua infinita "perfectibilidade". O termo, cabe insistir, não é usado para exprimir o progresso humano, mas a sua enorme ductibilidade, o potencial para moldar a vida em praticamente qualquer formato ou direção.

Quando, portanto, se lê o *Contrato social* à luz dessa perspectiva, uma outra relação entre estado de natureza e república é percebida. Não se trata mais de uma simples passagem da desunião para a união social, selada por um contrato. Pois a república rousseauniana não é qualquer união social, mas uma comunidade cívica bem-ordenada, que visa superar um estado de coisas que pode ser perfeitamente qualificado como social, embora inapropriado e insatisfatório. Vale dizer: superar um certo tipo de socialização que submete os homens a todas as mazelas que Rousseau denuncia e os expõe a instituições políticas e a costumes corrompidos. O súdito que ele teme como uma ameaça à soberania do corpo de cidadãos – temor que transparece também na tensa relação entre o soberano e o governo – é, na verdade, o indivíduo que está sujeito a essa socialização distorcida. No tratado político, Rousseau procura conjurar essa ameaça recorrendo ao tradicional discurso republicano sobre a virtude – a disposição moral para colocar o bem comum acima do interesse particular –, mas está claro que tal recurso teria pouco efeito enquanto as forças contrárias de uma má socialização permanecessem atuantes. No fundo, a tensão posta pelo contratualismo do filósofo genebrino não é entre o Estado soberano e os indivíduos que procuram subverter seus princípios, como ocorre em Hobbes, mas entre *o Estado soberano e a sociedade*, entendida esta última naquela acepção moderna de que há pouco se falou. Nesse aspecto, talvez tenha faltado à sua elaboração mostrar *como* o sujeito político, digamos, um corpo de cidadãos em gestação – considerando não os homens abstratamente, mas a sociedade "tal como é" –, poderia atuar sobre essa mesma sociedade de modo a criar e conservar "uma ordem civil segura e legítima". Mas isso seria pedir demais a um autor que já fez muito, ao desbravar um novo caminho e um novo propósito para a república.

De qualquer forma, note-se o fundo de radicalidade política e até otimismo dessas ideias, que tanto vão inspirar o pensamento revolucionário europeu vindouro, apesar de Rousseau mesmo não ter pretendido, e até haver recusado explicitamente, uma proposta política revolucionária[28]. Por um lado, a crítica implícita de toda tentativa de confundir a

---

28. Cf. a carta-dedicatória à república de Genebra, incluída no *Segundo discurso* (op. cit., espec. p. 259). Sobre a influência do pensamento de Rousseau entre os líderes da Revolução Francesa, ver a brilhante análise de N. Bignotto (2010, capítulo "Republicanismo e revolução").

condição presente com um destino inelutável, acompanhada da responsabilização da sociedade – isto é, uma *determinada conformação* da teia de relações sociais, endossada pelas instituições políticas –, e não do ser individualizado, pelas mazelas da vida humana derivadas da desigualdade. Por outro, uma possível abertura para a ideia da reforma social, uma vez que a responsabilidade da sociedade, particularmente de suas instituições políticas, implica uma correlata exigência ao sujeito moral pela transformação de suas condições em bases satisfatórias e justas. E o que efetivamente o *Contrato social* está dizendo aos seus leitores, ao modo peculiar de seu autor e a despeito de suas outras intenções? Que está ao alcance da ação humana racional e deliberada, uma vez que o próprio contrato social é um "ente de razão", passar de uma forma de sociedade – mal-ordenada, injusta e opressora – para uma outra, bem-ordenada, justa e livre. Esta última tem ela mesma uma *personalidade* – o soberano é um "sujeito" –, criada pela inteligência humana: a nova sociedade deve ser um artefato da política.

Todas essas questões, extraídas do legado rousseauniano, soam genuinamente modernas, embora, claro está, venham permeadas de um comunitarismo romântico, fundado no ideal de uma vida agrária simples e frugal, em que, porém, até mesmo a querida Genebra de seu tempo dificilmente poderia se encaixar. Esse contraste continua a parecer um tanto enigmático, mas não é difícil identificar ao menos uma de suas fontes: o cidadão-soldado-fazendeiro clássico resgatado por Rousseau veste-se conceitualmente como cidadão de uma república cuja estrutura teórica, imantada no contrato social, é estrangeira ao pensamento antigo. Mas talvez tenha sido exatamente esse travestimento que atraiu o pensamento revolucionário na direção de Rousseau, muito mais do que de Hobbes e outros autores da mesma linhagem, todavia bem menos dúbios. Pois ele fornecia a seus protagonistas um signo de inconformidade com o próprio tempo – os revolucionários franceses apresentaram-se "em trajes romanos", como percebeu Marx, sugerindo exatamente esse inconformismo – e nesse mesmo compasso os projetava para o futuro e não para o passado. A própria revolução, finalmente, impulsionava a vida social e o imaginário político para um espaço histórico que já não poderia, nem na realidade social, nem na própria imaginação, ser qualificado como uma utopia agrária. Em outras palavras, o povo-artefato (o soberano), estranho produto moderno e revolucionário de uma utopia agrária, poderia agora ser simultaneamente descrito como o primeiro produto de uma utopia alternativa.

Que tipo de alternativa seria essa? Podemos retornar agora, para concluir a presente seção, às questões relacionadas às concepções do trabalho e do tempo histórico que, ao ver deste estudo, guardam afinidade com o soberanismo. Há que reconhecer: Rousseau é um autor obcecado com a liberdade e a igualdade, mas não há nada em seu pensamento que indique uma relevância do trabalho no papel de emancipador social. O cidadão por ele resgatado, seja o histórico, seja o teórico, não é redutível nem à figura do cidadão-burguês industrioso e empreendedor, nem à do cidadão-operário. Rousseau, em suma, não se sentiria confortável nem nas visões do liberalismo clássico nem nas do socialismo, embora as últimas tenham encontrado mais motivos para homenageá-lo. Quanto às concepções modernas do tempo histórico, aí sim se pode encontrar alguma afinidade com as inflexões de significado já mencionadas no início deste capítulo, em vista do princípio da perfectibilidade. Mas esta, reitere-se, é percebida por Rousseau apenas como uma força à qual o homem não tem como resistir, dadas certas circunstâncias involuntárias, e não um impulso necessariamente positivo rumo à emancipação humana. Daí suas dificuldades com a "civilização" e o "progresso". Porém, a perfectibilidade, inelutável, parece levar à civilização e ao progresso... Como sair desse labirinto? Segue-se aqui a leitura de Jean Starobinski: se a humanidade marcha inevitavelmente para a civilização, que pelo menos o faça minimizando seus males, isto é, por uma via moral e politicamente apropriada: outra vez, o contrato social[29].

Contudo, há que reconhecer também que a relação de Rousseau com o trabalho – ou melhor, com a modernidade do trabalho – é mais do que uma indiferença ou irrelevância. No fundo, é um problema. De certo modo, o mesmo problema do abnegado *yeoman* americano, agora transformado numa questão filosófica: o vínculo do trabalho com a *produtividade*. Na tradição contratualista, desde John Locke pelo menos, o emprego e a *posse* do trabalho são justificados por sua inerente capacidade de fazer crescer o que produz, inclusive para além do necessário. É o que James Tully, agudo analista desse autor, denominou *the workmanship model*: o homem foi criado, à imagem e semelhança de Deus, como

---

29. Cf. J. Starobinski, cap. 5 ("O remédio no mal: o pensamento de Rousseau").

um fabricante, um ser voltado para transformar um estado de coisas dado e, porém, incompleto – a natureza[30]. Todavia, da perspectiva das utopias agrárias clássicas, como se viu, é justamente aí que mora o perigo: como lidar com o excesso sem subverter (corromper) a personalidade cívica? Ou, traduzido na crise da consciência americana descrita por Hofstadter: como admitir a colheita para fins comerciais (*cash crop*), sem trazer para casa as sementes da destruição da própria vida rústica? Se aceitamos o trabalho produtivo, temos de aceitar também seu afã para o excesso: mas então surge o fantasma do declínio de um modo de vida tido como base da boa ordem política.

As utopias do trabalho parecem fornecer uma alternativa para esse impasse[31]. Basta pensar a relação de afinidade entre trabalho e tempo-artefato, sugerida na primeira seção deste capítulo. Agora, há um lugar para guardar o excesso – traduzido, na linguagem econômica, como "excedente" –, impensável no tempo-natureza do agrarismo: o próprio futuro. Embebido de valor, o progresso surge como uma figura temporal de absorção do excesso/excedente que não mais precisa ser contido pela personalidade cívica, quer dizer, por um dispositivo moral (a virtude) que obsessivamente vigia e modera, ou então por um mecanismo de vazão estimulado pela coragem militar, pela glória e conquista. Finalmente, o trabalho desloca boa parte dos problemas centrais da vida política para a economia, cuja questão-chave é pre-

---
30. Cf. J. Tully, pp. 108-10.
31. Mas não a única alternativa possível. No próximo capítulo, em vez de centrar a discussão nela, se dará preferência à descrição de uma ontologia social larga o bastante para pensar um menu de alternativas mais diversificado, compatível com as utopias do trabalho, porém não limitado a elas.

cisamente como transformar o excedente material num mecanismo autopropulsor, a poupança e o investimento, modo pelo qual poderia ser indefinidamente projetado para o futuro. Mas é claro que a economia não é o objeto exclusivo dessa concepção, pois que se projeta como metáfora de alta plasticidade para todo o fazer social, cuja base é a íntima conexão entre a ideia de *socialização* e a *estrutura aberta do tempo*. Nela o artefato é o futuro da natureza e a ação política, o modo privilegiado de alcançá-lo.

Estado, secularização e pluralismo

Em nossos dias, "secularização" remete à ideia de um mundo esvaziando-se de religiões e divindades. Essa também é a leitura mais comum que se faz da obra dos clássicos da sociologia europeia, a quem se costuma atribuir a tese. Curioso, porém, é observar o fascínio desses mesmos clássicos pelas diferentes experiências religiosas e suas continuidades com a sociabilidade que, em parte ou no todo, elas possibilitavam. Exatamente porque as religiões são tão diversas quanto as formas da vida social, a secularização – ao contrário da leitura usual – foi vista *menos* como uma negação completa do que como uma *continuidade extrema*, uma radicalização, de um certo tipo de experiência religiosa.

Essa é uma das chaves da interpretação weberiana do mundo moderno. Ele vê o cristianismo como um tipo de religião a serviço do "desencantamento" (*Entzauberung* – "desmagificação") do mundo, que se afirma como uma religião negando outras, mas que ao mesmo tempo prepara o terreno para o seu próprio deslocamento, ou seja, uma posterior "secularização". Um deslocamento, porém, que não significa necessariamente a negação de toda religiosidade, de seu expurgo completo da vida social. Mais do que isso: um deslocamento que preserva marcas do que se deslocou, um legado que se espalha em todos os campos, inclusive e especialmente o intelectual. É frequente enfatizar demais certa racionalidade ou certa racionalização como a essência desse legado, o qual conserva apenas sua pura instrumentalidade, esvaziada não só da religião, mas também de qualquer valor no mundo, como sugere a metáfora da "gaiola de ferro" do próprio sociólogo alemão. E com isso se deixa na sombra outros aspectos igualmente importantes, esses sim acentuando o valor, ou melhor, os valores que preenchem de significado e orientação a conduta social, mesmo quando não mais acompanhados da crença religiosa original. Entre esses cabe destacar, como de resto o presente estudo tem procurado destacar de outros modos, ao abordar o pensamento político moderno: a rejeição ativa do dado, do imediato, do aqui e agora; o igualitarismo; a subjetivização e a individualização.

Mas não se trata de dirimir neste espaço a polêmica em torno da correta leitura da sociologia clássica a respeito da secularização. Tampouco se fará justiça à enorme complexidade do próprio conceito[32]. Estas breves notas servem apenas para registrar que o autor deste trabalho assume a ideia da secularização, pois a considera importante para esclarecer o desenvolvimento da inteligência política moderna so-

---

32. Um excelente panorama da discussão é apresentado por G. Marramao. Ver também F. Pierucci para uma reflexão sobre o tópico na obra de Max Weber.

bre a forma política, mas sem, ao mesmo tempo, endossar a visão um tanto estereotipada que a identifica com a pura negação do religioso. Ao contrário, é preciso estar atento para o legado do religioso, mesmo ao reconhecer o deslocamento que a secularização produz na própria experiência religiosa. No presente estudo, tal legado centra-se na figura do soberano e na forma do Estado. "Como conceito teológico secularizado", na feliz expressão de Carl Schmitt, a soberania é uma imitação mundana das propriedades do Deus cristão: criador, artífice, um *Maker*, como diria Hobbes, um *Workman*, no fraseado, talvez ainda mais feliz, de John Locke. Mas não um criador *ex nihilo*, porque produto da atividade humana, ele mesmo um artefato que ganha vida própria, criando, sim, mas a partir de um material bruto, o qual solicita transformação, vale dizer, aperfeiçoamento. Esse é seu modo de *rejeitar ativamente* o dado, o imediato, o aqui e agora. Rejeição que, por sua vez, tem de se apoiar num lugar imaginariamente distanciado do mundo, um ponto de fuga dele, digamos assim. Daí a subjetivização e a individualização. Daí a concepção de tempo histórico que, à sua maneira, seculariza a ideia da transcendência, tornando-a uma instância do que poderia ser chamado de "transcendência na imanência"[33]. Daí, também, o caráter fortemente normativo do Estado, do qual se falará na última seção deste capítulo.

A presente seção se limitará a apontar – outra vez, da maneira mais sintética possível – as consequências da secularização a um aspecto da política soberana, embora impor-

---

33. Este autor encontrou num artigo de E. Tugendhat a expressão "transcendência imanente" que, no entanto, a emprega para analisar certos desenvolvimentos da filosofia moral a partir de Nietzsche.

tantíssimo, que é o *pluralismo*. Ou ainda: o Estado soberano como promotor do pluralismo e, ao mesmo tempo, como um beneficiário dele. Há muitas maneiras diferentes de examinar a questão. Uma delas é proporcionar um arcabouço normativo para a prática do pluralismo: tal é, por exemplo, o propósito de John Rawls em seu *Liberalismo político*. O outro é procurar escandir o problema, como se vem fazendo neste estudo em todos os tópicos que o interessa, valendo-se da tradição do pensamento político. Embora não seja sua preocupação central, Rawls também faz algo nessa direção nas páginas introdutórias de seu *Liberalismo*[34]. Mas deixemos o exame crítico dessa elaboração para o próximo capítulo, momento deste estudo reservado para um argumento normativo mais cerrado.

Da tradição moderna, cabe resgatar a contribuição das teorias contratualistas para a construção de um arcabouço intelectual favorável à prática do pluralismo. Para este trabalho, o resgate interessa especialmente, na medida em que mostra a cumplicidade entre a emergência do Estado soberano e a gradual aceitação daquela prática. De fato, mostraria até algo mais, que porém se deixará apenas sugerido neste espaço: o desdobramento da própria secularização política, e do pluralismo que a acompanha, a partir de dentro, e não de fora, da experiência intelectual do cristianismo medieval. Sobre o desenvolvimento do contratualismo moderno e a conexão soberania-pluralismo, limitar-se-á às considerações a seguir.

Como se viu em seção anterior, Hobbes é um marco fundamental dessa corrente, cuja contribuição não é exata-

---

34. Cf. Rawls (1996), pp. xxiii-xxix.

mente a de ter inventado o conceito de soberania, mas ter lhe dado grande consistência e enriquecimento, graças à incorporação de noções como a de representação e de artifício. Apesar de defensor do Absolutismo real, sua formulação da soberania é suficientemente complexa para abrigar outras possibilidades, inclusive a negação daquele Absolutismo. Mesmo a defesa do pluralismo religioso não é clara em sua obra, oscilando de texto para texto, e pode-se mesmo afirmar que ela é mais inclinada para uma fórmula intermediária, do tipo *cuius regio eius religio*, conforme consagrada na Paz de Augsburg (1555), aliás mais coerente também com o próprio Absolutismo real[35]. Enfim, a leitura que se faz de Hobbes neste estudo é a de um pioneiro, o descobridor de um caminho repleto de aberturas para evoluções posteriores.

Em particular, a fórmula hobbesiana é o ponto de partida de uma inversão decisiva dos termos da representação medieval, plenamente integrada ao sagrado e ao teológico e desse modo associada à figura do soberano. É bem certo que contribuições como a de Ernst Kantorowicz mostram o papel desse mesmo sagrado-teológico na desfeudalização do rei. Mas não é essa a questão. O ponto é que, em vez de problema da mediação entre Céu e Terra, ou entre Deus e os homens, o Estado soberano se apresenta agora exclusivamente como uma questão de mediação entre os homens e os próprios homens. Ou, para usar a linguagem meio rebuscada da tradição filosófica, de uma questão de alteridade *transcendente*, colocada pelo cristianismo medieval, a representação

---

35. Ver a análise de R. Tuck sobre esse ponto em sua Introdução à edição da Cambridge University Press (1996) do *Leviatã*.

política passa a ser um problema de alteridade *imanente*. Não que em Hobbes, e tantos outros autores do contratualismo moderno que seguem a mesma trilha, o velho problema medieval desapareça de vez; mas neles já ocorre um deslocamento fundamental. Repetindo Carl Schmitt: sim, a soberania hobbesiana é um "conceito teológico secularizado"; mas o qualificativo "secular" faz aqui toda a diferença.

A palavra "secular" deriva do direito canônico, no qual serve, por exemplo, para distinguir no interior da estrutura de ofícios religiosos o chamado "clero secular", aquele corpo da Igreja Católica especialmente voltado para interagir com a vida mundana ou profana. Distinção essa que a Reforma Protestante vai radicalizar, com sua pretensão, na ideia da "igreja invisível", de tornar seculares todos os quadros religiosos. Já a palavra "secularização" foi usada para designar a expropriação de bens eclesiásticos para propósitos políticos: "Neste sentido, a expressão remete a um processo de gradual expulsão da autoridade eclesiástica do âmbito de domínio temporal, com respeito ao qual o Estado moderno – nascido naquele 1648 da Paz de Westphalia – indicava uma pretensão de monopólio" (Marramao, p. 18). Expropriar bens religiosos não significava, obviamente, desvalorizá-los ou rejeitá-los: pelo contrário, indicava uma espécie de "estatização" da religião. Essa prática fazia do soberano um manipulador de bens religiosos, porém para fins estritamente mundanos, entre os quais o reforço de seu poder político. Mas o argumento contratualista não se restringe a esse ponto.

Partamos, outra vez, da ideia de que o Estado soberano é uma entidade representativa. Mas representante do quê?

Na teologia política medieval, a resposta é clara: o soberano é um representante de Deus na Terra. Quando, porém, a partir de Hobbes essa representação é identificada com o conceito de pessoa artificial, ocorre uma inversão explícita. Isso significa que o soberano é representante de algo "cá embaixo" (a expressão é de Marcel Gauchet), e não mais de algo "lá em cima". No esquema contratualista, esse "cá embaixo" são os próprios homens colocados em dois momentos: o estado de natureza e o estado civil. O contrato apresenta-se como ponto de demarcação, isto é, de fronteira, mas também de passagem entre esses dois momentos, cujas partes são as mesmas, porém transformadas. A passagem já traz uma marca muito moderna da ideia de contrato, que Hobbes aproveita plenamente, pois trata-se de uma figura jurídica que exige apenas a vontade e a iniciativa das partes para se consumar. O contrato, portanto, é uma autotransformação, em que as vontades que nele concorrem marcam uma diferença, um antes e um depois: o ato contratual cria algo novo.

Vê-se por que a representação política que daí emerge não pode ser dita de origem diretamente divina, como pretendia a teoria do direito divino dos reis; ainda que se pudesse afirmar, como se afirmava, que Deus a quisesse "indiretamente", sua causa imediata é uma simples ação concertada de homens: e é apenas esta última suposição que importa no gesto da "autorização". Tampouco se pode dizer de origem puramente natural: mesmo que se investiguem suas motivações nas paixões humanas, resta o fato de que o contrato só se valida com a concorrência das *vontades*. Em suma, o contrato é um "artifício", uma construção humana deliberada.

E assim o Estado soberano faz a ligação, mas também a fronteira, entre o homem natural e o homem artificial – os cidadãos – cuja comunidade, em Hobbes, confunde-se com o próprio soberano.

Falou-se acima, para descrever essas passagens, de uma "suposição". Em diversos autores contratualistas, Hobbes incluso, há uma pretensão de que o estado de natureza e o contrato, na sua apresentação teórica mais pura, sejam uma "hipótese" e não um ato histórico, ou, para usar o termo extemporâneo de Rawls, uma "experiência de pensamento". É verdade que há estados de natureza históricos, como aquela condição que persiste entre Estados soberanos. Mas o que interessa para refinar o modo adequado de conceber a soberania é, sem dúvida, pura abstração. Estamos falando, portanto, não de mediação entre duas realidades, mas entre uma ideia (os homens numa condição hipotética, abstrata) e uma condição real, embora artificial e institucional: os homens como cidadãos. Cabe notar que, ao fazer esse exercício com seus leitores, os contratualistas queriam mostrar a possibilidade de uma reconstrução racional dos fundamentos do poder político – e como tal, em sua própria versão, Immanuel Kant não hesitou em usar a expressão "como se", que costumava usar para falar, por exemplo, da reconstrução de uma figura geométrica[36] –, os quais não dependeriam de uma verdade revelada ou de algo milagroso, mas *apenas* das disposições naturais dos homens neste mundo.

Chegamos, então, a uma propriedade fundamental dessa elaboração. Ocorre que o contrato nunca é tomado como

---

36. Para uma análise do uso que faz Kant da expressão "como se" em sua teoria política, ver Urbinati, cap. II.

ato privado (por isso Rousseau o chamou de "social"). Sua pretensão é justificar o poder soberano trazendo à tona a questão do *consentimento* como fonte da legitimidade desse poder. Tal propriedade é especialmente acentuada na versão hipotética do contrato. A questão neste ponto não é que o poder do Estado emerge de uma barganha real entre governantes e governados (ou entre os próprios governados) – barganha essa que o aproximaria, equivocadamente, de um contrato privado –, mas que o soberano sempre deveria orientar sua ação na busca do consentimento dos governados. Em outras palavras, na suposição de que, no uso de sua própria razão, ainda que não efetivamente consultados, eles considerariam os atos do soberano aceitáveis; e, portanto, o soberano mesmo deveria formular seus atos *em termos que pudessem ser aceitos*. É claro que a diferença entre *supor* o consentimento e o *efetivo* consentimento continuará decisiva, e com o tempo ela se colocará como um dos grandes desafios democráticos à teoria da soberania. De qualquer forma, ao elaborar os atributos essenciais da autoridade legítima, esses autores já procuravam adiantar quais seriam os termos mínimos de um consentimento possível. Daí a importância que tem na teoria a elaboração de um conjunto mínimo de direitos e leis naturais.

Contudo, a necessidade dessa elaboração envolvia também a consciência crescente de que dotar esses termos com um conteúdo que privilegiasse uma certa opção religiosa – num contexto de quebra da unidade espiritual da Europa – tendia a ultrapassar os limites de uma aceitabilidade mínima, passível de generalização. Pelo mesmo motivo, ela também não poderia privilegiar a rejeição da própria crença religiosa.

Restaria, portanto, contornar a questão, neutralizando-a politicamente. Solicitando dessa maneira o pluralismo religioso, a ideia do contrato também apontava para o abandono de um fundamento teológico do Estado. E, sem precisar rejeitar a dignidade da vida religiosa, a política da secularização, orientada pela noção de um soberano representante de *todos os seus súditos* independentemente de suas crenças, se via compelida a afirmar a autonomia deste mundo, a autonomia do humano. *Cá embaixo* só poderia significar isso.

Há que verificar agora o impacto desse princípio de pluralismo na estrutura institucional mais ampla de uma república. Tome-se, para facilitar, a questão hobbesiana da "liberdade dos súditos" como ponto de partida. Embora haja, no pensamento do filósofo inglês, hesitação quanto a assumir a ampla liberdade religiosa na sua lista de liberdades, parece evidente que seu esquema conceitual está apto a incluí-la. Mais interessante ainda: está apto a ampliar o conceito de pluralismo *para além do religioso*. O pluralismo poderia ser então entendido como um conjunto indefinido de práticas permitidas, ou seja, passíveis de ocorrer no campo não estatal do espaço social mais amplo, campo esse que a própria soberania possibilita. Possibilita por quê? Porque ela supõe a individualidade do cidadão. Mesmo que, como questão de fato, o homem que se torna cidadão derive ou faça parte de grupos sociais, essa pertença não conta como princípio constitucional. É só como indivíduo, e não como parte de um grupo social, que o soberano exige a sua lealdade; em contrapartida, nenhum grupo social pode exigir do cidadão uma lealdade mais elevada do que a devida ao soberano. Porém, essa mesma individualidade, como se viu, faz do homem-

-cidadão, quando súdito, um criador de sociabilidade. Isto é, a subjetivização que informa o soberano e faz dele um *Maker*, artífice e criador de poder político e autoridade legítima, transmite-se ao súdito, tornando-o um *maker* em miniatura: um criador de novas relações sociais.

Essa continuidade não deveria nos surpreender. Ela vai de par com a retirada do fundamento do Estado a partir do "alto", de sua referência legitimadora no Deus transcendente. Se, pois, a teoria requer, para dar autoridade aos atos do soberano, a suposição do consentimento dos governados, sua hipótese implícita é que esses mesmos governados são capazes de pensar e agir de forma racional e independente, ou seja, eles carregam consigo, individualmente, os atributos que virão a conformar o sujeito político. A figura do contrato implica esse reconhecimento, e é por isso que através dela tais atributos são transferidos dos indivíduos para um ser coletivo: na verdade, o soberano é *totalmente devedor das qualidades de sujeito* dos indivíduos colocados na posição contratual; dessa perspectiva, é o soberano que se faz à imagem e semelhança do súdito, e não o inverso, embora o último seja apenas a sua miniatura.

Eis então, numa fórmula sintética, a contradição que esses pressupostos trazem às teorias absolutistas da soberania: o sujeito que endossa a construção da ordem civil e da autoridade política é o mesmo que pode subvertê-las. Como já foi assinalado anteriormente, esse problema faz com que a teoria da soberania de Hobbes tenha que cancelar a capacidade de ação independente do cidadão-indivíduo através de sua completa identificação na pessoa do soberano – é a isso que visa sua teoria da representação –, porém admitindo-a ao súdito numa esfera não estatal, neutralizada politicamente. Justamente o inverso faz Rousseau: como é a atividade do indivíduo fora da esfera do soberano, isto é, como súdito, que tende a colocar o interesse particular acima do bem comum, ele procura cancelá-la em proveito do reconhecimento das qualidades de sujeito ao cidadão-indivíduo, porém só na medida em que este colabora na constituição da vontade geral. Não é por acaso que Hobbes e Rousseau tenham definições opostas de liberdade.

Opostas, sim, mas compartilhando este problema: não há como superar a contradição a que ambas as teorias estão expostas enquanto propuserem uma relação esquizofrênica entre o cidadão e o súdito. Para ultrapassá-la, seria preciso colocar a teoria do soberano em completa sintonia com aquilo que a figura do contrato já pressupõe: a plena subjetivização do indivíduo, reconhecendo-lhe, como habitante da ordem civil, a capacidade de agir tanto na esfera estatal quanto na esfera não estatal. E como isso significa admitir não uma parede impermeável, mas um trânsito entre as duas esferas, será preciso trazer à baila uma nova questão: como se dão a comunicação e a integração entre elas? É essa pergunta que exige um esforço no sentido de direcionar a teoria da representação política para além daquela que Hobbes colocou em pé, e para além da crítica de Rousseau.

Compreende-se por que o pluralismo é um ponto de pauta tão crucial para a moderna teoria do Estado soberano. O pluralismo é cúmplice tanto da secularização política quanto da individualização da cidadania. Marcel Gauchet o disse com muita agudeza: "Uma vez que ficamos liberados da dependência externa [a referência ao divino transcendente], trazidos de volta ao círculo da identidade, e forçados a nos colocar diante de nós mesmos, o princípio organizador passa a ser *o outro em nós mesmos*, tanto se estamos lidando com a relação social, quanto a relação intrassubjetiva ou a relação com a realidade" (Gauchet, 1997, p. 166; grifos adicionados). Se é verdade que a secularização traz consigo a questão da autonomia "cá embaixo", a autonomia deste mundo, então não há como eludir o problema da autonomia do sujeito individual, sua capacidade de endossar, através do uso da própria razão e não por uma autoridade externa, suas crenças, valores e plano de vida.

A constituição como "lei suprema"

No capítulo anterior foi mencionado que o conceito de *constituição* que se esboça na revolução americana carrega consigo um veio soberanista. Cabe desdobrar essa ideia e relacioná-la com o que foi dito ao longo do presente capítulo.

Retome-se a definição de república dada por Madison no *Federalista*: "Se, para fixarmos o verdadeiro sentido da expressão, recorrermos aos princípios que servem de base às diferentes formas de governo, neste caso diremos que governo republicano é aquele em que todos os poderes procedem direta ou indiretamente do povo e cujos administradores não gozam senão de poder temporário, a arbítrio do povo ou enquanto bem se portarem" (*O federalista* 39, p. 118). O termo "Povo" inscrito nessa definição comporta duas possibilidades. A primeira, já abordada neste livro, refere-se a um conjunto mais ou menos igualitário, porém irremediavelmente cindido em grupos sociais postos num sempre precário equilíbrio de forças: é a alternativa que sustenta a constituição mista plebeia. A segunda diz respeito a um único grupo de *status* civil, cuja identidade deve transcender a cisão social. É esse sentido que informa o conceito de soberania popular. Como tal, o Povo tem o indivíduo como seu componente mais básico, cuja qualidade definidora é ser um portador de direitos. E o Povo é um ente igualitário no estrito sentido de que seus membros devem ser iguais em direitos.

"O indivíduo como componente mais básico": isso não significa que a comunidade cívica não possa ser, nesse conceito, também vista como entrecortada por grupos sociais. Mas esse corte tem um caráter derivado ou secundário na idealização do Povo soberano, que primariamente leva em conta a individualidade do cidadão e o campo de direitos do qual é o centro irradiador. A ideia de Povo, com sentido igualitário, segue-se da rejeição de uma comunidade cívica organizada sob uma hierarquia de ordens ou estamentos. Recorde-se de que o conceito de estamento, empregado neste livro, tem o sentido de um agrupamento cujo papel no jogo constitucional é sancionado política e juridicamente. Sua existência social não é separada das instituições que compõem a estrutura de governo; sua posição na hierarquia social tem uma correspondência direta na hierarquia do poder político; suas regras de entrada e circulação interna são intencionalmente delimitadas e ritualizadas, além de reproduzidas por um estilo de vida mais ou menos exigente, dependendo da posição na escala social; e sua ancoragem na tradição, na reivindicação de uma longa e ininterrupta existência, imemorial, que remonta à fundação da própria comunidade cívica, faz imaginar sua posição hierárquica e mesmo seu papel constitucional como algo da ordem da natureza e não como uma contingência histórica. Pensem-se, em contraste, as consequências de um forte sentimento deslegitimador de todas essas noções, transformado num movimento intelectual e político, como o que caracterizou a "Era da Revolução Democrática", para usar outra vez a expressão de Robert Palmer. É claro que a estratificação social não é abolida, mas há uma transformação de sua imagem. A crítica prática a um regime estamental, como aquele próprio ao *Ancien Régime*, leva a pôr em xeque a cumplicidade desse tipo de hierarquia social com o jogo político e institucional. Não sendo mais admitida como uma estrutura fixa, inerente à natureza, a própria estratificação social passa a ser vista de outro modo, mais porosa e mais sujeita a mudanças em sua composição, graças a fatores outros que não os herdados pelo nascimento e pela fortuna. Mesmo persistindo, a estratificação, relacionada agora à noção de mobilidade social, não pode mais servir de lastro à idealização da estrutura do poder político, que tem de se descolar dela e encontrar uma nova concepção do jogo constitucional. Uma de suas alternativas, embora não a única possível, é simplesmente tornar a própria estratificação social invisível e irrelevante ao agenciamento das instituições políticas. Torná-la visível e relevante seria, ao contrário, como que sancioná-la e fixá-la na composição do poder político e, nessa medida, contribuir para o estancamento da mobilidade social. Eis por que o conceito de "classe social", elaborado pela teoria sociológica clássica por contraste ao de "estamento", sendo afim à ideia de uma estratificação social persistente, porém invisível institucionalmente, torna-se uma noção mais plausível para explicar as relações sociais. A classe social, para se reproduzir, não requer as sanções políticas e jurídicas próprias do regime estamental nem suas regras e rituais de entrada e circulação interna. Sua persistência, em suma, se deve a outros fatores que não aqueles reivindicados pela tradição[37].

Contudo, ainda que plausível na explicação de um novo tipo de hierarquia, a classe social também não tem os atributos que serviriam para ancorar a nova idealização da trama político-institucional. Ao contrário, seu conceito ajuda a referendar a ideia de uma separação dessa trama da reprodução da hierarquia social, qualquer que ela seja. É nesse ponto que a individualização da comunidade cívica ganha sentido. Para tanto, não é necessário que a noção de um indivíduo se apresente como fator para explicar a vida social como um todo, ou seja, que tal noção se torne a base de uma nova ontologia social. O importante é sua idealização como ator por excelência do jogo constitucional, que, aliás (pode-se argumentar), não é incompatível com uma ontologia social não individualista[38]. Mas falar que o indivíduo é relevante para idealizar a construção da trama político-institucional, independentemente de sua aderência à causalidade

---

37. Isso não significa, porém, a liquidação do fenômeno estamental. Ele persiste, embora não do modo descrito aqui, mas como que negociando com o igualitarismo. Entre as principais formas de permanência do fenômeno estão a organização profissional, que recorta o próprio campo das classes sociais, e a moderna burocracia do Estado e das empresas. Para uma rica discussão sobre os conceitos de classe e estamento na tradição sociológica, ver R. Nisbet, 1993, cap. 5.

38. Ver, para um argumento nessa direção, o artigo de C. Taylor, "Propósitos entrelaçados: o debate liberal-comunitarista".

social, é já apontar para *um novo conceito de constituição*, muito mais normativo do que aquele oferecido pela teoria da constituição mista. Mas sua novidade vai além dessa questão. Em seu celebrado estudo sobre a história do constitucionalismo, Charles McIlwain situa no pensamento que emerge das revoluções americana e francesa um momento de virada fundamental. Seu exemplo mais claro a esse respeito é a intervenção de Thomas Paine no panfleto escrito em resposta às *Reflexões sobre a Revolução em França*, de Edmund Burke, que, ao criticar a constituição inglesa, diz o seguinte: "Uma constituição não é um ato de governo, mas de um povo constituindo um governo, e um governo sem uma constituição é poder sem direito"... "Uma constituição é uma coisa *antecedente* a um governo; e um governo é apenas a criatura de uma constituição."[39] Mas por que essa definição de constituição expressaria um momento de virada? Porque nela a "constituição" já não se encontra confundida com o próprio arranjo das agências governamentais e com os usos e costumes que o sustentam. E é a identificação de "constituição" com a estrutura de governo que G. Stourzh flagra ao estudar as traduções, em língua inglesa, do termo grego *politeía* até a entrada do século XVIII. A tradução, vale frisar, é bastante consistente com a metáfora médica tradicional, pela qual a "constituição" do corpo político é análoga à "constituição" de um corpo natural. Isso significa que falar da *constituição* de uma forma política implica descrever os órgãos que compõem o corpo político, suas respectivas funções e as interações recíprocas que fazem desse corpo um

---

39. Paine apud McIlwain, p. 2. É a citação de um trecho da segunda parte de *Direitos do homem*, publicada em 1792.

todo[40]. O que é consistente também com o sentido clássico do termo *pólis*, na qual, como lembra Von Fritz, não há clara distinção entre a estrutura institucional e o conjunto da vida social[41]. Na verdade, a constituição, assim pensada, ao descrever as regras de funcionamento de um governo e seus órgãos, descreve também todo um modo de vida comunitário.

Algo bem distinto vem à tona quando a constituição é pensada como um conjunto de *princípios prévios* à composição de um governo e condição *sine qua non* para seu correto estabelecimento, como indica a definição de Tom Paine. Importa lembrar o contexto da intervenção desse autor. Com sua definição, ele dá continuidade à sua batalha – iniciada em seu *Senso comum* (1776) – para pôr em xeque a autoridade do Parlamento inglês para fazer atos legislativos sem a prévia sanção de um conjunto de princípios que estabelecessem a correção ou justiça desses atos, isto é, de uma "constituição" nesse sentido novo. Repare-se que, falando assim, Paine já não estava questionando apenas o direito de o Parlamento fazê-lo aos colonos americanos, sem que fossem devidamente consultados – objeção que os próprios colonos haviam feito antes de sua decisão pela independência –, mas o de fazê-lo a qualquer de seus súditos e em qualquer circunstância, uma vez que o próprio Parlamento inglês, considerado por Paine uma mera agência de governo, não fora estabelecido por uma constituição. Mas esse argumento tem uma implicação normativa fundamental: que esse conjunto de princípios, essa constituição, deveria ser colocada numa posição superior à do Parlamento, na ver-

---

40. Cf. Stourzh (1988), pp. 35-8.
41. Cf. Von Fritz, p. 50. Ver a segunda seção do capítulo I deste livro.

dade acima de qualquer agência governamental, mesmo aquela que reclamasse para si a responsabilidade legislativa. E porque esse conjunto de princípios deveria situar-se acima de um governo, ou qualquer órgão específico dele, e seus respectivos atos, *inclusive leis*; exatamente por isso, os líderes da revolução americana passaram a falar da constituição como uma "lei suprema" (*paramount law*), isto é, uma lei superior àquelas que emanassem das agências de governo. Como G. Stourzh observa com precisão: "A ascensão da constituição como a lei suprema, reinando acima de qualquer lei de um nível inferior na hierarquia das normas legais, inclusive a lei 'ordinária' feita pelo legislador, e portanto invalidando-a quando procedimentalmente possível, é *a* grande inovação e realização do constitucionalismo americano do século dezoito." E acrescenta: "Era a consciência *desta* inovação, e não [a ideia] de constituições reduzidas a documentos escritos, o que evocava o comentário orgulhoso dos americanos do século dezoito" (Stourzh, 1988, p. 47; grifo do autor citado).

Resta, no entanto, uma questão: o que ou quem está capacitado a determinar a constituição, essa lei suprema? A resposta de Paine à questão, em vez de resgatar a noção de "lei natural", no sentido dado pelo jusnaturalismo clássico − ainda usado nas teorias soberanistas dos séculos XVI e XVII, até bem adentro do século XVIII −, é *identificar* a lei suprema com o nome de um *sujeito político*: o Povo. No entanto, "Povo" não é o conceito de um agrupamento social específico no interior da comunidade cívica − isto é, o povo entendido como aquele grupo situado nos estratos mais baixos da hierarquia social, seja em termos de privilégios políticos ou jurídicos, seja em termos de riqueza e propriedade –, mas o de uma agência mais abstrata, situada acima da cisão social. Isso fica claro quando o escritor, retomando o que havia dito anos antes em *Senso comum*, rejeita o argumento em prol da autoridade do Parlamento inglês para legislar, com base na ideia de que, em suas operações, o órgão expressava a reunião e o equilíbrio das "três ordens" do reino (os lordes, os comuns e o próprio rei). Além de denunciar que, em realidade, o Parlamento representava o predomínio de apenas duas ordens, a monárquica e a aristocrática, sua resposta não é exatamente reclamar a superioridade da ordem sub-representada, os "comuns", mas fazer dela o ponto de partida de uma "ordem" mais ampla e bem distinta, na medida em que não determinada socialmente[42]. O *Povo*, nesse sentido, *não é o mesmo que a plebe*. Ele não é a expressão de uma parte da sociedade, mas de um todo que deveria transcendê-la: um grupo único abrangendo a comunidade cívica em seu conjunto, apto a expressar sua verdadeira identidade, porque construído com base no reconhecimento da igualdade de seus membros. É esse o atributo fundamental que lhe daria legitimidade para reivindicar a fonte e o lugar da soberania.

À primeira vista, as teorias absolutistas da soberania não têm qualquer afinidade com os desenvolvimentos desse novo constitucionalismo. Os próprios líderes da revolução

---

42. O ataque ao Parlamento inglês, nesse ponto, vem junto com uma crítica explícita à ideia de "governo misto" (Paine, *Direitos do homem*, pp. 106-7). Sobre a crítica elaborada no *Senso comum*, e as objeções que recebeu de outros líderes da independência americana – como John Adams, que defendia uma visão mais afeita à teoria da constituição mista tradicional –, ver Bailyn, pp. 255-61.

americana, por certo, evitavam reivindicá-las, servindo-se de outras tradições, inclusive e especialmente o republicanismo clássico. Mesmo no interior da corrente contratualista, de onde essas teorias surgiram, há óbvias divergências com os autores que defendem a tese de uma soberania limitada. E limitação de poder costuma ser vista como o grande pilar do constitucionalismo: "em todas as suas fases sucessivas, o constitucionalismo tem uma qualidade essencial: ele é uma limitação legal ao governo; é a antítese do regime arbitrário; seu oposto é o governo despótico, o governo da vontade em vez da lei" (McIlwain, p. 21). Os absolutistas, naturalmente, não aceitariam a acusação de que defendiam o despotismo, uma vez que buscavam as bases racionais da autoridade legítima. Mas é certo que não negariam, pois o diziam explicitamente, que o termo "absoluto" atribuído aos soberanos significava de fato colocá-los acima das leis, inclusive das que eles próprios estabelecessem. Essa proposição em nada parece combinar com a ideia da constituição como uma lei suprema.

É inegável que a insistência na centralidade da vontade, se entendida como uma faculdade mutável e caprichosa, torna impossível compatibilizar a teoria do soberano com o ideal de estabilidade da lei defendida pelos constitucionalistas. Teria de haver outra qualidade do sujeito político, atribuível ao soberano, para que esse problema fosse contornado. Uma alternativa seria identificá-la com a própria razão ou a equidade. Mas o absolutismo não precisa chegar a esse ponto para se sustentar. A teoria da soberania, inclusive a absolutista, é a defesa de uma determinada forma política, e não está condicionada ao que venha a fazer substantivamente esse ou aquele ocupante da função: *auctoritas non veritas facit legem* ("a autoridade, não a verdade, faz a lei"), martela Hobbes. Isso significa, todavia, admitir que os súditos sempre correm o risco de ficar à mercê de atos arbitrários e iníquos, atos que poderiam transgredir inclusive os deveres de ofício que a teoria faz questão de prescrever ao soberano. Exatamente esse ponto desconcerta os estudiosos dos autores absolutistas: apesar de não reconhecerem um direito comum de resistência dos súditos a tais atos, ainda assim se dedicam a longas elaborações sobre os deveres pertinentes à soberania. Mais interessante ainda: eles dedicam-se, previamente à estipulação desses deveres, a uma cuidadosa elaboração dos "direitos do homem" no estado de natureza, fundamental para demarcar as condições do contrato fundador da ordem civil.

Um importantíssimo desvio dessa descrição é o soberanismo de Rousseau, autor que pensou ter encontrado, como já se viu, uma saída teórica que pouparia, à república, a arbitrariedade do soberano e, ao próprio teórico, a necessidade de detalhar seus deveres e direitos. Antes de considerá-lo nessa discussão, porém, exploremos um pouco mais as consequências da moldura conceitual que ele mesmo herda. Trata-se de flagrar, como já se fez em outros momentos deste livro, as exigências do conceito, para além das intenções autorais. Thomas Hobbes servirá, outra vez, de modelo dessa herança. Uma característica marcante do moderno soberanismo, que os defensores da tese absolutista ajudaram a assentar – se não tiverem sido os primeiros a estabelecê-lo em plena consciência, na pena de Hobbes –, é o papel *prioritário* que tem a noção de "direito" na construção do argumento da soberania, em comparação com as noções correlatas de "dever" e "lei". Essa prioridade significa que é o direito que funda a lei, e não o contrário. O direito de que se fala aqui é evidentemente um termo jurídico, mas um termo que se atribui a indivíduos, independentemente da existência objetiva de uma ordem legal. Por isso se diz dele que é um "direito subjetivo". Mesmo que se possa falar de "leis da natureza", regras de ação também pensadas a partir do estado de natureza, essas não deixam de derivar daquele direito; além disso, regras implicam deveres que, dadas certas circunstâncias, "amarram" ou "obrigam", enquanto o direito é um "poder" ou "liberdade" de fazer ou não[43].

Pode causar surpresa observar que uma teoria que concede tanto aos homens no estado de natureza acabe subtraindo deles quase o mesmo tanto quando se tornam súditos no estado civil. O que, todavia, não é necessariamente contraditório se tivermos em mente a cumplicidade de ambos os papéis no que diz respeito às qualidades de sujeito. Como a soberania não tem origem divina, não há nada que o soberano possa ter sem que antes já não o tenham os simples indivíduos. A soma total de direitos é sempre a mesma dos dois lados do esquema contratual: o soberano é apenas uma concentração desses direitos numa única pessoa. Quanto mais atribuí-los ao homem no estado de natureza, mais se poderá transferi-los a essa pessoa.

Isso não quer dizer, porém, que uma teoria dos direitos naturais subjetivos tenha de ser absolutista. Esse é o ponto.

---

43. Para a história da ideia de um direito "ativo", atribuível a indivíduos, que recua ao período medieval tardio, ver o estudo de R. Tuck (1979). Hobbes, no entanto, vai além de seu uso numa teoria jurídica: ele faz dela o pivô de todo o esquema conceitual da soberania.

Na medida em que se abandone o que antes se definiu como uma espécie de esquizofrenia entre o súdito e o cidadão nas teorias pioneiras, e se reconheça plenamente o caráter de sujeito de ambos, tanto um como outro podem desempenhar papéis fundamentais de *atores* na própria ordem civil. É por esse caminho que, ao ver do presente trabalho, o conceito de soberania pode se reconciliar com o constitucionalismo. Não só isso: em certo sentido, torna-o apto a reformular profundamente seus termos. Basta pensar na inflexão que a soberania produz no significado de "império da lei" do republicanismo clássico e do constitucionalismo que lhe está associado, no qual está situada, confundindo-se com ele, a teoria da constituição mista. Pois a inversão entre lei e direito, legado do jusnaturalismo e contratualismo modernos, obriga a considerar a meta constitucionalista menos como um "império da lei" do que como um "império do direito", ou, para usar a expressão mais em voga em nossos dias, um "Estado de direito".

Mas a questão do reconhecimento pleno da agência dos indivíduos *dentro* da ordem civil não é nada simples. Aparentemente, ela traz de volta todos os problemas de estabilidade social descritos no estado de natureza, e que as teorias pioneiras só conseguiam filtrar através da desativação de direitos de súditos ou cidadãos. Com isso, supunham rebaixar a amplitude e intensidade dos conflitos a um nível suportável à ordem soberana. Mas, se tais direitos são agora reativados, parece que retornamos ao quadro sombrio do estado de natureza e, portanto, aos mesmos problemas que aquelas teorias pretendiam resolver. Ao mesmo tempo, porém, já se viu que a saída absolutista do tipo hobbesiano não os resolve de fato porque, no fim das contas, o soberano torna-se parte das motivações que levariam os súditos de volta ao estado de natureza. Como sair desse impasse? A história do contratualismo nos séculos XVII e XVIII pode ser lida como uma série de tentativas para responder a essa questão; porém, mesmo quando o absolutismo era rejeitado, mantinha-se o esquema padrão de desativar esse ou aquele direito do estado de natureza para reativá-lo na pessoa do soberano. Mas a resposta de Rousseau, apesar de manter o essencial do absolutismo, já aponta para uma direção distinta. O filósofo genebrino viu que não seria necessário expurgar nenhum direito do estado de natureza para que o esquema contratual operasse adequadamente e os homens pudessem viver sob uma mesma república. Era necessário, sim, colocar os direitos numa certa ordem a fim de que ninguém ficasse exposto nem às desvantagens do estado de natureza nem às desvantagens do governo arbitrário. Como? Sua saída foi introduzir, como registrado em seção anterior, a questão da *igualdade* no contrato social e preservá-la na figura do soberano, agora entendido estritamente como um corpo coletivo de cidadãos-indivíduos, no qual nenhum membro possuiria nem mais nem menos direitos que os outros. Sua fórmula lapidar: "Encontrar uma forma de associação que defenda e proteja as pessoas e os bens de cada associado com toda a força comum, e pela qual cada um, unindo-se a todos, só obedece contudo a si mesmo, *permanecendo assim tão livre quanto antes*."[44]

    O passo à frente de Rousseau foi, no fundo, glosar o elemento de igualdade já implícito no conceito de "direito

---

44. *Do contrato social* I.6, p. 32. Grifos adicionados.

natural" – pois falar que um homem possui um determinado direito natural significa *ipso facto* dizer que todos o possuem igualmente –, submetendo-o porém a um tratamento tal que seu reconhecimento a um indivíduo na condição civil não implicasse, como implicava na condição natural, sua anulação nos demais. Esse tratamento é a soberania centrada no conceito de vontade geral, que exige sempre a forma da lei. Immanuel Kant, seu discípulo assumido nesse ponto, tornou a questão da igualdade ainda mais clara ao transferir para o direito a exigência de universalização do imperativo categórico[45]. Desse modo, exigir a igualdade de algo com qualidade moral, jurídica ou política passa então a implicar seu caráter *universalizável*. Essa exigência, por sua vez, tem estreita relação com a ideia de que esse algo é atribuível, em última instância, a indivíduos. O direito natural, assim como a igualdade de direitos, é um conceito cosmopolita que, lembra McIlwain, está em direta oposição ao conceito tipicamente feudal de direito, entendido como "franquia" (*franchise*) – a concessão de um privilégio específico feita por um superior[46].

Como também apontado em seção anterior, o problema da solução rousseauniana é que toda a ativação de direitos resgatada ao cidadão é negada ao súdito. No fundo, seu esquema só reconhece a capacidade de agência pela metade, digamos assim. De modo que, como membro do corpo soberano, o indivíduo é tudo; fora dele, porém, é praticamente nada. Como o soberano só pode ser e agir *coletiva-*

---

45. Sobre o vínculo entre o imperativo categórico e o conceito de direito em Kant, ver R. Terra, pp. 9-40.
46. Cf. McIlwain, p. 13.

mente, isso significa que é a própria ação individual *independente*, "a liberdade do súdito", que é anulada em sua concepção. Vê-se, outra vez, como o problema de Rousseau é mais ou menos o inverso do de Hobbes. Ele reintroduz os direitos ativos do estado de natureza na ordem civil, porém, a fim de impedir a explosão de conflitos que esse passo pode gerar – ameaçando um retorno ao estado de natureza –, seu esquema exige do cidadão que só oriente sua ação pela visada do bem comum. Em outras palavras, ele procura expurgar os novos problemas do *excesso* que seu próprio contrato social igualitário admite, usando o velho remédio do republicanismo clássico: a virtude. Fazia-o, porém, sem os recursos políticos e institucionais da teoria da constituição mista.

De qualquer maneira, resta sua intuição fundamental de que a soberania só poderia ser expressa na forma da lei. Essa intuição é o que leva à tese de que não há contradição entre a soberania e a liberdade do cidadão. Ou seja, *como cidadão*, o homem permanece protegido, ao mesmo tempo, do estado de natureza e do arbítrio do soberano. No fundo, Rousseau embute nas operações internas do próprio soberano, um corpo coletivo, os direitos que, nas teorias da soberania limitada, como a de John Locke, justificariam uma resistência ativa dos súditos a um abuso da autoridade soberana. Assim embutidos, ele assume que o soberano jamais poderia agir arbitrariamente contra qualquer um de seus membros, pois isso seria como agir contra si mesmo. Embora ele não se dê ao trabalho de provar a infalibilidade dessa assunção – de fato, esse é um ponto cego da teoria –, Rousseau acaba indicando, ainda que de forma bastante incompleta, o caminho que poderia levar à reconciliação do conceito de soberania com a nova modalidade de constitucionalismo inaugurada pela revolução americana. A ver. Primeiro: o soberano é um sujeito coletivo – o Povo – que reivindica a autoridade suprema da república, cuja ação, porém, não é restringida externamente, mas autorrestringida. Segundo: a autocontenção do Povo se dá tanto pela exigência da forma de lei quanto pela exigência de igualdade de seus membros. Terceiro: a igualdade é definida pela atribuição de direitos *ativos* individuais e iguais; e é só enquanto esses direitos permanecem ativos e iguais que o próprio soberano pode reclamar seu direito de supremacia. Vê-se claramente nesse item por que deve haver uma relação de reciprocidade entre o Povo como sujeito da lei e o cidadão como portador de direitos. Por último: a distinção rousseauniana entre soberania e governo, em que o segundo se subordina à primeira, é muito similar – senão rigorosamente idêntica – à exigência do novo constitucionalismo, que faz do Povo uma agência superior em autoridade às agências de governo e condição prévia para seu correto estabelecimento. No fim das contas, Rousseau está a apenas um passo de fazer do Povo a única agência que pode "constituir corretamente" o governo e todos os seus atos, segundo um conjunto de princípios legais, isto é, de fazer dele a própria constituição, a lei suprema da república.

Repita-se, porém: a afinidade entre a teoria da soberania até Rousseau e o constitucionalismo moderno é apenas parcial e incompleta. Permanece como um problema teórico crítico saber como se dá a relação entre cidadão e súdito de um modo geral, mas em particular entre o Povo – fundamento do Estado soberano –, o governo e os governados, considerados estes últimos tanto em seu conjunto como individualmente. Nas teorias absolutistas, o súdito permanece um subversivo em potencial e, por isso mesmo, tem na ordem civil seus direitos naturais praticamente desativados em favor dos direitos de mando do soberano. Em seções anteriores, anotou-se a razão desse viés subversivo: é que o súdito é um criador de sociabilidade em miniatura, embora não possa ser seu garantidor. Já o Estado soberano é um macrocriador de sociabilidade e, ao mesmo tempo, seu garantidor. Essas capacidades potencialmente divergentes – uma que vai no sentido da divisão e diferenciação, a outra no da unificação – levam a pensar, por sugestão das próprias teorias soberanistas, a república como uma formação complexa polarizada entre Estado e sociedade, que porém deixa em aberto e irrespondida a questão de sua comunicação e integração. Embora aquelas teorias tenham uma concepção própria de governo – a de Rousseau sendo talvez a mais bem desenvolvida entre elas –, falta-lhes o conceito de um *governo representativo*, aliás em franca gestação nas experiências revolucionárias do final do século XVIII. O alvo fundamental desse conceito é justamente o problema da conexão entre governantes e governados, supondo direitos ativos de ambos os lados. Mas sua questão não se limita à agência do governo em sentido estrito. Ela nos leva ao problema, mais abrangente, de compreender os nexos entre Estado, governo, sociedade e constituição na chave da representação política.

Capítulo IV

O Estado como parte da república

A partir dos elementos escandidos nos capítulos anteriores, este autor se permitirá, neste quarto e último capítulo, uma virada no tipo de exposição que vinha desenvolvendo. Até aqui, buscou-se uma reconstrução de alternativas da forma política com base em tópicos e autores da tradição do pensamento político. Não é que agora se deixará de fazer recurso à tradição (o que seria impossível), mas ele será mais alusivo e em benefício de uma exposição ensaística, com uma série de argumentos de caráter exploratório[1]. O objetivo principal do capítulo é sondar um ideal de viver civil com base na forma Estado. Embora contenha a descrição de um arranjo teórico, trata-se também de um argumento normativo, no qual se procura realçar a importância e a desejabilidade dos valores que o ideal promove. No início deste livro foi dito que a república é o nome de uma dignidade: a dignidade da forma política. Mas é possível pensar o Estado como parte dessa dignidade? É o que se discute a seguir. Como sugerido no final do capítulo anterior, a chave da questão é a representação política. Parte-se da tese, exposta naquele capítulo, de que o Estado soberano mantém, desde os primeiros lances modernos de sua concepção, uma cumplicidade com a ideia da representação. Mas busca-se

---
1. Parte deste capítulo foi publicada em Araujo (2012).

ampliar a ideia de modo a dar conta da questão democrática, cuja centralidade e características serão analisadas ao longo da argumentação. Pergunta fundamental: como a representação política, originalmente não democrática, se torna democrática? Pelo enfrentamento desse problema incontornável, assim argumentará o autor, a reflexão sobre o Estado, guiada pelo ideal da soberania popular, retoma a longuíssima tradição de dignificar a forma política com uma concepção de república.

O Estado como forma secular da representação política

A representação que se tem em mente nesta reflexão deve operar em dois níveis: 1) como uma relação entre atores, isto é, entre o sujeito representado e o sujeito representante – o modo ascendente da representação; e 2) como uma relação entre a ideia e o ator que pretende personificá-la – o modo descendente. Em ambos, segue-se a definição mais abstrata proposta por H. Pitkin, feita a partir da etimologia da palavra: representar é *"em algum sentido* tornar presente, algo que, porém, não está literalmente ou de fato presente"[2]. O ato da representação – pois representar *politicamente* sempre envolve uma agência – implica uma tentativa de duplicação de algo, o ser representado, que pode ou não ser uma agência; uma duplicação que, porém, de algum modo deve produzir uma modificação do ser que se representa, mas não a ponto de perder seu vínculo com ele. A representação deve,

---

2. H. Pitkin (1967), pp. 8-9. Grifos da autora.

enfim, produzir um *efeito de deslocamento*. É esse o significado central do conceito que se quer explorar ao longo do capítulo.

Os níveis de representação acima mencionados correspondem a um arranjo institucional também duplicado, digamos assim, mas cujos planos operam simultaneamente: no primeiro, o plano de frente, está o *governo representativo*, e no segundo, o plano de fundo, encontra-se o *Estado soberano*. Procura-se endossar com isso a distinção entre governo e Estado que aparece na teoria contratualista e soberanista moderna, discutida no capítulo anterior, mas de modo a aproveitar, em ambos os lados da diferença, as ricas possibilidades do conceito de representação. O arranjo institucional proposto prevê, portanto, dois modos diferentes de mediar: o governo representativo procura fazê-lo entre agência (o sujeito representado) e agência (o sujeito representante), e o Estado soberano, entre ideia (o ser representado) e agência (o próprio soberano representante). O arranjo como um todo busca, evidentemente, integrar os dois níveis, o que, porém, não está fadado ao sucesso, pois o arranjo mesmo assimila em cada nível sentidos diferentes do ato de representar, que na prática podem convergir ou divergir. Discute-se essa questão a seguir. Por ora, vamos nos concentrar no esclarecimento do que significa representar no plano do Estado soberano: a representação da ideia.

Herda-se nessa discussão o esforço da tradição soberanista moderna de encontrar uma forma secular de instituição política. A distinção conceitual entre um estado de natureza e uma condição civil preenchia em parte esse propósito, pois levava seus autores pioneiros a sustentar que o Estado soberano serve e representa diretamente os homens "cá embaixo", e apenas indiretamente (se muito) um ser transcendente e divino. A missão do Estado é, portanto, exclusivamente terrena, cabendo a outras agências, devidamente neutralizadas em termos políticos, zelar pela experiência religiosa, que no pensamento teológico medieval mesclava-se à representação política[3]. Contudo, em seu desenvolvimento, o esforço encontrava algumas dificuldades. Uma teoria secular da instituição política, ainda que colocando de lado a figura de um ser transcendente e divino como objeto de representação, não poderia reduzir-se apenas a uma teoria do sujeito político, uma teoria do ator. Ela continuaria a precisar de um referencial, uma âncora para além do ator, que fornecesse a este um senso de realidade e uma orientação, sem a qual tanto o sujeito representado quanto o sujeito representante (o soberano) pareceriam constituir agências arbitrárias e caprichosas.

A âncora fornece ao mesmo tempo a ideia de limite e a ideia de oportunidades para o agir. A teoria contratualista procurou suprir essa necessidade com o conceito de estado de natureza, que, porém, além de fornecer apenas um referencial negativo – aquilo que deveria ser superado –, se confundia com uma concepção do ator, cujas propriedades subjetivas eram então transferidas para o soberano. Ademais, como o indivíduo imaginado no estado de natureza, isto é, o sujeito representado, tem de ser negado na passagem para a condição civil, através de sua completa substituição pelo sujeito representante (o soberano), o resultado é que o primeiro perde inteiramente sua condição de agência em prol

---

3. A questão da neutralização política remete ao conceito de pluralismo, a ser mais bem discutido na penúltima seção deste capítulo.

do segundo. Isso é patente, como se mostrou no capítulo anterior, nas duas versões polares das teorias absolutistas da soberania, a hobbesiana e a rousseauniana. Em outras palavras, essas teorias carecem, de um lado, de um conceito de representação do sujeito que reconheça plenamente o caráter de agência de ambas as partes do jogo representativo (o sujeito representado e o sujeito representante); e, de outro, de um conceito mais claro de representação da ideia, que aponte qual referencial de realidade e de orientação o ator busca personificar.

Descartada a alternativa de que esse referencial fosse o Deus transcendente da cristandade medieval, o que poderia candidatar-se como referencial ou âncora secular da representação política? Note-se que os termos "referencial" ou "âncora", escolhidos nesta exposição, guardam uma semelhança de família com aquilo que no jargão filosófico se costuma chamar de "objeto ontológico". No fundo, a representação da ideia, pretendida aqui, é uma representação desse objeto. Porém, uma representação política, que deve se traduzir na forma da agência, ou melhor, como se verá, num esquema complexo de agências. Mas voltemos à questão: que objeto é esse? O próprio desenvolvimento do conceito de estado de natureza, na história da tradição contratualista, aponta a resposta. De Hobbes a Rousseau, para ficarmos nos autores privilegiados neste livro, vimos emergir a ideia moderna de *sociedade*. E com isso chegamos ao limite da própria tradição, quando a dicotomia estado de natureza/ estado civil passa a concorrer com a dicotomia sociedade/ Estado. Sociedade, contudo, também admite o duplo sentido que se atribuiu ao conceito de representação, e que convém não confundir: por um lado, a sociedade é ator, o sujeito representado; por outro, a sociedade é referencial, âncora, ou ainda objeto ontológico: a ideia. Atentemos, por enquanto, para esse segundo sentido.

Deve-se ao Iluminismo escocês, precursor da sociologia moderna, e à chamada Economia Política, nascida no meio do século XVIII, a intuição seminal dessa ideia. A própria Economia Política é um subproduto das cada vez mais complexas elaborações sobre o estado de natureza produzidas no interior do jusnaturalismo e do contratualismo – um ponto, aliás, muito bem demonstrado nos estudos de K. Haakonssen[4]. Como se viu no capítulo precedente, o brilhante argumento que Rousseau elaborou em seu *Segundo discurso*, a respeito da gradativa evolução da socialidade humana, é resultado de um diálogo com essas tendências. O que há de novo nessa ideia? A visão de que as interações humanas não são apenas um conjunto de atos intencionais, de consequências prontamente previsíveis, uma vez conhecidos seus propósitos. Ao contrário, começa-se a perceber nos vínculos sociais uma série indefinida de interações marcadas por lances tanto intencionais quanto não intencionais, imagem à qual se acrescenta esse aparente paradoxo: dois ou mais lances intencionais, somados, podem gerar um vínculo social não intencional. E, assim, da soma completa das interações intencionais e não intencionais resulta um todo que é simplesmente não intencional. Porém, essa soma, apesar de seu aspecto aparentemente caótico, em vista do predomínio da não intencionalidade, acaba adquirindo um

---

4. Cf. Haakonssen (1981) e Haakonssen (1996), caps. 4, 5 e 7.

aspecto identificável e, pelo menos parcialmente, cogniscível, apesar de mutante, na forma de um padrão evolutivo de interações sociais. É o que a tradição do pensamento social moderno chama de *processo*. Ao perceber a soma das interações como um processo, os autores da nova tradição passam a assumir que o processo mesmo é passível de se repartir em "estágios", ao supor efeitos cumulativos na evolução, e então especular sobre suas futuras mutações. Que a série de interações adquira um padrão identificável e parcialmente cogniscível, a despeito do predomínio do não intencional, resulta do fato de a própria série possuir um nível macro e um micro. No primeiro, é claro, percebe-se o padrão, enquanto no segundo percebem-se inúmeras pequenas interações, como se fossem um emaranhado de pequenos "fios" enrolando-se uns aos outros em todas as direções, indicando, apesar disso, a formação de uma malha ou tecido. De longe (o nível macro), enxergamos o tecido como uma substância lisa, sem descontinuidades; de perto (o nível micro), vemos seu aspecto rugoso e cheio de falhas, como a imagem de um pedaço de tecido captado por um microscópio.

A analogia com o tecido, porém, se fixa em demasia numa imagem espacial, deixando na sombra que o conceito de processo possui necessariamente uma dimensão temporal. Na verdade, o padrão acima referido é captado no tempo-duração, enquanto as pequenas interações, no tempo-instante. Rigorosamente falando, o tempo-instante não existe de fato, pois mesmo a menor interação demora um tempo para acontecer. A sociedade é um *processo* porque tudo nela demora para acontecer: em seu significado moderno, a sociedade abole a noção de instantaneidade e, por consequência, a noção de simultaneidade. O tecido social como um todo, portanto, é espaço mais tempo, ou melhor, um ser no qual espaço e tempo encontram-se fundidos, de modo que só se pode enxergá-lo adequadamente "rasgando" as fronteiras do aqui e do agora, tanto "para trás" (no sentido do passado), quanto "para a frente" (no sentido do futuro). E assim esse ser, seja mais o que for, é algo que nunca está inteiramente encaixado no espaço do presente e sempre se oferece ao observador como uma *projeção*.

Bem mais se poderia discutir sobre a natureza desse objeto, seja abstratamente, como se esboçou acima, seja através de uma detalhada reconstrução de seu desenvolvimento ao longo da história do pensamento social, com suas diversas versões, frequentemente conflitantes. Como em outras ocasiões neste livro, o autor se furta de uma tarefa de tamanha envergadura, pois sua pretensão é somente indicar os caracteres mais relevantes do referencial que, desde suas primeiras intuições em meados do século XVIII, pouco a pouco se oferece à inteligência moderna como candidato plausível para uma teoria secular da representação política. Em síntese, o que se quer afirmar é simplesmente que, no plano da representação da ideia, o objeto que as instituições políticas seculares, culminadas no Estado soberano, buscam representar é a ideia moderna de sociedade, embora qualificada por um determinado valor central, como se discutirá na próxima seção.

Releve-se, porém, que não se trata de uma mera substituição da ideia do Deus transcendente da representação político-teológica medieval por uma outra ideia, com funções

O ESTADO COMO PARTE DA REPÚBLICA 285

e propósitos similares. De fato, são ideias de conteúdos muito diferentes, alterando com isso todo o jogo da representação. O Deus transcendente da representação medieval permanece um sujeito, cujas capacidades contêm ao infinito as da própria subjetividade humana: a infinita inteligência, a infinita bondade, o infinito poder etc. O sujeito divino, por isso mesmo, age e é portador de um desígnio, um propósito, que porém resta desconhecido ao limitado intelecto humano. É essa infinitude do divino que produz a distância intransponível entre o humano e o sobre-humano, cujo acesso só pode se dar por um tipo especial de crença: a fé religiosa. Esta, embora não propriamente irracional, apresenta-se como algo que ultrapassa a razão humana. Daí a ideia de *mistério* que funda a representação teológica e penetra toda a institucionalidade política que nela se sustenta. Em termos de conteúdo, coisa muito diferente se oferece como âncora à representação política com a ideia moderna de sociedade. Ainda que aberta à ação deliberada do sujeito, esta não é propriamente um sujeito, em virtude do misto de intencionalidade e não intencionalidade que constitui, com predomínio da segunda. Porém, e a despeito disso, sendo ela um processo, passível de projeção, a sociedade oferece-se ao intelecto humano como objeto parcialmente cognoscível e parcialmente moldável pela própria ação. Por certo, entre os grandes mestres do pensamento social, haverá os que pretenderão ir além desse "parcialmente", buscando uma inteligência completa do processo e a correspondente intervenção do ator sobre ele. Essa é, admite-se, uma possibilidade extrema das diferentes versões da nova ideia, que fará seus epígonos confundir, nos momentos mais entusiasmados da reflexão, o desígnio do ator com um aparente desígnio da sociedade. Todavia, mesmo nesse aspecto continua-se num terreno bem diferente, para não dizer exatamente oposto, ao do Deus transcendente como objeto ontológico: enquanto este permanece inacessível ao extremo, o outro oferece a variante da extrema acessibilidade. Além disso, pelo menos nas suposições iniciais dessas versões, sociedade (como referencial) e ator apresentam-se como conceitos perfeitamente distintos, ponto esse bem compartilhado com todas as possibilidades da nova tradição, inclusive as menos radicais, e é isso que importa destacar.

A questão democrática

A descoberta da ideia moderna de sociedade remete ao pensamento político que se desenvolve a partir da "Era da Revolução Democrática" e que põe na ordem do dia a própria questão da democracia como um ideal de viver civil. Sua maior contribuição é ter explorado as possibilidades político-morais do nascente pensamento social, enxertando-o de valor. Impossível flagrar a especificidade da questão democrática moderna, em seu contraste com a experiência democrática da Antiguidade clássica, se não a relacionamos com o novo conceito de sociedade. Como lembra C. Lefort, Tocqueville é ainda hoje a grande referência para pensar a democracia como *forma de sociedade*, não reduzida, portanto, à definição de uma forma de governo ou um tipo de regime político[5].

---

5. Cf. Lefort (1988), p. 14.

Com base nessa intuição, Tocqueville analisa e adverte por que e como, das entranhas dessa forma social, poderia (ou não) brotar um regime político de liberdades democráticas.

A visão tocquevilleana da democracia como forma de sociedade advém de sua aguda sensibilidade para com o declínio dos ideais aristocráticos e de seu enraizamento na noção da vida comunitária organizada segundo uma hierarquia fixa, tomada como natural e sancionada religiosamente, de ordens ou estamentos sociais. Mas sua famosa definição da democracia como "igualdade de condições", que caracterizaria a nova forma de sociedade em contraposição à hierarquia estamental, não pretendia significar a abolição pura e simples da desigualdade e da estratificação social. Significava, antes, a dessacralização da desigualdade e, de resto, toda e qualquer estratificação social, tornando-a um dado contingente. Esse ponto crucial é rico de consequências. Primeiro, induz à plena aceitação da mobilidade social, fato há muito identificável nas relações econômicas, e ainda mais intensamente na Europa moderna nascente, com o desenvolvimento do capitalismo, mas que se encaixava mal num ambiente hostil ao valor da igualdade de *status* social. A mobilidade social, por sua vez, contribui para sugerir, à consciência política e moral, a ideia de história como o regime temporal da transformação das relações entre os homens. Nesse quadro, a igualdade de condições (a igualdade de *status* social) e a expectativa histórica da transformação das relações humanas tornam-se noções profundamente implicadas uma à outra. Mais: a visão de que essas relações encontram-se mergulhadas numa teia única e de extensão indefinida de interações, intencionais e não intencionais, como supõe o novo conceito de sociedade, também traz à consciência o conceito de história com H, a história como um regime temporal único e universal[6].

Mas o que torna a democracia uma *questão* é a aceitação do conflito não só como fato incontornável, mas também como motor da forma de sociedade que corresponde à igualdade de condições. Há dois aspectos a desdobrar aqui. Primeiro, uma sociedade que assimila a mobilidade em sua plenitude é uma forma intrinsecamente dinâmica, que supõe um motor. E se a mobilidade é positivamente valorizada, mais do que considerada um simples fato, o motor também o será. Porém, na medida em que a sociedade é o todo concebível (em termos seculares) no qual a experiência humana *comum* se desenrola, o motor não pode ser algo externo a ela. E o que poderia mover a sociedade, não "de fora", mas a partir de si mesma? O atrito, o choque, a "contradição" entre suas partes – enfim, o conflito social –, termos que, de modos variados, traduzem a percepção de que a sociedade não está apenas dividida, mas que as partes em que se divide não devem harmonizar-se de uma vez por todas, podendo apenas mudar de uma forma de divisão para outra. O conflito é então admitido como uma condição permanente, e *potencialmente* salutar, da transformação requerida pelo novo conceito de sociedade.

O segundo aspecto refere-se à relação entre a democracia como igualdade de condições e o conflito social. Se a igualdade de condições, menos que a consumação de uma igualdade absoluta, é a dessacralização da hierarquia social, esse

---

6. Sobre a história com H, isto é, como um "conceito coletivo singular", ver R. Koselleck (2006), cap. 2.

dado abre campo para um sentimento de desconforto profundo para com as desigualdades persistentes. Por trás desse sentimento está a expectativa de que numa sociedade democrática *todos* os seres humanos, individual ou coletivamente considerados, merecem um lugar ao sol – na forma da igualdade universal de direitos, de participação política, de oportunidades sociais, da distribuição equitativa dos benefícios da cooperação social... Enfim, a lista do que seria lícito esperar torna-se extensível ao infinito, pois, em princípio, não há nenhuma dimensão das relações humanas em que o universalismo democrático não possa exigir a igualdade. Assim, a história da democracia moderna tende a ser a história de uma passagem contínua de velhas para novas dimensões da vida social nas quais a expectativa de igualdade ainda não tenha se realizado. Em termos jurídicos, tal fato corresponde àquela inflexão fundamental do significado do conceito de direito, muito bem marcada na filosofia política de Kant, que deixa de designar um privilégio concedido a certos grupos ou indivíduos para se tornar uma demanda subjetiva e universalizável. Mas a ideia de infundir igualdade em sempre novas dimensões sociais implica algo mais: que o direito, além de demanda universalizável, seja um conceito *insaturado*; isto é, um conceito que, deixando de admitir apenas conteúdo definido e delimitado, passe a aceitar ampliações contínuas de conteúdo, em princípio ilimitadas.

Esses tópicos revelam com especial agudeza o contraste com a experiência democrática da Antiguidade: não havia, nesta última, qualquer tensão entre o reconhecimento de igualdade para certos grupos e sua completa desconsideração para outros. Ampla cidadania igual para os homens livres (ainda que pobres) e ampla escravidão poderiam conviver lado a lado sem qualquer desconforto, como ocorreu em Atenas em certa fase de sua história, precisamente porque a igualdade era considerada um privilégio sancionado religiosamente. Bem distinto é o quadro normativo da experiência democrática moderna: mesmo onde um regime de escravidão manteve-se ao lado de uma cidadania com amplitudes diversas, como ocorreu nas Américas, esse fato era percebido não só como uma iniquidade, mas também como uma perfeita contradição, que não poderia nem deveria persistir – algo que colocava os defensores daquele regime em permanente defensiva[7].

Mas ainda falta assinalar com a devida precisão em que sentido esse aspecto da sociedade democrática se entrelaça com a dinâmica do conflito. Eis o ponto crucial: saber como uma lista irrestrita de expectativas de igualdade pode se acomodar às condições presentes, ou quando e em que lugar torna-se um tema crítico. As expectativas e suas correspondentes demandas são reconhecidas sem que necessariamente se esclareça como atender a elas. Wanderley Guilherme dos Santos expressou com muita felicidade esse fato: "a democracia é a única forma de exercício do poder político que reconhece como legítimas demandas a que não pode atender [...] Não há registro de outra sociedade organizada de acordo com o mesmo princípio. Todas as aspirações geradas em ordens políticas anteriores, se inalcançáveis por

---

7. Para uma descrição muito elucidativa de como os abolicionistas norte-americanos exploravam essa contradição, utilizando para isso a Declaração de Independência de 1776, ver D. Armitage, pp. 83-7.

questões naturais, eram, por definição, ilegítimas, quando não ilegais"⁸. Exatamente por isso, a democracia vem a ser, menos do que uma resposta, *a abertura de uma questão*. Também por esse motivo, a democracia admite uma distância inédita entre a norma e o fato, entre o projetado e o realizado. Daí que o encurtamento da distância, junto com sua programação, apresente-se como objeto da disputa mais aguda. Não havendo resposta clara e prévia, a luta é o único recurso disponível para quem pretende apressar ou antecipar a realização de suas demandas. Como o *sentido* das demandas é universalizável, mesmo quando elas emergem com conteúdos muito específicos, nenhuma parte da sociedade pode exigir as suas sem que outras também não o façam. O resultado é a divisão e o conflito entre as partes, as quais não estão fadadas a se fixar numa determinada linha de clivagem, podendo ser periodicamente redesenhadas, conforme as expectativas passem de uma dimensão para outra da vida social.

É nesse ponto que a concepção de uma história não cíclica, infinitamente aberta para o futuro, se credencia como um moderador importantíssimo das angústias e ansiedades geradas pelo próprio conflito social. Porém, mais do que a moderação, o que a história aberta traz de volta, junto com as noções de tempo que a acompanham, é o tópico da *vazão do conflito*, para o qual este livro tem chamado a atenção desde que apresentou sua análise da concepção maquiaveliana da constituição mista, no capítulo dois. Precisamente porque Maquiavel representa um dos primeiros lances moder-

---

8. W. G. dos Santos (2007), p. 143.

nos a fazer do conflito um regenerador da ação política, a questão da vazão aparece também como um ponto fundamental a ser enfrentado, que se torna especialmente dramático em sua obra, uma vez que o autor adere ao tempo cíclico, ainda que com a glosa peculiar de seu pensamento. Vimos no capítulo anterior como a passagem para a forma Estado, antecipando a passagem das utopias agrárias para as utopias do trabalho, muda os termos do mesmo problema, sugerindo novos modos de responder a ele. Na verdade, a questão democrática, que neste capítulo vai irmanada com a reelaboração da herança intelectual do soberanismo e do Estado, apenas os consagra da maneira mais límpida possível. Pois nela a intuição seminal do republicanismo de Maquiavel sobre a desejabilidade do conflito ganha plena maturidade, alçando-se até mesmo a lugar-comum do discurso democrático, ao passo que o horizonte de possibilidades de sua vazão *positiva* se amplia.

Há que insistir neste ponto: fazer do conflito social algo desejável não é o mesmo que torná-lo um bem em si. O problema original maquiaveliano permanece: todo conflito requer vazão, e o bem que produz *está condicionado* a isso. O que há de novo é que a democracia como igualdade de condições, inteiramente afinada com a nova concepção do tempo, endossa e pede a expectativa de transformação social. A sociedade democrática *não tem outro modo de existir* senão o modo da transformação: a alternativa é seu próprio perecimento. E ela não pode transformar-se a não ser pelo conflito. Mas "transformação", aqui, não tem o sentido de uma mera modificação de alguma coisa para qualquer outra. Pois que ganho haveria nisso? A transformação significa uma mudança de qualidade, uma mudança *com valor*. É o valor que a enriquece e a credencia política e moralmente. No quadro das convicções democráticas, este só pode ser o valor da igualdade. Assim, quando a mudança se enxerta de mais igualdade – mais da mesma dimensão ou mais de novas dimensões de igualdade –, ela adquire o aspecto de preenchimento, parcial que seja, da expectativa de transformação. O vir a ser da igualdade consuma-se então como sinônimo do próprio aperfeiçoamento da teia das relações humanas: é isso que a Era da Revolução Democrática passou a chamar de *progresso*[9]. A inflexão dos termos originais do problema da vazão não poderia ser mais clara: trata-se agora de conquistar o futuro, e não povos e territórios. Nesta altura, também há de ficar mais claro como a questão democrática vincula-se intimamente à ontologia da sociedade em sentido moderno, discutida na seção anterior. Pois a democracia como forma de sociedade nada mais é do que a qualificação político-moral da sociedade como processo. E é na medida em que o *processo* torna-se *progresso* que o conflito social encontra sua vazão.

Soberania popular e governo representativo

Devemos agora nos aproximar do problema da relação entre a questão democrática e a representação política. Como tal, a democracia ganha o aspecto de um problema institucional. Tocqueville, como se sabe, ao definir a democracia

---

[9]. Para uma história mais ampla da ideia do progresso, incluindo sua gênese filosófica, ver R. Nisbet (1980). Sobre sua crítica, ver C. Lasch.

como igualdade de condições, pensou que essa forma social poderia gerar diferentes e contraditórios regimes políticos, inclusive regimes de negação das liberdades políticas. Democracia social não é o mesmo que democracia política. Essa distinção parece reiterar, em outros termos, a clivagem entre forma social e forma institucional, típica da vertente soberanista do pensamento político. Mas o próprio autor, no mesmo capítulo em que assinala a divergência entre igualdade e liberdade, reconhece que a igualdade de condições gera enorme pressão no sentido da igualdade política, a qual é impossível de ser praticada sem liberdade[10]. Por outro lado, não fica claro em seu argumento como a própria igualdade de condições poderia sustentar-se a longo prazo sem que ela ganhasse o terreno crucial do poder político e lá permanecesse. A questão da clivagem entre forma social e forma política continua fundamental, mas talvez pudesse ser formulada de modo mais frutífero. Seria mais interessante, ao ver do presente autor, dizer que a democracia como igualdade de condições gera em si mesma os fatores de sua possível autossubversão, começando pela subversão da forma política; que a sociedade democrática, em vez de ser capaz de produzir regimes políticos não democráticos, na realidade carrega consigo forças que podem levá-la, inclusive através da colonização da forma política, à sua própria regressão para *formas sociais* não democráticas[11]. Diga-

---

10. Cf. Tocqueville, *A democracia na América*, vol. II, segundo livro, cap. 1. O presente autor segue a leitura crítica de C. Lefort (1999) a respeito desse ponto: "A obstinação em reduzir a democracia a um estado social, a igualdade de condições, contraria sua reflexão sobre a liberdade democrática, sem impedi-lo, diga-se, de escrutar todos os sinais dessa liberdade" (p. 69).

11. Para uma discussão mais ampla sobre o problema da regressão histórica, ver R. Fausto, pp. 26-30.

-se de passagem, o progresso democrático é uma expectativa, jamais um fato inexorável.

Como na primeira seção deste capítulo, o problema a ser abordado se desdobra em dois níveis: a representação da ideia pelo ator e a representação do ator pelo ator, a forma descendente e a forma ascendente. No primeiro nível, representar democraticamente significa construir, no Estado, a soberania popular. Por sua vez, construir a soberania popular significa tornar ator coletivo – "personificar", para quem prefira a terminologia de Hobbes e Rousseau, resguardados os equívocos e a memória negativa que seu teor absolutista produz – a sociedade democrática, ou melhor, sua ideia. No segundo nível, representar significa operacionalizar a soberania popular, produzindo o jogo entre o sujeito representado e o sujeito representante através do complexo de instituições condensado no conceito de governo representativo.

Retome-se, em primeiro lugar, uma questão indicada no capítulo anterior, pois já antecipada pelos pioneiros modernos da defesa do Estado soberano, mas que só ganha plena maturidade com o avanço político do pensamento democrático e da ideia da sociedade democrática. Qual seja: uma vez rejeitada a hierarquia estamental, a estrutura institucional do Estado não pode mais reconhecer grupos sociais *fixos* como elementos primários de sua articulação política e jurídica. Direitos e deveres, a distribuição do valor da igualdade, a própria lei, devem então ser pensados tendo em vista essa mudança na imagem da sociedade. Em especial, grupos fixos não podem mais integrar a distribuição *oficial* do poder político. O modelo clássico da constituição mista perde legitimidade: cidadãos como indivíduos independentes – e com *interesses próprios* –, em vez de cidadãos integrados a grupos distintos, passam a ocupar o papel de elementos primários do arranjo institucional, ainda que grupos sociais continuem a existir e a ser atores importantíssimos do jogo político – agora, porém, como elementos derivados e fluidos. Sublinhe-se, porém, que a individualidade da cidadania reflete apenas a desnaturalização da pertença social e não o fato óbvio de que indivíduos são também seres sociais. Não é esse fato que é posto em questão, mas sua ontologia: o que se entende por ser social e como este se conserva ou se modifica. Indivíduos podem mover-se para cima ou para baixo da hierarquia social com maior ou menor liberdade, dependendo da rigidez ou plasticidade da estratificação. A expectativa democrática da mobilidade social, e, portanto, da provisoriedade da pertença num determinado degrau da hierarquia, rejeita a rigidez em favor da plasticidade. Isso bloqueia a alternativa de congelar a própria hierarquia social, e a ligação do indivíduo a seu degrau de origem, no direito e na estrutura oficial do poder político. Essa inflexão, ao contrário de sufocar o conflito, simplesmente o libera, tornando-o mais amplo, difuso e dinâmico. Trata-se do tipo de embate de grupos que nossa época acostumou-se a chamar de "luta de classes" que, em vez de eclipsar, apenas ganha sua maioridade e verdadeira importância quando, acompanhando aquela inflexão, a mutante forma social se desamarra do arranjo institucional[12].

---

12. Já se mencionou, no capítulo anterior, como certos expoentes da sociologia moderna, como Max Weber, ao se darem conta desse caráter mutante da

Nesse contexto, faz todo sentido distinguir "Estado" e "sociedade". Essa distinção é filha da nova imagem da clivagem social, acima descrita. Se a imagem da sociedade fosse o de um todo homogêneo, fixo e sem fissuras, não teria sentido falar do par "Estado/sociedade", que de resto é também uma clivagem. Justamente para reconhecer a divisão e a diferenciação social em sua plenitude, o Estado tem de aparecer como uma agência superposta à sociedade[13]. Reconhecer significa dar valor: com isso se dignificam esses dois fatos, a divisão e a diferenciação, e seu papel na busca do aperfeiçoamento humano. Revertendo a imagem tradicional, a unidade da sociedade deixa de ser considerada um dado para tornar-se um problema: é necessário falar agora não de uma unidade de partida, mas de um *processo de unificação*, algo que requer um esforço, que exige a iniciativa do ator. A partida desse processo, ao contrário, é a fratura social: a "sociedade" do par "Estado/sociedade" assinala esse ponto.

Vê-se por que a inteligência política precisa, outra vez, do recurso da concepção do tempo histórico aberto e infinito para acomodar essa dupla demanda. Pois distinguir "Estado" e "sociedade" nada mais é do que clivar a própria dimensão do tempo em dois momentos: o momento da divisão e o da unificação. Rigorosamente falando, é o todo social – não sendo apenas espaço, como já anotado, mas espaço *e*

---

forma social, resolveram distinguir o conceito de "estamento" ou "grupo de *status*" do conceito de "classe social".
13. Cf. Bresser-Pereira, pp. 129-45, para um argumento que, inspirado na tradição sociológica, vincula o advento da diferença entre Estado e sociedade com a própria possibilidade da "autonomia da política", porém discriminando suas boas e más consequências para a legitimidade democrática.

tempo – que se encontra cindido em Estado e sociedade. O Estado é uma espécie de antecipação da unidade a alcançar: uma antecipação do futuro, embora sua estrutura institucional esteja empiricamente cravada no presente. Como tal, ele não pode ser reduzido a um tipo de organização ou de aparato administrativo dotado de força coercitiva e capacidade material para sustentar um governo – ainda que também o seja, é claro. Escapa a essa redução seu papel normativo, como um "ente de razão", para usar o termo de Rousseau. A despeito de estar cravado no presente, como se disse, ele tem de se projetar na dimensão do tempo segundo a antecipação racional que o ator venha a fazer do futuro social. Enquanto a sociedade da qual se distingue e com a qual faz um par é o aqui e agora, o presente por inteiro, o Estado apenas "adere" ao presente, buscando transcendê-lo por via daquela antecipação.

Mas o que essas considerações têm a ver com a questão da representação política na democracia? Clivagem social, clivagem Estado/sociedade: parece estranho continuar a admitir essas distinções, uma vez que fique evidente que o Estado também faz parte da sociedade. Por isso se disse acima que o todo social não é apenas "sociedade", e sim "sociedade" mais "Estado". Embora possam provocar alguma confusão, os termos empregados têm o propósito de realçar o vínculo entre os conceitos de *duplicação* e de *representação*, envolvido na trama de um arranjo institucional que tenha como âncora uma certa ideia de sociedade. Já na análise do pensamento de Hobbes se destacou o uso que ele faz da analogia da máscara do teatro para explicar o conceito de soberania e então aproximá-lo do conceito de representação. A máscara é um artefato, a construção de uma personalidade artificial a partir de um objeto original, que pode ser uma pessoa, uma coisa ou mesmo uma ideia abstrata. Mas não se trata de uma mera cópia, pois nesse caso o trabalho da máscara seria redundante e inútil. É que a máscara tematiza algo do objeto representado, iluminando certos aspectos, sombreando outros, como a pintura ou o retrato. Ao fazer a duplicação do original, a máscara produz um *efeito de deslocamento*. Ou seja, a duplicação faz uma espécie de glosa, produz uma diferença em relação ao original, reposicionando-o. Inicia-se então um jogo de vai e vem entre os dois lados, o objeto original e o artificial, cada qual se reposicionando a cada novo lance. A escolha da analogia da máscara do teatro é sugestiva, além disso, porque a máscara – indo agora além da pintura, que admite a natureza-morta – é sempre uma personificação, feita para se expor a uma audiência. Mesmo que o original não seja, ele mesmo, uma pessoa, mas uma coisa ou ideia abstrata, trata-se sempre de transformar o original num *ator público*. A duplicação precisa, portanto, não só deslocar, mas também ser encenada numa arena em que seres humanos agem e reagem.

De certo modo, esse é o jogo da representação política. Em sua operação, ele deve glosar a divisão social[14] e, através de uma projeção do todo social (a ideia), levá-la para a cena, a arena pública, com um efeito de deslocamento. Isto é, fazendo com que a fratura original seja duplicada de maneira não redundante e, portanto, produzindo uma diferença.

---

14. Fala-se aqui de *divisão* como algo distinto de *diferenciação* social. A questão do agenciamento desta última será abordada na próxima seção.

Lembremos outra vez a definição de H. Pitkin: representar é "em algum sentido tornar presente algo que, porém, não está literalmente ou de fato presente". O efeito político da representação não se dará se esta última copiar *ipsis literis* a fratura original. A cópia, nesse caso, produziria mera substituição, a qual não só não acrescentaria nada na passagem do representado para o representante, como também encobriria inteiramente o espaço e o conteúdo do representado, cessando o necessário movimento de vai e vem que daria continuidade aos reposicionamentos recíprocos dos dois polos do jogo.

Note-se, porém, que, assim como no caso da fratura social original, a própria ideia, que é objeto de projeção do ator representante, não poderia ser meramente "copiada" de um modelo original. Como a ideia não é o produto de uma imaginação solipsista – assim como o ator não é um sujeito fechado em si mesmo –, ela só pode emergir do atrito social e da relação intersubjetiva. Para tanto, a ideia deve ser questão de *disputa* na arena pública. Disputar a ideia não significa outra coisa que levar para a cena política o conflito entre as partes em que a sociedade se divide, duplicando-o, todavia, numa perspectiva e numa linguagem diferentes do conflito original. A diferença está em que, enquanto a cisão de origem é o aqui e agora, ejetada ao mundo no tempo--instante, a cisão que se encena é glosada pela projeção do vir a ser social, exposta no horizonte do tempo-duração (o "ciclo longo" do processo), o qual oferece, pelo discurso político, uma proposta de vínculo entre o presente e o futuro. A parte continua sendo representada como parte, porém obrigada, na arena pública, a se expor na perspectiva de uma ideia do todo[15]. Exatamente porque o sujeito representante não pode deixar de carregar seu elemento de parcialidade – ele é sempre o representante *de uma parte* –, a ideia desse todo não pode ser objeto de monopólio de nenhuma agência comprometida com o jogo da representação. Fazê-lo seria o mesmo que encobrir toda a ideia, cujo significado original já se saberia de antemão e acima de qualquer dúvida, cabendo apenas "copiá-lo" e assim transformar algo que deveria ser uma imagem pública, de sentido aberto, numa imagem privada, de sentido fechado. Rigorosamente falando, ideia representada e sujeito representante só podem ser ideia e ator no plural, tanto quanto é plural o sujeito representado, de onde emerge o conflito entre as partes[16]. A arena pública é a cena de um choque de atores que disputam sobre divergentes ideias do todo social, cada qual fazendo-o a partir do lugar ocupado por sua parte na própria arena.

Para realçar a ideia do jogo de vai e vem entre o representado e o representante, N. Urbinati fala da representação como uma *circulação* entre sociedade e Estado, circulação que "torna o social, político" e vice-versa[17]. O termo é muito

---

15. "Isto quer dizer que, se o Estado democrático tem as divisões e contradições sociais como inevitáveis, ele nem por isto as toma como absolutamente congeladas e insuscetíveis de superação, ou só admitindo soluções de barganha, esteadas em compromissos de interesses, dos quais não faz parte nenhum princípio de legitimidade" (Brum Torres, 1986, p. 47). Essa observação faz pensar o quanto a teoria do Estado democrático, aqui exposta, está distante de qualquer modelo de Estado corporativista ou neocorporativista, como os estudados por P. Schmitter.
16. Essa flexão do ator no plural pode ser chamada de a "condição de pluralidade" do conflito e do jogo da representação democrática. Porém, não se deve confundi-la com o conceito de pluralismo resgatado pelo liberalismo político, como se verá na próxima seção.
17. Cf. Urbinati, pp. 24 e 27.

oportuno. Além de sublinhar que a representação é mediação, não sendo atributo exclusivo de um de seus polos (o representante), ele também sugere que a distinção entre Estado e sociedade não é algo dado, cujas fronteiras estão traçadas para todo o sempre. Na verdade, é a própria atividade da representação que repõe a cisão entre Estado e sociedade, na medida em que, a cada circulação, as fronteiras entre ambos são redefinidas. Assim o é porque a representação, se opera ao modo de uma duplicação não redundante, tensiona esses dois lados do espaço-tempo social e os desloca de suas posições iniciais. Similarmente, a representação bem-ordenada estimula os cidadãos a não fundir sua identidade social à sua identidade política[18]. De fato, ao repor, em sua atividade, as fronteiras entre Estado e sociedade, ela provoca no cidadão que se sente representado um questionamento de sua identidade social pré-política, retirando-a de sua naturalidade para situá-la na perspectiva da transformação, do aperfeiçoamento humano. Nesse sentido, ela guarda uma forte afinidade com as expectativas progressistas e igualitárias da sociedade democrática, com sua desaprovação do enclausuramento dos indivíduos em grupos fixos e seus respectivos degraus numa dada hierarquia social – clausura essa que significaria a reiteração e o congelamento de uma certa distribuição de poder e prestígio social, isto é, a fixação da própria hierarquia.

---

18. O que repercute, em sistemas partidários e eleitorais democráticos, regidos pelo sufrágio universal e contrastados aos sistemas antes dominados por "notáveis" (de voto censitário), na tendência de "dissociação dos candidatos de suas classes sociais" (Urbinati, p. 20).

Em face desse vínculo entre duplicação e representação, cabem ainda algumas notas exploratórias sobre o *governo representativo*. Este trabalho segue o conceito proposto por B. Manin, que vincula o governo representativo a uma forma de governo eletivo regido por quatro práticas fundamentais: 1) a eleição periódica dos governantes; 2) a liberdade de opinião pública; 3) as decisões tomadas com base em prévia discussão por um colégio de representantes eleitos; 4) a autonomia parcial dos eleitos em relação aos eleitores[19]. A definição visa distinguir o governo representativo tanto do governo hereditário quanto de uma forma de governo popular não fundada na eleição (o governo por sorteio). Haveria uma série de apontamentos e críticas a fazer a esses critérios, alguns deles já expostos por este autor em outro lugar[20]. Aqui, vale apenas chamar a atenção para o problema da dívida do governo representativo para com o princípio do consentimento: o direito igual de consentir ao poder político. Como o próprio Manin salienta: "No tempo em que o governo representativo surgiu, o tipo de igualdade política que estava no centro das atenções era o direito igual de consentir ao poder, e não – ou muito menos do que – uma igual chance de ocupar um cargo público [como no governo por sorteio]. Isso significa que uma nova concepção de cidadania tinha emergido: os cidadãos eram vistos agora como a fonte da legitimidade política, em vez de pessoas que poderiam, elas mesmas, desejar ocupar cargos" (Manin, 1997, p. 92).

A concepção de cidadania a que o autor se refere, curiosamente, é afim à distinção entre a questão da legitimidade

---

19. Cf. Manin (1997), cap. 5.
20. Cf. Araujo (2009b).

e a da forma de governo, desenvolvida pelas teorias soberanistas, como se viu no capítulo três. Essas teorias estavam preocupadas com o princípio do consentimento não, primariamente, para constituir governos concretos, mas como um fundamento *hipotético* da soberania. E assim os primeiros soberanistas podiam defender um princípio *universal* de consentimento sem necessariamente endossar o governo eletivo. Mesmo os pensadores pioneiros da soberania popular, como Rousseau – que claramente distinguia soberania e governo –, não tinham dificuldades de sustentar essa diferença. O vínculo *obrigatório* entre aquele princípio e a eleição de governantes só ocorrerá mais tarde – de fato, apenas com o advento da política democrática.

Uma distância histórica separa, portanto, o governo representativo original de seu tipo democrático. E uma distância conceitual separa a soberania, inclusive a soberania popular, do governo representativo democrático. Na história intelectual de ambos há um termo comum equívoco, "representação", que, porém, varia de significado na passagem de um conceito para o outro, e cuja implicação recíproca não é necessária. Esses conceitos só vão ter essa implicação na medida em que o cidadão representado for reconhecido como *ator* imprescindível no jogo da representação, fazendo com que a operação do soberano (o povo) obrigue à operação do governo representativo e vice-versa. Em outras palavras, para o advento da política democrática, ao princípio universal do consentimento deve corresponder à universalização do cidadão-ator – questão que, porém, não se reduz a torná-lo um eleitor. Há que discutir um pouco mais essa questão.

Um ponto crucial do reconhecimento do cidadão-ator é evitar concepções que estipulem que o campo do representante deve encobrir completamente o campo do representado. São típicas, nessa direção, as teorias que identificam o consentimento com a simples autorização ou substituição, como já observado antes. O consentimento, como um gesto que autoriza incondicionalmente, esvazia, na prática, toda a densidade de ator do sujeito representado. Não muito distante disso, porém, é reduzir o consentimento a simples manifestação de preferência, como se preferências não tivessem de ser ponderadas pela opinião e pelo discurso político. Todas essas concepções acabam repercutindo no modo como se interpreta a participação do cidadão nas instituições do governo representivo, especialmente sua participação através do voto. Porém, ao fazer a crítica delas, não se trata de diminuir a importância da eleição e do voto, mas de inseri-los num contexto mais amplo que esclareça como seu exercício se vincula à ativação do soberano. Esses institutos do governo representativo são, sim, cruciais, mas não apenas porque selecionam governantes e lhes emprestam legitimidade para exercer seus cargos. A questão é que, além de produzir governantes, a eleição e o voto democrático estimulam o circuito da representação, ativam a circulação entre Estado e sociedade.

O brilhante estudo de N. Urbinati sobre a democracia representativa, já citado nesta seção, sublinha exatamente esse ponto. A representação, como modo privilegiado da política democrática, não pretende um contato fugaz (o momento eleitoral) de governantes e governados, mas visa a um *elo contínuo* entre ambos e também entre os próprios governados. Nunca é demais insistir nesse aspecto da continuidade. A política representativa, diz Urbinati, é um "processo", não se reduzindo a um determinado lugar ou instante. Daí a autora dizer que a democracia representativa é um "regime do tempo" e "orientado para o futuro": "Ao contrário do voto em questões pontuais (a democracia direta), um voto *por* um candidato reflete a *longue durée* e efetividade de uma opinião política ou uma constelação de opiniões políticas; ele reflete o julgamento dos cidadãos sobre uma plataforma política, ou um conjunto de demandas e ideias ao longo do tempo (a democracia representativa é então vista como um regime do tempo [*time-regime*])" (Urbinati, p. 31).

Repare-se, porém, o sentido especial do conceito de *opinião*. Por uma longa época, antes do advento da cultura política democrática, a opinião era tida como uma memória compartilhada, um depósito ancestral de práticas e rituais reiterados, modos não questionados de entender o passado e o presente da vida comunitária, capaz de influenciar decisivamente seu destino político. Como tal, ela se confundia com o costume, um hábito social que, ao controlar a vontade coletiva e orientá-la numa mesma direção, poderia garantir a harmonia e a estabilidade social. Voltada para a preservação da tradição, a política da opinião, nesse contexto, era a de preservá-la do exame crítico e da contestação aberta. A opinião era um tesouro a ser muito bem guardado, como um tipo de objeto sagrado, e seu escrutínio, acessível apenas aos "sábios".

Contudo, com a emergência da questão democrática, a opinião sofre uma notável inflexão de sentido, precisamente porque perde esse caráter sagrado, tornando-se objeto contestável. Como tal, a opinião passa a submeter-se à "condição de publicidade", para empregar um termo kantiano muito em voga atualmente: a opinião visa a um público que a examina incessantemente[21]. Com o advento do governo representativo democrático, a opinião pública ganha um papel decisivo na integração do circuito da representação política. Na verdade, porém, esse papel no jogo da representação já é antecipado no conceito moderno de soberania e na sua cumplicidade com a ideia do contrato social. Como apontado no capítulo três, o contrato implica a obrigação do soberano de orientar suas decisões (sua vontade) supondo o consentimento dos governados. Ou seja, no desempenho de suas funções, é como se tivesse de estabelecer um elo imaginário, e contínuo, com seus governados. Mas aquilo que no contratualismo é apenas uma suposição, uma hipótese, torna-se na democracia uma pressão normativa palpável, projetada em instituições reais.

Uma opinião pública, certamente, não se sustenta no vazio: ela não pode subsistir numa sociedade pastosa e desarticulada. Daí a necessidade de supor, na concepção de sociedade democrática, um manancial de "corpos intermediários" que, mesmo não tendo nascido com um propósito político, possam predispor os cidadãos à ação coletiva, não só para enfrentar problemas específicos de qualquer natureza, mas para o exercício de *estar atentos* aos problemas comuns de toda comunidade política. É o que se costuma chamar de "sociedade civil". Como opinião pública e sociedade civil, *a sociedade é ator*. O conceito de sociedade ci-

---

21. Para um estudo da evolução do conceito de opinião (e opinião pública) no pensamento moderno, ver Meira do Nascimento, espec. pp. 35-74.

vil, porém, não deve induzir à imagem de uma oposição estanque entre Estado e sociedade, como se o conflito estivesse vertebrado essencialmente nessa linha vertical: os cidadãos, embaixo, contra o Estado, em cima. Há que insistir: a dualidade Estado/sociedade emerge do conflito entre os próprios cidadãos, e só faz sentido por causa disso. De modo que o manancial mesmo de corpos intermediários deriva do conflito entre os cidadãos e é estimulado por ele. O reconhecimento da condição de ator do cidadão não pode ser abstraído desse dado originário da questão democrática.

Esse ponto dá ensejo a uma reelaboração da dualidade "estado de natureza"/"ordem civil" do contratualismo moderno. Sua formulação clássica faz pensar, equivocadamente, na relação entre um antes e um depois, como se o estado de natureza, significando a condição do conflito, tivesse de ser definitivamente superado pela condição civil, a qual, sob a égide do Estado soberano, significaria a unidade do todo social[22]. Se, porém, pretende-se preservar a condição de conflito como elemento dinâmico da sociedade democrática, não se pode confiná-la ao conceito de estado de natureza. No fundo, a condição de conflito inscreve essas duas possibilidades opostas: o estado de natureza, por um lado, e a ordem civil, por outro. Sob esse ponto de vista, o conflito social, como já se afirmou neste capítulo, não é nem bom nem ruim, construtivo ou destrutivo em si mesmo. O conflito possui um potencial de transformação positiva (o progresso), mas isso depende de os cidadãos serem capazes de

---

22. Dialogando com essa tradição, W. G. dos Santos (1999, pp. 26 ss.) elabora um argumento em que estado de natureza e estado civil são condições interdependentes, um produzindo o outro.

articulá-lo e organizá-lo. A possibilidade de seu contrário (o regresso), portanto, também está inscrito nele.

A forma com que o jogo da representação se desdobra é, nesse sentido, questão decisiva. A representação, na medida em que não ofereça perspectiva de vazão do conflito, para desse modo deflagrar um processo de unificação, torna-se parte do problema, e não sua resposta. E, assim, a duplicação com efeito de deslocamento, que deveria produzir, converte-se em duplicação redundante: em vez de glosar o conflito social, tematizando-o, acaba tematizando a si mesma, num jogo perverso de autorreferência. Com isso o próprio Estado, esvaziando-se de seu elemento de idealidade, como "ente de razão", ingressa na trilha de sua redução a simples aparato administrativo e coercitivo.

Diga-se de passagem, o equívoco maior da ideia de "personificação", em sentido absolutista, é pensar o soberano como uma substrato que encarna numa pessoa concreta, por sua vez identificada com um aparato ou organização. Assim reificado, o Estado soberano perde sua qualidade de sujeito normativo, o qual é mais bem definido pelas expectativas de realização de valor que procura promover, do que pelo fato de existir, aqui e agora, como uma coisa. Ao hipertrofiar-se, o aparato do Estado, descontrolado e sem qualquer propósito que não seja sua própria expansão, em vez de salvaguarda e promotor da ordem civil, torna-se *produtor de estado de natureza*. Pois a ordem civil só faz sentido, como o oposto do estado de natureza, se oferece as condições para o exercício da liberdade dos cidadãos. Essa liberdade se alimenta do conflito social, seu combustível indispensável: é assim que o cidadão se faz ator. Mas, se o jogo da representação se enerva e perde a capacidade de encenar na arena pública a cisão da sociedade, é o cidadão mesmo que é descaracterizado como ator, abrindo espaço para a dominação política, isto é, a representação fechada em si mesma e a prevalência do Estado como aparato puro e simples. Da dominação política, passa-se então à dominação social: a sociedade democrática que se desmancha na esteira da regressão de sua forma institucional.

O que está em jogo, portanto, na dualidade estado de natureza/ordem civil é a dualidade dominação/liberdade. A soberania popular não é outra coisa senão o *exercício da liberdade*; e a ordem civil, o quadro geral em que o par Estado/sociedade, junto com o complexo de instituições do governo representativo, se faz efetivamente um viver civil, dignificando a forma política. É isso o que significa tornar o Estado soberano parte da república.

Pluralismo, neutralização e politização

Falou-se até aqui do exercício da liberdade *tout court*. Porém, no capítulo anterior, ao interpretar os conceitos de pluralismo e do direito em sentido subjetivo, o presente autor pareceu endossar a célebre distinção entre liberdade positiva e liberdade negativa. Tratar a liberdade desse modo é certamente polêmico, tendo recebido muitas críticas pelo menos desde que I. Berlin o tornou canônico. De fato, a fim de esclarecer o ideal do pluralismo, é frutífero aceitar parcialmente essa distinção; porém, fazendo um recorte bem mais restrito do que o pretendido em sua formulação original, e sem endossar os argumentos que Berlin oferece para justificá-la.

Aqui, a liberdade positiva é simplesmente a liberdade *para a* política, um espaço do agir que visa influenciar as decisões do soberano; enquanto a liberdade negativa é a liberdade *da* política, um espaço colocado fora do alcance dessas decisões, embora constituído pelo próprio soberano. Mas nada disso implica se comprometer com uma definição geral de "liberdade negativa" como uma capacidade humana, boa em si mesma, de fazer ou deixar de fazer algo, independentemente de seu propósito. Pois ela nos levaria à conclusão berliniana, no limite absurda, de que restringi-la, com a coerção se necessário, "é ruim em si mesma, embora possa ter de ser aplicada para prevenir outros males maiores; ao passo que a não interferência, que é o oposto da coerção, é boa em si mesma, embora não seja o único bem" (Berlin, p. 234). Ronald Dworkin mostrou com clareza por que, no limite, tal raciocínio é insustentável: "Suponha que eu queira assassinar meus críticos. A lei irá me impedir de fazê-lo, e a lei irá, portanto, na visão de Berlin, restringir minha liberdade. Naturalmente, todos concordam que eu devo ser impedido [...] [Porém,] se não há nada de errado em ser impedido de matar meus críticos, então não temos motivos para adotar uma concepção de liberdade que descreve o evento como algo em que a liberdade foi sacrificada" (Dworkin, 2006, p. 115)[23].

A distinção entre liberdade negativa e positiva restringe-se, neste estudo, ao intuito de demarcar dois espaços do agir do cidadão, sem que se precise lançar mão de dois conceitos opostos de liberdade. No fundo, como se verá a se-

---

23. Para outros aspectos dessa discussão, envolvendo o campo temático da república e do republicanismo, ver as contribuições de P. Pettit e Q. Skinner (1998), e a análise de R. Silva.

guir, uma mesma concepção básica de liberdade pode orientar essa demarcação. Além disso, não se deve pensar que tais espaços estão separados por uma fronteira fixa e impermeável. De fato, há sempre um potencial de conversão da liberdade negativa em liberdade positiva. E também no sentido contrário. É que uma mesma capacidade humana de agir – a capacidade de falar ou se expressar, de se reunir e de se associar etc. – pode atualizar-se, seja como liberdade negativa, seja como liberdade positiva. Sendo sua separação porosa, a passagem depende de certas circunstâncias que levam ou a neutralizar o sentido político ou, ao contrário, a politizar o quadro de ações possíveis do cidadão.

Regimes autoritários desmobilizadores, por exemplo, ao tentarem diminuir o espaço da liberdade positiva em favor da negativa, acabam, de modo não intencional, politizando todos os lugares em princípio reservados apenas a esta última. Pois seus próceres logo se dão conta da porosidade acima referida e passam a suspeitar, e em seguida a perceber, que a liberdade expurgada de um lugar, inevitavelmente, refugia-se em outro. Parecerá, então, impossível manter a liberdade política sob rígido controle, sem tentar controlar todas as manifestações possíveis de liberdade, indistintamente. Mas, intervindo assim de modo indiscriminado, o próprio regime as torna todas elas politizáveis, não por seus agentes, mas pelos cidadãos que vierem a se opor ao regime. Por outro lado, há também regimes autoritários mobilizadores – regimes totalitários, especialmente – que procuram, por princípio, politizar todos os aspectos da vida social, eliminando, agora de modo intencional, a diferença entre a liberdade negativa e a positiva. Fazem-no, porém, não em favor da liberdade dos cidadãos de influenciar o soberano em qualquer alternativa que seja, e sim com o intuito de forçá-los a uma mesma e única direção. Mas, ao tentarem politizar tudo, acabam produzindo o efeito exatamente oposto: não por acaso, a forma mais típica de oposição a eles é a apatia deliberada, a recusa de engajar-se. Requerendo a mobilização política como seu modo privilegiado de sustentação, tais regimes terminam, assim, por beber de seu próprio veneno[24].

A passagem de uma liberdade para outra também pode (e deve) acontecer em regimes democráticos, cujas constituições, porém, procuram manter um equilíbrio dinâmico entre ambas. O conceito de pluralismo fornece, nesse contexto, matéria interessante para pensar a questão. É preciso, no entanto, evitar algumas confusões. Primeiro, não se pode igualar a distinção entre liberdade negativa e positiva com a distinção entre "Estado" e "sociedade", formulada anteriormente. Como se viu, a "sociedade" é ator, e o ator pode manifestar-se das mais diferentes formas, inclusive ao modo da liberdade negativa ou da positiva. Seu conceito envolve, portanto, todas as possibilidades pelas quais o mundo social se divide ou se diferencia. Mas a *divisão* é potencialmente produtora de liberdade para a política, ao ensejar o conflito social; e a *diferenciação* é potencialmente produtora de liberdade da política, de sua neutralização. Consequentemente, não se pode confundir, em segundo lugar, o conceito de pluralismo, tal como se o entende aqui, com

---

24. Apesar de voltados para uma outra discussão, os termos "mobilizador" e "desmobilizador" para qualificar regimes autoritários foram sugeridos a este autor por M. Debrun, espec. pp. 13-20.

aquilo que vários autores chamam de "condição de pluralidade", que é uma exigência da arena pública da política, na qual o conflito se dá, embora mediado pela representação[25].

Retome-se o ponto de vista apresentado no capítulo três, que relaciona o conceito de pluralismo com a secularização moderna. Como se afirmou ali, a secularização é perfeitamente compatível com a persistência da experiência religiosa, porém rejeita seu monopólio e sua fusão com a forma política. Assim, a combinação de uma e outra apenas se dá com o pluralismo religioso. Mas a questão geral do pluralismo, embora tenha começado a ganhar sentido com a problematização do vínculo entre o político e o religioso, não se limita a esse campo. Desde o advento da liberdade religiosa, a questão vem, gradualmente, se estendendo a outras esferas da vida social: o pensamento filosófico e científico, o estilo de vida, a expressão artística, a conduta moral e sexual etc. Tal como a religiosa, são tantas outras esferas em que o constitucionalismo dos Estados modernos admitiu que se traçasse uma fronteira, ainda que porosa, com a arena do embate e das decisões políticas. O que explica esse desenvolvimento e como justificá-lo?

A resposta é que a secularização expressa uma aspiração por *autonomia*: a autonomia "cá embaixo", a autonomia deste mundo. No fundo, ela radicaliza algo já inscrito no cristianismo, e aprofundado na Reforma Protestante, que é a subjetivização da vida, porém de uma forma que *amplia* o

---

25. Em vários de seus escritos, H. Arendt alude à condição de pluralidade para descrever qualquer espaço de embate de opiniões políticas, por exemplo, a *pólis* grega. É, portanto, condição de exercício da liberdade positiva, e nada tem a ver com o conceito de pluralismo como forma de exercer a liberdade negativa. Cf., entre outros, Arendt (1972), p. 292.

espaço da experiência social para fora da esfera religiosa. Daí o reconhecimento da individualidade. Esta, por sua vez, não é nada mais do que a prática do valor da autonomia pessoal (ou moral). Acompanhando, portanto, a perspectiva de alguns autores da teoria política normativa contemporânea, como J. Raz, este trabalho considera que há um intrincamento de fundo entre pluralismo e autonomia. "A ideia regente por trás do ideal da autonomia pessoal é que as pessoas deveriam fazer suas próprias vidas. A pessoa autônoma é (em parte) um autor de sua própria vida. O ideal da autonomia pessoal é a visão de que as pessoas devem controlar, até certo grau, seu próprio destino, moldando-o através de sucessivas decisões ao longo de suas vidas" (Raz, 1988, p. 156)[26]. É essa busca que leva à expectativa de que o Estado soberano respeite as muitas e contraditórias maneiras pelas quais uma pessoa moral pode tornar-se "autor" de sua vida.

Mas, tanto quanto a autonomia pessoal (ou moral) e o pluralismo, a subjetivização da vida social também põe na ordem do dia a demanda pela autonomia da esfera política (a soberania): ambas são a face e a contraface da secularização. A soberania significa a afirmação da autonomia de uma comunidade política, vista como uma comunidade de cidadãos-indivíduos: autonomia interna da comunidade, a soberania popular, e autonomia externa, a soberania de um Estado perante outros Estados. Dado esse ponto de intersecção, faz todo sentido supor que a separação entre o que

---

26. Ver Raz (1986), cap. 14. Essa vinculação de pluralismo e autonomia pessoal não é ponto pacífico na literatura acadêmica. Cf., por exemplo, a crítica de J. Gray, pp. 41 ss. Ver também J. Rawls (1996), pp. xliv-xlv, e a próxima nota.

é próprio à esfera pessoal, e o que à esfera política, se faz por uma superfície muito porosa – tal como ocorre com as liberdades negativa e positiva, no fundo apenas uma outra maneira de abordar o mesmo problema: a liberdade como autonomia[27] – trazendo à tona a questão nunca bem resolvida do constitucionalismo moderno: como combinar, na prática, as duas expectativas? Em que ponto termina uma e começa a outra?

O valor da autonomia pessoal, porém, é diferente do valor da autossuficiência, a *autárkeia* clássica-antiga. Esta última solicita a plenitude e a satisfação – a *eudaimonía* –, enquanto a autonomia pode ser, no máximo, um pré-requisito dela. De qualquer forma, querer a autonomia não implica obrigatoriamente querer a autossuficiência, e vice-versa. O que a autonomia exige, em essência, é que a vida que levo seja (deliberadamente) endossada por mim, isto é, que "até certo grau", como diz Raz, eu seja "autor" de minha vida. Esse "até certo grau" exprime, é claro, o limite comunitário da autonomia pessoal, especialmente quando se põe em xeque a tese rousseauniana de que, numa comunidade bem-ordenada (o contrato social), a liberdade do homem se realiza inteira e necessariamente com a liberdade do cidadão, a liberdade política. Mas também exprime a cumplicidade ambígua da autonomia com a *interdependência social*. Pode-se mesmo dizer que a autonomia emerge historicamente

---

27. Essa afirmação, evidentemente, é contestada por quem não reconhece a cumplicidade do pluralismo com a autonomia. A rigor, a liberdade negativa é uma liberdade de fazer ou não fazer, um espaço institucional em que se poderia realizar uma gama de diferentes valores, ou nenhum. Porém – pelo menos até onde enxerga o presente autor –, como justificar o *direito a esse espaço* senão pela demanda de autonomia pessoal? A liberdade negativa e o pluralismo parecem remeter, portanto, para a mesma questão de fundo, como se verá a seguir.

como um valor moral de primeira ordem, no mesmo contexto em que se toma consciência de que indivíduos e comunidades estão mergulhados numa teia indefinida de relações sociais que só parcialmente está sob seu campo de controle e, no entanto, produz impacto em suas vidas. Essa percepção é a própria imagem da sociedade como processo. A autonomia traduz uma ansiedade em relação a ela e, ao mesmo tempo, é um tipo de resposta que leva em conta o fato inescapável da interdependência que, afinal, essa forma de vida social produz. Nesse sentido, querer a articulação comunitária através da política pode ser interpretado como um esforço para ampliar o limitado controle humano sobre o processo social. Porém, este continuará excedendo os limites dessa articulação. Daí que o problema não se restrinja apenas à autonomia pessoal, afetando também a autonomia política.

A soberania requer necessariamente o *endosso* da vida comunitária que se leva, mas não a autossuficiência dessa comunidade. O que significa a percepção correlata de que a comunidade política, articulada na forma do Estado soberano, está mergulhada num mundo social mais amplo, que a impacta e, porém, ultrapassa seu campo de controle. Mesmo que a ansiedade com a interdependência venha a solicitar uma agência ainda mais abrangente, como uma comunidade (internacional) de Estados que observem suas respectivas soberanias, ainda assim não se terá abarcado o todo social.

O que, enfim, essas observações põem a nu é a defasagem entre a sociedade como processo e a sociedade como ator. Esta última é um vínculo intencional, deliberado, de seres humanos – a *comunidade* –, enquanto a primeira é uma soma de interações intencionais e não intencionais, da qual resulta um todo não intencional[28]. Porém, é só nas plenas circunstâncias da sociedade democrática, e sob a forma secular da representação, que a agência se vê duplicando, ao mesmo tempo, a sociedade como ator e a ideia da estrutura processual das relações sociais. Fazê-lo reflete, como se viu antes, uma mudança no modo de pensar o ser social. Mas como, assim pensando, se reproduz esse ser? Através da divisão e da diferenciação. Ao projetar a primeira forma, a agência duplica o conflito; ao projetar a segunda, ela duplica o pluralismo. Com esses dois recursos, a sociedade como ator procura reduzir sua defasagem em relação ao desenvolvimento ininterrupto e indefinido da teia das relações sociais. Produzindo mais agência através de sua própria duplicação, é como se o ator se visse capacitado a intervir na sociedade-processo, tentando imprimir-lhe uma orientação, um direcionamento, e, com isso, enxertando-lhe valor humano. E não poderia ser de outro modo: o ser social só incorpora valor se de algum modo se deixa infundir (ainda que só parcialmente) pelos atributos do sujeito, entre os quais a intencionalidade. Graças a essa capacidade de intervenção *com propósito*, o ator pode se pensar como um sujeito endossando sua própria vida, isto é, realizando "em algum grau" o ideal da liberdade como autonomia. Por sua vez, a ontologia da divisão e da diferenciação define a possibilidade de bifurcar este último ideal institucional-

---

28. Não confundir, porém, o que se propõe aqui com o clássico par de opostos definido por Ferdinand Tonnies, a "comunidade" (*Gemeinschaft*) e a "sociedade" (*Gesellschaft*). Sobre este último, ver R. Nisbet (1993), pp. 71-9.

mente, nas direções da autonomia pessoal (a esfera da liberdade negativa), por um lado, e da autonomia política (a esfera da liberdade positiva), por outro. Vejamos essa questão um pouco mais de perto.

Sem dúvida, afirmar uma conexão interna entre o conceito de pluralismo e o da liberdade como autonomia leva a uma restrição no campo de concepções sobre o que é valioso na vida (concepções de "boa vida") que poderiam ser promovidas pelo primeiro. Pois a autonomia é um valor entre outros, e nem tudo o que pode ser concebido como valioso na vida é compatível com ela. Por exemplo, os valores implícitos em concepções paternalistas chocam-se com ela: o paternalismo é uma espécie de altruísmo e, no entanto, visa promover o bem alheio independentemente de os supostos beneficiados o endossarem. Essa concepção considera que o valor de uma ação permanece essencialmente o mesmo, ainda que seu beneficiado a deteste. É como se apenas levasse em conta o bem "objetivo" e não o bem "subjetivo". Do ponto de vista da autonomia, porém, uma ação tem seu valor prejudicado, ou mesmo anulado, quando o sujeito a quem se visa o benefício não a escolhe. Sua inquietação central é que nenhuma vida pode ser boa se ela não for julgada assim pelo próprio sujeito que a vive. Ter na mais alta consideração esse problema na conduta de alguém equivale a tratá-lo "como um fim em si mesmo, e não apenas como um meio", atitude que a moral kantiana chama de *respeito*[29].

---

29. Cf. Kant, *A metafísica dos costumes*, "Doutrina dos elementos da ética", Parte II, cap. I, seção II, parágrafo 38. Sobre a crítica do paternalismo, ver R. Dworkin (2000), pp. 216-8.

Por outro lado, a autonomia, exatamente porque promove a faculdade da escolha e do juízo, é compatível com uma enorme variedade de valores e as respectivas concepções de boa vida. Essa variedade é o pluralismo. Como se vê, tal conceito define, sim, um pluralismo de valores mas, ao mesmo tempo, assume a hegemonia do valor da autonomia. Portanto, ele não é inteiramente neutro em relação a todas as possíveis concepções de boa vida[30].

Do ponto de vista da presente análise, uma consequência importantíssima desse ideal é a expectativa de que, quanto mais livre a razão para conceber e praticar o que cada um entende ser valioso, maiores as chances de desdobramento das potencialidades humanas e de diversificação da vida comunitária. Isto é, livremente exercida, a razão prática, ao invés de reduzir, amplia o leque de opções sobre a melhor forma de viver e, ao fazê-lo, promove o florescimento, e não o recalque, de todos os possíveis talentos e habilidades do ser humano, no âmbito intelectual, artístico, moral, esportivo e assim por diante[31]. Expectativa positiva, que vai de par com a valorização da individualidade e a forma com que, através dela, se faz o aperfeiçoamento da vida humana em seu conjunto. Ela guarda, além disso, afinidade

---

30. Para um argumento distinto em defesa do pluralismo e da tolerância, mais próximo da visão rawlsiana, que todavia também problematiza a questão da neutralidade, ver A. de Vita.

31. Assim, o pluralismo "não é visto como um desastre, mas antes como o resultado natural das atividades da razão humana sob instituições livres duradouras" (Rawls, 1996, p. xxvi). O autor acrescenta que aceitar o pluralismo desse modo, vale dizer, não como uma falha no uso da razão, mas como "resultado natural" de seu bom uso, leva à concepção de um pluralismo "razoável", que vai além da mera constatação do fato bruto do pluralismo. Sobre um ideal de "união social" que visa ao florescimento das diversas potencialidades humanas, ver também J. Rawls (1999), pp. 458-60.

com um determinado modo de projetar a forma da sociedade: a *diferenciação*³².

Como se indicou preliminarmente, a diferenciação e o pluralismo podem fazer com a divisão e o conflito social uma comunicação intensa e complexa. Há, nessa comunicação, um movimento de reforço mútuo entre a cisão da sociedade e a cisão interna do ator. Isso nos remete, outra vez, ao tema da subjetivização do mundo. Seu ponto de partida é a busca religiosa, mas para dentro do sujeito, do autor da natureza e do homem, que então se transforma na busca da identidade pessoal – isto é, a busca do autor de sua própria vida. Mas ela não se faz no vazio, e sim no exercício mesmo de escolha entre concepções substantivas sobre o que é valioso na vida, reelaboradas a partir de recursos herdados da vida comunitária, inclusive sua própria identidade inicial. Dá-se aqui, e de forma generalizada, o mesmo problema que emerge do advento do pluralismo religioso: a verdadeira religião, o Deus verdadeiro, deixa de ser uma questão dada, resolvida de antemão, e passa a ser uma procura permanente, nunca inteiramente resolvida pelo crente. Tal estado de coisas leva o sujeito a uma atividade reflexiva inédita, vale dizer, um questionamento da identidade herdada através da "quebra" imaginária do próprio Eu, que separa o Eu atual de um Eu virtual, aquele que, hipoteticamente, realizaria a concepção verdadeira.

---

32. Associada a um valor positivo, essa palavra não está comprometida neste estudo com a sociologia funcionalista ou a chamada "sociologia de sistemas", que a empregam para designar um processo inexorável e sempre neutro de valor. É certo que a diferenciação leva a um aumento da complexidade da sociedade-processo. Porém, há muitas maneiras de conceber essa complexidade, sem que se tomem como necessárias as implicações cinzentas daquelas teorias.

Pode-se vislumbrar, neste ponto, algo como a "gênese psíquica" do jogo da representação: um esforço interno de deslocamento da identidade herdada para a identidade reelaborada. Nesse deslocamento, a consciência encena um embate interno do Eu consigo mesmo. Deslocamento que, porém, exige referências externas e uma orientação, sob pena de girar em falso – uma espécie de duplicação redundante do Eu – e ameaçar de autodissolução o próprio sujeito reflexivo. É isso, fundamentalmente, que o atira ao mundo, para o espaço da ação. Agir no mundo é como um ponto de fuga, uma vazão externa do conflito interior. O mundo se coloca assim entre o Eu negado e o Eu realizado, oferecendo-se ao ator como um obstáculo e, ao mesmo tempo, como um meio de superação. Esse "estar entre" do mundo se apresenta preenchido de duas matérias: a sociedade-ator – o outro, com quem se podem estabelecer relações de cooperação e conflito –, e o tempo histórico aberto, reino da decantação de inúmeros Eus possíveis. Essas matérias formam a argamassa da sociedade-processo. Embora evidentemente secular, a questão é a mesma para toda busca do valioso que, a partir do interior, da consciência, se pluraliza, seja ele de teor religioso ou não. A descoberta do mundo como saída do imbróglio da consciência (inclusive a religiosa) no social-histórico é a própria secularização, dita em outros termos.

É nesse terreno que se faz o jogo da neutralização e da politização. Note-se a terminação das palavras escolhidas, que derivam de "neutro" e "política", mas flexionadas para indicar um sentido de movimento e não um estado de coisas fixo. Nenhuma concepção de boa vida é politicamente neutra em si mesma, assim como nenhum "discurso político" é político em si mesmo. A questão do que é valioso na vida se neutraliza ou se politiza, dependendo das circunstâncias e do propósito do ator, e não por conta de seu conteúdo ou da maior ou menor abrangência das concepções que a embasam. Uma teoria que se propõe distinguir os campos específicos do político e do não político, com base nesses critérios, acaba perdendo de vista a instabilidade e a porosidade de sua separação na política moderna, especialmente na política democrática[33]. A neutralização desloca uma concepção de boa vida do campo da divergência para o da convergência – mas não porque essa concepção passa a ser consensualmente aceita como verdadeira, mas porque é reconduzida para o campo da consciência e da autonomia pessoal. A politização faz exatamente o inverso. E, quando o faz, a concepção de boa vida se transforma numa forma de discurso apropriada para travar o conflito social – a *ideologia política* –, que é a maneira pela qual o discurso interno da consciência se seculariza. Vale dizer, converte-se numa representação da ideia no mundo, de como aquela concepção vencerá os obstáculos postos pela sociedade-ator e se incorporará à sociedade-processo ao longo do tempo histórico. Nesse sentido, a ideologia política é sempre um discurso em perspectiva, relativo ao futuro, enquanto o discurso da consciência, posto como uma questão do Eu consigo mesmo, é atemporal.

---

33. Essa crítica se dirige, entre outras, à visão da tolerância liberal (e das liberdades que lhe correspondem) defendida por John Rawls, que faz coincidir a distinção entre o político e o não político com a diferença entre "concepções políticas de justiça" e "doutrinas filosóficas, morais ou religiosas" de boa vida, entendidas estas como "concepções abrangentes de bem". Para Rawls, a diferença entre ambas, como o próprio termo "abrangente" sugere, é uma questão de "escopo": isto é, o leque de matérias para as quais uma concepção se aplica e o conteúdo que um leque mais amplo requer" (Rawls, 1996, p. 13).

Foi dito acima que a neutralização reconduz uma concepção do valioso ao campo da consciência e da autonomia pessoal. Isso sugere uma dinâmica em que, primeiro, a questão do valor sai daquele campo e ganha o mundo e, em seguida, pode (ou não) retornar a ele, dependendo do sucesso da neutralização; porém, já de uma outra forma, reelaborada, pois só assim ela pode retornar de modo suficientemente administrável pela própria consciência. Mas antes, ao ganhar o mundo, a questão se politiza e, portanto, se torna divisiva. Uma ideologia política, como qualquer concepção do valioso, é um discurso sobre o todo, mas do ponto de vista de uma das partes em que se divide a sociedade. As ideologias são o recurso discursivo moderno de que o ator lança mão para transformar a sociedade, quando esta é concebida como um processo, e pelo único meio através do qual o ator pode mover essa forma de sociedade: produzindo o conflito.

Ressaltou-se em seção anterior deste capítulo que a transformação, entendida como uma mudança positiva, carregada de valor, significa um avanço do aperfeiçoamento humano no sentido da igualdade social (o progresso). No entanto, em vista do que se discutiu na presente seção, pode-se agora ampliar o significado desse aperfeiçoamento – e sem prejuízo da igualdade –, de modo a incorporar a questão do pluralismo: a sociedade, pensada desse ângulo, se transforma e avança, na medida em que alarga o espaço de desenvolvimento das diferentes, e não raro contraditórias, potencialidades humanas, graças ao próprio alargamento das opções em torno do que é aceitável como valioso na vida. Transformar, nesse sentido, é lograr, sempre parcialmente, converter a divisão da sociedade numa diferenciação.

Notas finais sobre o constitucionalismo do Estado soberano

Na sociedade democrática, e sob uma república (isto é, um regime de liberdade), o Estado é acima de tudo sua Constituição. Ela é a lei suprema da república e, como tal, antecede as instituições de governo – os "poderes constituídos". Ela prevê as funções desses poderes, sua divisão de trabalho, e como sua interação recíproca pode conformar um equilíbrio. Ela prevê os direitos básicos dos cidadãos e a articulação de suas liberdades num todo único. Através desses direitos e liberdades, a Constituição fornece o roteiro que possibilita ao Povo soberano, transformado numa multiplicidade de atores, dramatizar o conflito social na arena pública. Ela prevê, enfim, sua própria reforma.

Sendo uma visão da lei que transcende as instituições e os atores, o constitucionalismo do Estado faz nítido contraste com a tradição da constituição mista, tal como reconstruída neste livro. Esta traduz uma forma política que se identifica com as instituições de governo, em seu atrito e equilíbrio recíprocos, junto com os grupos sociais fundamentais que dão a elas vida e movimento[34]. Já a constituição do Estado soberano é normativa e programática. Embora constitua as instituições, aquela se mantém em permanente

---

34. Embora este livro tenha rastreado o percurso da teoria da constituição mista e suas mudanças internas até o século XVIII, cabe registrar possíveis sobrevivências dessa tradição em pleno século XX: por exemplo, nas concepções ditas "pluralistas", "corporativistas" e "neocorporativistas" do Estado. Um exame mais minucioso dessas concepções e sua comparação com a concepção soberanista-democrática, defendida neste capítulo, terão de ser deixados para outro estudo. Ver ainda neste livro a nota 12 do capítulo II.

tensão com essas, porque é a própria expressão política da distância entre o ser e o dever-ser. Sendo uma antecipação do futuro, ela não só faz, na forma da lei, a crítica do presente, mas indica os modos de transformá-lo. Num mundo em que as desigualdades políticas e sociais persistem, a constituição é uma forma de programar a revolução democrática através da lei.

Porém, ao se apresentar como um programa, ela é realmente uma lei? A rigor, a lei é a ordem de uma autoridade superior; não qualquer ordem, é claro, mas uma ordem consistente com a forma jurídica. Todavia, a constituição não é exatamente isso. Embora possa conter ordens, seu cerne está inscrito num conjunto de princípios e regras de construção da soberania popular. Portanto, as autoridades mesmas devem o caráter autoritativo de suas ordens à constituição. E esta, como ideia de uma sociedade entendida como um ser em movimento, não pode congelar-se em leis fixas. Transcendendo-as, a constituição é um princípio jurídico de transformação da própria lei. Esse é o ponto crucial da distinção entre a lei constitucional e a lei ordinária, consagrada pelo constitucionalismo moderno.

Do ponto de vista do presente estudo, há dois elementos a destacar dessa tradição. Primeiro, a linguagem dos direitos. O direito é o modo pelo qual o próprio Estado ativa o cidadão, garantindo-lhe sua condição de ator, como pessoa privada ou como pessoa pública. Ademais, sua forma insaturada permite que a questão da igualdade, o valor fundamental da sociedade democrática, ganhe sempre novos conteúdos. Ou seja, o direito não só ativa o cidadão, mas também o orienta no tempo histórico, motivando-o a lutar pelo contínuo aperfeiçoamento social. Seu propósito, nesse sentido, não é proteger o indivíduo do poder da comunidade política. A questão é que, ao garantir direitos a cidadãos-indivíduos, a constituição garante a própria soberania popular, uma vez que esta última nunca se encarna em determinadas pessoas concretas, nem mesmo ao modo coletivo de um "Povo" – como se este fosse uma substância palpável –, mas se faz no exercício mesmo da liberdade dos cidadãos e no seu entrechoque. Porém, quanto à liberdade: em vista da ideia da porosidade que põe em comunicação a liberdade positiva e a liberdade negativa, é evidente que a cidadania não pode ser reduzida nem à primeira nem à segunda. Com ambas, o cidadão é permanentemente estimulado a refazer a cisão da sociedade, seja na forma da divisão, seja na forma da diferenciação. (É assim que este autor interpreta, e endossa, a noção da "cooriginalidade da autonomia privada e da autonomia pública", proposta por J. Habermas[35].)

O segundo elemento é a linguagem da representação política. É através dela que a constituição dramatiza o conflito social. Por isso mesmo, a constituição é uma espécie de *script*, uma indicação para personagens desempenharem papéis potencialmente opostos. Ao mesmo tempo, é um desenho de canais e recursos institucionais que permitam às personagens desenvolver e negociar essa oposição: eleições competitivas, partidos políticos, "oposição" *versus* "situação", poderes constitucionais separados, *checks and balances*, revisão judicial das leis etc. Mas é também o desenho de uma cena – a cena política – na qual os próprios "espec-

---

35. Cf. Habermas, pp. 101-4.

tadores" são personagens, na forma de sujeitos representados, perfazendo um jogo de identidade e diferença com os sujeitos representantes.

Mas a constituição não inventa o conflito social: ela simplesmente se vale dele com o propósito de uma reelaboração. Da perspectiva da representação política, reelaborar o conflito significa, como se afirmou antes neste capítulo, realizar adequadamente sua duplicação, isto é, de modo a produzir um efeito de deslocamento entre os cidadãos. Duas condições se impõem nessa empreitada. Primeiro, fazer com que a divisão da sociedade ressoe dentro (nos limites) da arena pública, o que significa possibilitar que os atores sociais em conflito se reconheçam em algum lugar daquela arena. Porém, em segundo lugar, fazendo-o numa linguagem própria, com um teor distinto daquele em que brota originalmente a cisão social, a fim de que a representação produza nela um sentido novo, transformado. E então o devolva ao mundo social: porque não se trata de produzir uma diluição, mas de fazer uma glosa, de adicionar ou enriquecer, modificando o ponto de partida e ampliando os horizontes daquele mundo.

De certo modo, a constituição é uma síntese dessa linguagem própria da representação. Historicamente, uma síntese inconclusa de ideologias políticas que disputaram, e ainda disputam, o sentido da sociedade democrática: o republicanismo, o liberalismo, o socialismo, o conservadorismo, o nacionalismo etc., além de suas inúmeras variações. Porque a linguagem constitucional não é uma invenção de escribas, mas resultado do atrito do próprio discurso político, desenvolvido ao longo de muitas gerações para suprir de inteligência e paixão as partes divididas da sociedade. A constituição, é claro, não resolve a divergência desses discursos, mas cria um plano de referência comum. Que esse plano de referência exista e seja respeitado, já reflete um momento evoluído das lutas sociais em que os combatentes começam a se ver como cúmplices, apesar de sua oposição. Atingido esse ponto de maturidade, a própria constituição se torna fonte semântica e gramatical comum das ideologias políticas divergentes, "civilizando-as" e multiplicando oportunidades para processos deliberativos. Mas não é preciso que esses processos resultem em consensos, nem que visem a consensos – a disputa política não é um confronto puramente intelectual nem um diálogo acadêmico[36] –, basta que deem chance ao deslocamento dos interlocutores, ou seja, o reposicionamento da disputa.

A democracia, porém, não é a celebração do conflito em si mesmo, como se sua vazão positiva (o progresso social) fosse certa e inevitável, mas uma forma de sociedade que, ao reconhecê-lo, busca instituições e práticas que propiciem ou aumentem as chances daquela vazão. Especialmente, busca uma prática constitucional adequada a essa expecta-

---

36. Essa diferença se dá não só porque a disputa política é influenciada pelo choque de interesses sociais, mas porque ela visa a decisões coletivas que afetam diretamente a vida de todos os envolvidos na deliberação. Um debate acadêmico não tem em mira decisões coletivas, nem as pressupõe. Além disso, em virtude da própria pressão por decidir, inerente ao tempo político, é inevitável que ocorra uma espécie de salto entre os argumentos que os atores oferecem para justificar suas posições e a tomada de posição propriamente dita: "é da natureza das escolhas políticas que sejam, efetivamente, *escolhas*, isto é, tomadas de decisões cujas vinculações aos argumentos que as justificam serão sempre, de algum modo, fissuradas" (Brum Torres, 1986, p. 44). Essa consideração, é claro, não esvazia a importância das atividades deliberativas, na medida em que contribuem para produzir deslocamentos.

tiva, que, todavia, não pode depender apenas de boas regras: decisivas também são a disposição e a inventividade dos protagonistas. A constituição não é uma estória acabada, com final feliz previamente arranjado, mas a orientação de um caminho a seguir. Obra que deve reconhecer sua essencial *incompletude*, ela não pode admitir "guardiães" nem substituir os cidadãos em sua capacidade de criar novas e inesperadas formas de socialidade. Ao contrário, deve esperar que suas lutas completem uma estória cujo texto apenas rascunhou, tornando-a *história* propriamente dita.

Conclusão

Este livro investigou duas grandes vertentes da reflexão sobre a forma política. Recorrendo especialmente à tradição do pensamento político, o estudo buscou os elementos conceituais e os argumentos que permitissem sintetizá-las e separá-las em campos contrastantes. Todavia, apesar da longa escala de seu percurso, o livro permaneceu muito aquém de exaurir tudo o que se pensou em ambas as vertentes, e isso no que tange não só aos períodos e autores estudados, mas também aos que se deixou de lado ou apenas se fez alusão: por exemplo, a rica contribuição da escolástica medieval, para não falar de toda a elaboração desencadeada a partir da Revolução Francesa. O autor deste estudo acredita, porém, que a trajetória percorrida foi suficiente para extrair o conteúdo teórico fundamental das formas políticas examinadas.

Apesar de assinalar oposições, aproximações e pontos de passagem entre os dois campos teóricos, a investigação também procurou mostrar desenvolvimentos possíveis no interior de cada campo, implícitos em suas versões pioneiras, mas que só se revelam em versões posteriores. Daí que, assim como há um desdobramento que vai da constituição mista ao Estado, também há desdobramentos paralelos que vão da constituição mista clássica à constituição mista plebeia, e do Estado absolutista ao Estado democrático. Para trazê-los à tona de modo abrangente, procurou-se explorar vários planos pelos quais as análises dessas questões se cruzam, notadamente: o tipo de imbricação entre o arranjo institucional e o entorno social, o impacto dos diferentes estilos de vida e os valores que promovem, as concepções de tempo histórico e as visões do ator e da agência que aderem a cada forma política.

Das opções discutidas, talvez as que mais tendam a se confundir uma com a outra sejam justamente aquelas em que a pressão normativa do plebeísmo mais se faz sentir. Essa pressão já se insinua em algumas contribuições da constituição mista clássica, como as de Aristóteles, com sua ênfase na divisão entre ricos e pobres, e de Políbio, com sua fina percepção da dinâmica do puro equilíbrio de forças entre os grupos sociais. Mas é só no contexto das cidades medieval-renascentistas, com suas "revoltas plebeias" – para retomar a expressão do estudo clássico de Max Weber sobre as cidades, que tanto inspirou a análise deste livro –, que o problema emerge com toda a sua dramaticidade. Porque essa experiência histórica e social não só punha em questão o *éthos* aristocrático e marcial que norteava a forma da comunidade clássica, e penetrava todas as camadas sociais que a compunham, como também abalava os fundamentos intelectuais através do que se buscava identificar o passado e o presente. E isso era particularmente agudo, por exemplo – como registrado no primeiro capítulo –, em questões como o serviço militar e o impacto da religião e da produção econômica no estilo de vida dos cidadãos. Ou seja, no mesmo movimento em que se buscava recuperar a cultura clássica-antiga como modelo, inclusive nos lances primordiais de seu pensamento político, flagrava-se também a diferença profunda dos tempos, o desnível entre o modelo e a experiência concreta. É a percepção dessa *distância*, e a necessidade de sua elaboração, que dá origem ao republicanismo e a rigor o torna não uma simples continuação de uma tendência clássica, mas a primeira grande corrente do pensamento político moderno.

A subversão plebeia da idealidade do *éthos* aristocrático e marcial da experiência clássica, no entanto, não se fez nem de uma hora para outra nem univocamente. Em primeiro lugar, ela incidiu sobre a tradição da constituição mista, produzindo o exuberante debate entre os pensadores renascentistas sobre a corrupção, a virtude e a liberdade, a força e a fraqueza da república romana, o peso relativo de *popolani* e *ottimati* na composição do poder político etc. Mas é no pensamento de Maquiavel que vamos encontrar uma inflexão decisiva, expondo a teoria da constituição mista às suas aporias e explorando-a até seus limites: a constituição mista plebeia. Esta reconhece o dado incontornável do tempo da corrupção, na exata medida em que assimila o impulso libertário do conflito social e, especialmente, de seu componente popular. Porém, também por causa disso, submete o tempo da virtude a uma tensão inusitada: o tempo da urgência, premido por uma força simultaneamente corruptora e desafiadora – a fortuna – cujo signo são as demandas concorrentes do equilíbrio da república para dentro e da independência para fora. Desesperando, porém, da possibilidade de atender a ambas as exigências por igual, essa virada da teoria da constituição mista abre seus horizontes para o espaço exterior, para a cumplicidade entre a política interna e a política externa, colocando na ordem do dia o problema da vazão do conflito social. Esse é seu aspecto essencial, e também seu maior enigma.

Tais questões ecoam em todo o pensamento europeu subsequente, mas em especial nos contextos em que novas revoltas plebeias solicitam algo na direção da ousada inflexão maquiaveliana. Porém, concorrem com essa opção as formas da constituição mista que este trabalho chamou, no capítulo dois, de "aristocrático-burguesas", aparentemente mais próximas da versão clássica no que tange à defesa da hierarquia estamental, porém esvaziadas de suas qualidades marciais. No discurso político, elas foram usadas como uma descrição dos grandes reinos europeus até o século XVIII, obviamente como uma alternativa à descrição oferecida pela vertente soberanista. Não por acaso, foram empregadas também para justificar ideologicamente as revoltas da nobreza fundiária contra o absolutismo real. Mas no salto que empreende do período renascentista para os últimos decênios do século XVIII o presente estudo se vê, no mesmo capítulo dois, diante de uma autêntica revolta plebeia, não mais em território europeu, e sim na América. Em seu pensar, a revolução da independência americana se valia da teoria da constituição mista, mas glosava-a com as tonalidades da versão que mais se coadunava com seu conteúdo social. Contudo, a despeito de ter sido uma de suas principais influências – nada surpreendente, em vista das aspirações republicanas do movimento e do que então se entendia por tais aspirações –, ela não era a única. Tal como nas grandes potências da Europa, ainda que de modo mais discreto no início, o soberanismo também disputava a forma política da revolução americana. Mas como uma revolta plebeia poderia assimilá-lo? Na verdade, o plebeísmo está presente na moderna teoria do Estado soberano desde suas versões pioneiras. É o que se indicou no capítulo três: ao idealizar a comunidade política como uma agência composta de indivíduos, a teoria faz abstração de seus grupos sociais de origem e de sua disposição hierárquica – numa época em que isso ainda era considerado um dado inescapável da vida comunitária, ao mesmo tempo natural e sagrado –, abrindo o caminho para pensar a igualdade cívica e a individualidade como valores convergentes. Daí que o único corte hierárquico que a teoria toma como relevante é o que opõe a autoridade soberana e o conjunto dos súditos. Assim, aquilo que na teoria da constituição mista aparece como uma espécie de aliança de distintos grupos sociais, seja pelo endosso de seus graus de *status* (como na versão clássica), seja, ao contrário, por seu nivelamento (como na versão plebeia), vai aparecer na teoria do Estado soberano como uma plena integração comunitária. E tal se dá na exata medida em que os cidadãos são idealmente desvestidos de suas identidades sociais, as quais, embora os aproximem como membros de um determinado grupo, os afastam como membros da *civitas*. É como se a teoria secularizasse a ideia da comunhão cristã, tanto em seu igualitarismo quanto em seu individualismo. Não é casual, portanto, que revoltas plebeias modernas, como a dos colonos americanos, pudessem sentir-se atraídas pelo novo conceito de "Povo" que ela sugeria, isto é, uma agência coletiva que não mais articulava apenas uma parte da comunidade política, mas o seu todo.

Uma consequência importante desse ponto de partida, também explorada no capítulo três, é a nítida separação entre o arranjo institucional e seu entorno social, questão que deriva do próprio fato de a autoridade soberana ter de apresentar-se acima da divisão dos grupos sociais. Essa separação, por sua vez, abre uma nova perspectiva para o conceito de representação política. Se é verdade que o primeiro uso do conceito faz identificar a representação dos súditos com o próprio soberano, reforçando seus caracteres absolutistas, a teoria acaba se desenvolvendo no sentido de aproveitar a distinção entre o nível institucional e o nível social para tornar a representação política um problema de mediação entre eles. Tal movimento conceitual transforma a clássica dicotomia estado de natureza/estado civil na dicotomia Estado e sociedade, na qual a última aparece como o momento da cisão social e a primeira como o de sua unificação. Sendo a representação uma atividade mediadora, é impossível operar a unificação sem antes fazer a cisão. Esse significado do conceito, portanto, reconhece a condição de ator não só ao representante, mas também ao representado, e disso resulta que o súdito deixa de ser um simples objeto passivo da vontade soberana. Esta não mais é dada de antemão, mas passa a ser constituída pelo próprio jogo da representação, que tem na particularidade do súdito – agora tornado, efetivamente, um cidadão – um de seus elementos incontornáveis. Com essa virada, a vertente soberanista, voltada inicialmente para a defesa do absolutismo, abre-se para uma concepção democrática do Estado.

Essa passagem, no entanto, não poderia se completar se a vertente não oferecesse uma resposta aos problemas da vazão do conflito social e da corrupção da forma política, posto pela teoria da constituição mista plebeia. Na medida em que identifica o conflito com o regime de liberdade, essa teoria põe em questão sua estabilidade interna, parcialmente resolvida pela ideia da expansão da república. A expansão, porém, não contorna a ameaça da corrupção, apenas a adia: em algum momento a própria expansão cobra seu preço, fazendo o império sacrificar a república. É por conta dessa rua sem saída que a interrogação sobre as formas políticas exigiu, do presente estudo, um exame das concepções de tempo histórico nelas implícitas. Assim, o caráter incontornável da corrupção no campo teórico da constituição mista emerge de sua cumplicidade com visões do tempo circulares e fechadas: a finitude e a inelasticidade dessa dimensão levam a teoria a conduzir os problemas da corrupção e do conflito na direção de duas saídas, típicas do que no livro se chamou de "utopias agrárias". Quais sejam, ou o recurso moral da personalidade cívica (a virtude do cidadão), ou o recurso político da guerra. Em princípio, são saídas complementares, mas a intensificação do conflito social, que o igualitarismo da constituição mista plebeia promove, exigirá dessa forma política, muito mais do que em sua versão clássica, uma dinâmica de ampliação do espaço territorial a fim de reequilibrar, ainda que sempre provisoriamente, as forças internas da república. Trata-se, em suma, de um *plebeísmo marcial*.

Por outro lado, o campo teórico do Estado soberano é cúmplice de visões abertas e infinitas do tempo histórico – aliás, um subproduto, como se destacou nos dois últimos capítulos do livro, da secularização política, que não só converte o tempo cristão num tempo de criação e aperfeiçoamento humanos, mas o ator num artífice, e a agência, num artefato. Daí a sugestão de uma afinidade entre o soberanismo e as "utopias do trabalho" – o que não significa que constituam um par inseparável. Assimilada à forma política, a história aberta e infinita providencia uma resposta diferente para o problema da vazão do conflito social. Este é, agora, projetado na dimensão do tempo: é o futuro que passa a ser o objeto da ansiedade cívica, e, por isso, todas as energias do arranjo institucional e da própria representação política são dirigidas para governá-lo. O que, porém, está em jogo nessa diferença não é apenas uma visão de tempo, mas também algo ainda mais abrangente: a concepção mesma do que é o ser social, vale dizer, uma mudança na referência do ator às próprias condições que possibilitam seu fazer. É o que se procurou expor no quarto capítulo, especialmente nas seções em que se discutiu o conceito de sociedade como um "processo" – isto é, como uma teia de relações intencionais e não intencionais que se desdobra continuamente no tempo – e suas conexões com a ideia tocquevilleana de que a democracia é uma forma de sociedade e não apenas uma forma de governo. O capítulo se dedica então a mostrar o impacto dessa mudança de referência na teoria da forma Estado, especialmente no que diz respeito à questão da representação política.

Ao fim e ao cabo, pode-se dizer que este trabalho buscou entender, ao longo de todo seu percurso, como a ideia de um convívio humano adequado, civil e livre – a república – vai se modificando conforme se ampliam as demandas do plebeísmo. Essas demandas dizem respeito ao valor da igualdade social e ao modo como este é incorporado à forma política. No fundo, os desdobramentos e passagens indicados no livro correspondem a inflexões do sentido daquele valor refletidas na teoria da forma política. Assim, a igualdade social, que na constituição mista clássica é uma demanda parcial e defensiva, vai ganhando a cada passagem, dentro e fora desse campo teórico, um sentido mais afirmativo e universalizante. Ora, essa mudança tem um impacto no significado de todos os outros valores que uma forma política venha a promover, especialmente o valor da liberdade, tão crucial à ideia de república. Porém, ampliar o sentido da igualdade não é uma operação nada simples, pois requer o enfrentamento prático e teórico de uma questão que a acompanha de modo inescapável e impacta criticamente as perspectivas do convívio civil e livre: o conflito social.

Como já foi dito neste estudo, louvar o conflito é hoje um lugar-comum do discurso democrático. Contudo, nem sempre se dá conta das enormes dificuldades com que a tradição do pensamento político teve que lidar até que vislumbrasse seu potencial positivo na construção de uma república. Mais do que isso: o fato de ter ganhado esse estatuto de lugar-comum de certo modo atrapalha uma compreensão mais rica dos desafios e limites que impõe a qualquer forma política, inclusive àquela que o toma explicitamente como seu motor. Vale insistir, nesse sentido, que a república contemporânea, conforme se a entendeu aqui – isto é, como Estado e como democracia –, está comprometida até seus alicerces com certas ideias-chave, que são a base de sua legitimidade. Entre as quais: que o homem é um ser dúctil e moldável;

que a sociedade é um processo, cujo motor é o conflito social, através do qual se autocria e autodesenvolve; que as hierarquias sociais admitidas nela são fluidas na mesma razão em que se tomam os homens como seres dúcteis e moldáveis; que o processo social pode ser penetrado de valor graças à agência humana, e é só nessa medida que a própria ideia do progresso torna-se um valor; e que, enfim, a sustentação política da sociedade democrática depende de que o conflito por ela reconhecido e estimulado resulte em progresso efetivo.

O autor deste livro está plenamente ciente de que, já faz um bom tempo, tais ideias vêm sendo submetidas a uma crítica implacável dos mais diversos campos e correntes intelectuais. Pode-se até dizer que sua rejeição virou um esporte acadêmico, tomando o aspecto da denúncia de uma "mitologia". De fato, essas não são ideias que possam ser sustentadas apenas e tão somente por sua consistência lógica ou confirmação empírica. Por serem ideias essencialmente práticas, elas também são *crenças* – portanto, sua verdade não pode ser demonstrada racionalmente, tampouco sua falsidade. Nesse vácuo de fundamento cognitivo, toda crença traz consigo a possibilidade do fanatismo e do dogmatismo. A crença no progresso não é exceção: também ela teve, e ainda tem, seus fanáticos e dogmáticos. Essa, todavia, não é razão suficiente para eliminá-la como crença.

Como elementos de um projeto político – o projeto de uma república –, as ideias listadas acima não têm como ser mais do que uma aposta moderada pela reflexão e pela crítica. Porém, é muito importante que não se as tome por meras fantasias filosóficas sem qualquer consequência. Pelo

CONCLUSÃO   341

contrário, elas situam-se no cerne das práticas que dão sentido ao que muitas comunidades políticas de nosso tempo, e seus cidadãos, consideram suas mais preciosas esperanças. Daí sua resiliência perante a artilharia da "desmitificação". Mas, se essas ideias são capazes de resistir às modas intelectuais, elas certamente são bem mais vulneráveis ao seu próprio desgaste nas práticas que buscam reiterá-las na vida social. É nesse plano fundamental que a crença pode ser abalada. E há muitos sinais disso na política contemporânea. Basta observar o desgaste crescente das instituições do governo representativo. Aliás, não o observaremos bem se limitarmos a questão a uma falha, mesmo que grave, de seus mecanismos institucionais. Este autor espera ter deixado claro em seus argumentos que a representação política não se resume a uma mecânica para viabilizar a democracia em grande escala. Se houver alguma falha grave na representação – assunto sobre o qual já existe uma extensa literatura –, esta terá de ser buscada em outro lugar. A sugestão deste trabalho é que a busca deve recuar até a própria imaginação política que a tornou possível em primeiro lugar. Por isso sua reconstrução é tão crucial para limpar o terreno de qualquer debate que se faça a esse respeito. Embora o exame desse debate tenha obviamente ultrapassado o escopo do livro, espera-se que pelo menos ele tenha contribuído para a tarefa prévia de seu esclarecimento.

Referências bibliográficas

ADAIR, D. (1974). *Fame and the Founding Fathers*. Nova York: The Institute of Early American History and Culture.
ANDERSON, P. (1984). *Linhagens do Estado absolutista*. Trad. T. Costa. Porto: Edições Afrontamento.
ARAUJO, C. (2000). "República e democracia". *Lua Nova* 51: 5-30.
—— (2004). *Quod omnes tangit*: fundações da República e do Estado. Tese de livre-docência apresentada à Faculdade de Filosofia, Letras e Ciências Humanas. Universidade de São Paulo, São Paulo.
—— (2006). "Representação, retrato e drama". *Lua Nova* 67: 229-60.
—— (2008). "Tensões da utopia agrária". In: STARLING, H.; RODRIGUES, H. E.; TELLES, M. (orgs.). *Utopias agrárias*. Belo Horizonte: UFMG.
—— (2008). "Rousseau e Hume". In: BIGNOTTO, N. et alli. *Corrupção: ensaios e críticas*. Belo Horizonte: UFMG.
—— (2009a). "República, participação e democracia". In: AVRITZER, L. (org.). *Experiências nacionais de participação social*. São Paulo: Cortez.
—— (2009b). "Representação, soberania e a questão democrática". *Revista Brasileira de Ciência Política* 1: 47-61.
—— (2010). "Crise da representação, crise da imaginação política". Vários autores. *Rumos da cidadania*: a crise da representação e a perda do espaço público. Campos do Jordão: Instituto Prometheos de Estudos Ambientais, Culturais e Políticos.
—— (2012). "O Estado como parte da República". *Dados – Revista de Ciências Sociais* 55(3): 569-605.
ARENDT, H. (1972). *Entre o passado e o futuro*. Trad. M. W. Barbosa. São Paulo: Perspectiva.
—— (2011). *Sobre a revolução*. Trad. D. Bottmann. São Paulo: Companhia das Letras.
ARISTÓTELES (1941). "Politics". In: MCKEON, R. (ed.). *The Basic Works*. Nova York: Random House.
—— (1999). *Política e A constituição de Atenas*. Trad. T. M. Deutsch, B. Abrão. São Paulo: Abril Cultural.

ARMITAGE, D. (2011). *Declaração de Independência:* uma história global. Trad. A. Pessoa. São Paulo: Companhia das Letras.

BAILYN, B. (2003). *As origens ideológicas da revolução americana.* Trad. C. Rapucci. Bauru: Edusc.

BALL, T.; POCOCK, J. G. A. (orgs.) (1988). *Conceptual Change and the Constitution.* Kansas City: University Press of Kansas.

BARNES, J.; GRIFFIN, M. (orgs.) (1997). *Philosophia Togata II.* Oxford: Clarendon Press.

BARON, H. (1966). *The Crisis of the Early Italian Renaissance:* Civic Humanism and Republican Liberty in an Age of Classicism and Tyranny. Princeton: Princeton University Press.

—— (1993). *En busca del humanismo cívico florentino.* Trad. M. C. Ocampo. México: Fondo de Cultura.

BARROW, R. H. (1949). *The Romans.* Baltimore: Pelican Books.

BERLIN, I. (2002). "Dois conceitos de liberdade". In: *Estudos sobre a humanidade.* Trad. R. Eichenberg. São Paulo: Companhia das Letras.

BERRY, C. J. (1989). "Luxury and the Politics of Need and Desire: the Roman Case". *History of Political Thought* X(4): 597-613.

BIGNOTTO, N. (1991). *Maquiavel republicano.* Belo Horizonte: Loyola.

—— (org.) (2000). *Pensar a República.* Belo Horizonte: UFMG.

—— (2001). *Origens do republicanismo moderno.* Belo Horizonte: UFMG.

—— (2006). *Republicanismo e realismo:* um perfil de Francesco Guicciardini. Belo Horizonte: UFMG.

—— (2010). *As aventuras da virtude:* as ideias republicanas na França do século XVIII. São Paulo: Companhia das Letras.

BLYTHE, J. M. (1992). *Ideal Government and the Mixed Constitution in the Middle Ages.* Princeton: Princeton University Press.

BOCK, G. (1990). "Civil Discord in Machiavelli's *Istoire Fiorentine*". In: *Machiavelli and Republicanism* (ver referência em Bock, Skinner e Viroli).

——; SKINNER, Q.; VIROLI, M. (1990). *Machiavelli and Republicanism.* Cambridge: Cambridge University Press.

BODIN, J. (1992). *On Sovereignty.* Ed. J. H. Franklin. Cambridge: Cambridge University Press.

BOEGEHOLD, A. (1996). "Resistance to Change in the Law at Athens". In: *Demokratia* (ver referência em Ober e Hedrick).

BOUWSMA, W. J. (1968). *Venice and the Defense of Republican Liberty.* Berkeley: University of California Press.

BRESSER-PEREIRA, L. C. (2010). "A construção política do Estado". *Lua Nova* 81: 117-46.

BRUCKER, G. A. (1968). "The Ciompi Revolution". In: *Florentine Studies* (ver referência em Rubinstein).
BRUM TORRES, J. C. (1986). "Identidade e representação". *Filosofia Política* 3: 31-50.
—— (1988). *Figuras do Estado moderno:* representação política no Ocidente. São Paulo: Brasiliense.
BURCHELL, D. (1998). "Civic Personae: MacIntyre, Cicero and Moral Personality". *History of Political Thought* XIX(1): 101-18.
BURCKHARDT, J. (1991). *A cultura do Renascimento na Itália*. Trad. V. Sarmento e F. Correa. Brasília: UnB.
BURKE, P. (1994). *A fabricação do rei. A construção da imagem pública de Luís XIV.* Trad. M. L. Borges. Rio de Janeiro: Zahar.
CARDOSO, S. (2000). "Que República? Notas sobre a tradição do 'governo misto'". In: *Pensar a República* (ver referência em Bignotto).
CASSIRER, E. (1992). *Filosofia do Iluminismo.* Trad. A. Cabral. Campinas: Edunicamp.
CASTRO DA COSTA, J. G. (2010). *Maquiavel e o trágico*. Tese de doutorado apresentada ao Programa de Pós-graduação em Ciência Política, Faculdade de Filosofia, Letras e Ciências Humanas da Universidade de São Paulo, São Paulo.
CICERO, M. T. (1999). *On the Commonwealth and on the Laws*. Ed. James E. G. Zetzel. Cambridge: Cambridge University Press.
—— (1999). *Dos deveres*. Trad. A. Chiapeta. São Paulo: Martins Fontes.
COWELL, F. R. (1973). *Cicero and the Roman Republic*. Londres: Penguin.
CRONIN, V. (1972). *The Florentine Renaissance*. Bungay (Suff.): Colins/Fontana.
CURLEY, E. (1989/90). "Reflections on Hobbes: Recent Work on his Moral and Political Philosophy". *Journal of Philosophical Research* XV: 169-250.
DAVIES LLOYD, M. (1998). "Polybius and the Founding Fathers: the Separation of Powers". Disponível em: <http://mlloyd.org/mdl-indx/polybius/polybius.htm>. Acesso em: 9 set. 2011.
DEBRUN, M. (1983). *A conciliação e outras estratégias*. São Paulo: Brasiliense.
DE LA RONCIÈRE, C. M. "Indirect Taxes or 'Gabelles' at Florence in the Fourteenth Century". In: *Florentine Studies* (ver referência em Rubinstein).
DERATHÉ, R. (2009). *Rousseau e a ciência política de seu tempo.* Trad. N. Maruyama. São Paulo: Barcarolla/Discurso Editorial.
DUBY, G. (1994). *As três ordens:* ou o imaginário do feudalismo. Lisboa: Estampa.

DWORKIN, R. (2000). *Sovereign Virtue:* the Theory and Practice of Equality. Cambridge (Mass.): Harvard University Press.
—— (2006). *Justice in Robes.* Cambridge (Mass.): Belknap Press.
EARL, D. W. (1976). "Procustean Feudalism: an Interpretative Dilemma in English Historical Narration, 1700-1725". *The Historical Journal* 19(1): 33-51.
ELIAS, N. (1993). *O processo civilizador:* formação do Estado e civilização. Trad. R. Jungmann. Rio de Janeiro: Zahar, vol. 2.
FARR, J.; BALL, T.; HANSON, R. L. (orgs.) (1989). *Political Innovation and Conceptual Change.* Cambridge: Cambridge University Press.
FAUSTO, R. (2007). *A esquerda difícil.* São Paulo: Perspectiva.
FINLEY, M. I. (1986). *A economia antiga.* Trad. L. Feijó e C. Leite. Porto: Edições Afrontamento.
—— (1997). *Política no mundo antigo.* Lisboa: Edições 70.
FLORENZANO, M. (2007). "Sobre as origens e o desenvolvimento do Estado moderno no Ocidente". *Lua Nova* 71: 11-39.
FONTANA, B. (org.) (1994). *The Invention of the Modern Republic.* Cambridge: Cambridge University Press.
GARIN, E. (1994). *Ciência e vida civil no Renascimento italiano.* São Paulo: Unesp.
GAUCHET, M. (1997). *The Disenchantment of the World.* Trad. O. Burge. Princeton (N.J.): Princeton University Press.
—— (2007). *La démocratie d'une crise à l'autre.* Nantes: Cécile Defaut.
GELLNER, E. (1996). *Condições da liberdade:* a sociedade civil e seus rivais. Trad. L. Magalhães. Rio de Janeiro: Zahar.
GILBERT, F. (1965). *Machiavelli and Guicciardini:* Politics and History in Sixteenth-Century Florence. Princeton: Princeton University Press.
GOUGH, J. W. (1957). *The Social Contract:* a Critical Study of its Development. Oxford: Clarendon Press.
GRAY, J. (2000). *Isaiah Berlin.* Trad. F. Fernandes. Rio de Janeiro: Difel.
GRIMAL, P. (2001). *A civilização romana.* Trad. I. St. Albyn. Lisboa: Edições 70.
GUICCIARDINI, F. (1994). *Dialogue on the Government of Florence.* Ed. A. Brown. Cambridge: Cambridge University Press.
HAAKONSSEN, K. (1981). *The Science of a Legislator:* the Natural Jurisprudence of David Hume and Adam Smith. Cambridge: Cambridge University Press.
—— (1996). *Natural Law and Moral Philosophy:* from Grotius to the Scottish Enlightenment. Cambridge: Cambridge University Press.
HABERMAS, J. (1996a). *Between Facts and Norms:* Contributions to a Discourse Theory of Law and Democracy. Trad. W. Rehg. Cambridge (Mass.): MIT Press.

HAMILTON, A.; MADISON, J.; JAY, J. (1987). *The Federalist Papers*. Ed. I. Kramnick. Londres: Penguin Books (trad. bras. *O federalista*. Vários autores. São Paulo: Abril Cultural, 1973).
HANKINS, J. (org.) (2000). *Renaissance Civic Humanism*. Cambridge: Cambridge University Press.
HARRINGTON, J. (1996). *La república de Océana*. Trad. E. Diez-Canedo. México: Fondo de Cultura.
HOBBES, T. (1983). *Leviatã*. Trad. J. P. Monteiro e M. N. da Silva. São Paulo: Abril Cultural.
—— (1998). *On the Citizen*. Ed. R. Tuck e M. Silverthorne. Cambridge: Cambridge University Press.
—— (2001). *Behemoth ou o longo parlamento*. Trad. E. Ostrensky. Belo Horizonte: UFMG.
HOFSTADTER, R. (1955). *The Age of Reform*. Nova York: Vintage Books.
HUME, D. (1987). *Essays Moral, Political, and Literary*. Ed. E. Miller. Indianapolis: Liberty Fund.
—— (1988). *Escritos sobre economia*. Trad. J. G. Vargas Netto. São Paulo: Nova Cultural.
JAEGER, W. (2003). *Paideia:* a formação do homem grego. Trad. A. M. Parreira. São Paulo: Martins Fontes.
KANT, I. (2010). *A metafísica dos costumes*. Trad. E. Bini. São Paulo: Publifolha.
KANTOROWICZ, E. (1998). *Os dois corpos do rei*. Trad. C. K. Moreira. São Paulo: Companhia das Letras.
KETCHAM, R. (org.) (1986). *The Anti-Federalist Papers and the Constitutional Convention Debates*. Nova York: Mentor Book.
KOSELLECK, R. (2006). *Futuro passado:* contribuição à semântica dos tempos históricos. Trad. W. P. Maas e C. A. Pereira. Rio de Janeiro: Contraponto/PUC-Rio.
KRAMNICK, I. (1987). "Editor's Introduction". In: *The Federalist Papers* (ver referência em Hamilton, Madison e Jay).
KRITSCH, R. (2002). *Soberania:* a construção de um conceito. São Paulo: Humanitas/Imprensa Oficial.
LASCH, C. (1991). *The True and Only Heaven:* Progress and its Critics. Nova York: W. W. Norton Co.
LEFORT, C. (1972). *Le Travail de l'Oeuvre Machiavel*. Paris: Gallimard.
—— (1988). *Democracy and Political Theory*. Trad. D. Macey. Minneapolis: University of Minnesota Press.
—— (1999). *Desafios da escrita política*. Trad. E. M. Souza. São Paulo: Discurso Editorial.
LINTOTT, A. (1997). "The Theory of the Mixed Constitution at Rome". In: *Philosophia Togata II* (ver referência em Barnes e Griffin).

LOCKE, J. (2001). *Dois tratados sobre o governo*. Trad. J. Fischer. São Paulo: Martins Fontes.
MANIN, B. (1997). *The Principles of Representative Government*. Cambridge: Cambridge University Press.
—— (1994). "Checks, Balances and Boundaries: the Separation of Powers in the Constitutional Debate of 1787" (ver referência em Fontana).
MANSFIELD, H. (1996). *Machiavelli's Virtue*. Chicago: The University of Chicago Press.
MAQUIAVEL, N. (1983). *The Discourses*. Ed. B. Crick. Londres: Penguin Books (edições brasileiras: *Comentários sobre a primeira década de Tito Lívio*. Brasília: UnB, 1994; e *Discursos sobre a primeira década de Tito Lívio*. São Paulo: Martins Fontes, 2007).
—— (1987). *O príncipe*. Trad. L. Xavier. São Paulo: Nova Cultural.
—— (2003). *A arte da guerra*. Trad. J. Simões. Rio de Janeiro: Elsevier/Campus.
—— (2007). *História de Florença*. São Paulo: Martins Fontes.
MARRAMAO, G. (1994). *Céu e terra:* genealogia da secularização. Trad. G. A. de Andrade. São Paulo: Unesp.
MARTINES, L. (1979). *Power and Imagination:* City-states in Renaissance Italy. Nova York: A. Knopf.
MCILWAIN, C. H. (2007). *Constitutionalism:* Ancient and Modern. Indianapolis: Liberty Fund.
MEIRA DO NASCIMENTO, M. (1989). *Opinião pública e revolução*. São Paulo: Edusp/Nova Stella.
MENDUS, S. (org.) (1988). *Justifying Toleration:* Conceptual and Historical Perspectives. Cambridge: Cambridge University Press.
MÉNISSIER, T. (2001). *Machiavel, la politique et l'histoire*. Paris: PUF.
MILLER, D. et alli (orgs.) (1987). *The Blackwell Encyclopaedia of Political Thought*. Oxford: Blackwell Pubs.
MOLHO, A.; RAAFLAUB, K.; EMLEN, J. (orgs.) (1991). *City States in Classical Antiquity and Medieval Italy*. Ann Arbor: The University of Michigan Press.
MOMIGLIANO, A. (2004). *As raízes clássicas da historiografia moderna*. Trad. M. B. Florenzano. Bauru: Edusc.
MONTESQUIEU, C. de S., Barão de (1979). *Do espírito das leis*. Trad. F. H. Cardoso e L. M. Rodrigues. São Paulo: Abril Cultural.
—— (2002). *Considerações sobre as causas da grandeza dos romanos e de sua decadência*. Trad. V. Ribeiro. Rio de Janeiro: Contraponto.
MULGAN, R. G. (1977). *Aristotle's Political Theory*. Oxford: Clarendon Press.

NAJEMY, J. M. (1979). "Guild Republicanism in Trecento Florence: the Successes and Ultimate Failure of Corporate Politics". *The American Historical Review* 84(1): 53-71.
—— (1982). *Corporatism and Consensus in Florentine Electoral Politics, 1280--1400*. Chapel Hill: The University of North Carolina Press.
—— (1991). "The Dialogue of Power in Florentine Politics" (ver referência em Molho, Raaflaub e Emlen).
NIPPEL, W. (1980). *Mischverfasungstheorie und Verfassungrealitât in Antike und früher Neuzeit*. Stuttgart: Klett-Cotta.
—— (1994). "Ancient and Modern Republicanism: 'Mixed Constitution' and 'Ephors'" (ver referência em Fontana).
—— (2000). "From Agrarian History to Cross-Cultural Comparisons: Weber on Greco-Roman antiquity" (ver referência em Turner).
NISBET, R. (1980). *História da ideia do progresso*. Trad. L. Jobim. Brasília: UnB.
—— (1993). *The Sociological Tradition*. New Brunswick: Transaction Pub.
OBER, J. (1989). *Mass and Elite in Democratic Athens:* Rhetoric, Ideology, and the Power of the People. Princeton: Princeton University Press.
——; HEDRICK, C. (orgs.) (1996). *Demokratia:* a Conversation on Democracies, Ancient and Modern. Princeton: Princeton University Press.
OSTRENSKY, E. (2010). "Soberania e representação: Hobbes, parlamentaristas e *levellers*". *Lua Nova* 80: 151-79.
PAINE, T. (1985). *Senso comum*. Trad. A. D. Nina. São Paulo: Abril Cultural.
—— (1992). *Rights of Man*. Ed. G. Claeys. Indianapolis: Hackett Pub Co.
PALMER, R. R. (1959). *The Age of the Democratic Revolution:* a Political History of Europe and America, 1760-1800 – The Challenge. Princeton: Princeton University Press.
PETTIT, P. (1997). *Republicanism:* a Theory of Freedom and Government. Oxford: Oxford University Press.
PIERUCCI, F. (1998). "Secularização em Max Weber: da contemporânea serventia de voltarmos a acessar aquele velho sentido". *Revista Brasileira de Ciências Sociais* 13(37): 43-73.
PITKIN, H. (1967). *The Concept of Representation*. Berkeley: The University of California Press.
—— (1988). "Are Freedom and Liberty Twins?" *Political Theory* 16(4): 523-42.
—— (2006). "Representação: palavras, instituições e ideias". Trad. W. P. Mancuso e P. Ortellado. *Lua Nova* 67: 15-47.
PLATÃO (1961). *The Collected Dialogues*. Ed. E. Hamilton e H. Cairns. Princeton (N.J.): Princeton University Press.

POCOCK, J. G. A. (1957). *The Ancient Constitution and the Feudal Law:* English Historical Thought in the Seventeenth Century. Cambridge: Cambridge University Press.

—— (1975). *The Machiavellian Moment*. Princeton: Princeton University Press.

—— (1987). "States, Republics, and Empires: the American Founding in Early Modern Perspective". *Social Science Quarterly* 68(4): 703-23.

—— (1988). "The Politics of Extent and the Problems of Freedom". *Colorado College Studies* 25: 1-19.

—— (2003). *Linguagens do ideário político*. Trad. F. Fernandez. São Paulo: Edusp.

POLÍBIO (1954). *The Histories*. Loeb Class Library. Cambridge (Mass.): Harvard University Press, vol. 4.

RAWLS, J. (1996). *Political Liberalism*. Nova York: Columbia University Press.

—— (1999a). *A Theory of Justice*. Ed. rev. Cambridge (Mass.): Belknap.

—— (1999b). *Collected Papers*. Cambridge (Mass.): Harvard University Press.

RAZ, J. (1986). *The Morality of Freedom*. Oxford: Clarendon Press.

—— (1988). "Autonomy, Toleration and the Harm Principle" (ver referência em Mendus).

ROLDÁN, J. M. (1999). *La República Romana*. Madri: Cátedra.

ROSENFELD, A. (1993). *Prismas do teatro*. São Paulo: Perspectiva.

ROSENFELD, D. (1987). "Rousseau's Unanimous Contract and the Doctrine of Popular Sovereignty". *History of Political Thought* VIII(1): 83-109.

ROULAND, N. (1997). *Roma, democracia impossível? Os agentes do poder na urbe romana*. Trad. I. Martinazzo. Brasília: UnB.

ROUSSEAU, J.-J. (1978). *Do contrato social*. Trad. L. S. Machado. São Paulo: Abril Cultural.

—— (1978). *Discurso sobre a origem e os fundamentos da desigualdade entre os homens*. Trad. L. S. Machado. São Paulo: Abril Cultural.

—— (2006). *Cartas escritas da montanha*. Trad. M. C. Pissarra e M. G. de Souza. São Paulo: Unesp/PUC-SP.

RUBINSTEIN, N. (org.) (1968). *Florentine Studies:* Politics and Society in Renaissance Florence. Londres: Faber and Faber, 1968.

SANTOS, W. G. dos (1999). *Paradoxos do liberalismo:* teoria e história. Rio de Janeiro: Revan.

—— (2007). *O paradoxo de Rousseau:* uma interpretação democrática da vontade geral. Rio de Janeiro: Rocco.

SCHEVILL, F. (1963). *Medieval and Renaissance Florence*. Nova York: Harper & Row Pubs, vol. I.
SCHMITT, C. (1985). *Political Theology:* Four Chapters on the Concept of Sovereignty. Trad. G. Schwab. Cambridge (Mass.): The MIT Press.
SCHMITTER, P. (1974). "Still the Century of Corporatism?" *The Review of Politics* 36(1): 85-131.
SILVA, R. (2008). "Liberdade e lei no neorrepublicanismo de Skinner e Pettit". *Lua Nova* 74: 151-94.
SILVANO, G. (1990). "Florentine Republicanism in the Early Sixteenth Century" (ver referência em Bock, Skinner e Viroli).
SKINNER, Q. (1978). *The Foundations of Modern Political Thought.* Cambridge: Cambridge University Press. 2 vols.
—— (1989). "The State". In: *Political Innovation and Conceptual Change* (ver referência em Farr, Ball e Hanson).
—— (1998). *Liberty before Liberalism.* Cambridge: Cambridge University Press.
—— (2009). "A Genealogy of the Modern State". *Proceedings of the British Academy* 162: 325-70.
SMITH, A. (1996). *A riqueza das nações:* investigação sobre sua natureza e suas causas. Trad. L. J. Baraúna. São Paulo: Nova Cultural.
STAROBINSKI, J. (2001). *As máscaras da civilização.* Trad. M. L. Machado. São Paulo: Companhia das Letras.
STOURZH, G. (1970). *Alexander Hamilton and the Idea of Republican Government.* Stanford: Stanford University Press.
—— (1988). "Constitution: Changing Meanings of the Term from the Early Seventeenth to the Late Eighteenth Century" (ver referência em Ball e Pocock).
STRAUSS, B. S. (1996). "The Athenian Trireme, School of Democracy". In: *Demokratia* (ver referência em Ober e Hedrick).
STRAUSS, L. (1950). *Natural Right and History.* Chicago: The University of Chicago Press.
TAYLOR, C. (2000). *Argumentos filosóficos.* Trad. A. U. Sobral. São Paulo: Loyola.
TEIXEIRA, F. C. (2010). *Timoneiros:* retórica, prudência e história em Maquiavel e Guicciardini. Campinas: Unicamp.
TERRA, R. (2004). *Kant e o direito.* Rio de Janeiro: Zahar.
TILLY, C. (1996). *Coerção, capital e Estados europeus (990-1992).* Trad. G. G. de Souza. São Paulo: Edusp.
TOCQUEVILLE, A. (2010). *A democracia na América.* Trad. N. R. da Silva. São Paulo: Publifolha.

TUCK, R. (1979). *Natural Rights Theories:* their Origin and Development. Cambridge: Cambridge University Press.
—— (1991). "Introduction". In: HOBBES, T. *Leviathan.* Cambridge: Cambridge University Press.
TUGENDHAT, E. (2002). "Nietzsche e o problema da transcendência imanente". Trad. M. C. Tonetto. *Ethic@ – Revista Internacional de Filosofia da Moral* 1(1): 47-62.
TULLY, J. (1980). *A Discourse on Property:* John Locke and his Adversaries. Cambridge: Cambridge University Press.
TURNER, S. (2000). *The Cambridge Companion to Weber.* Cambridge: Cambridge University Press.
URBINATI, N. (2006). *Representative Democracy:* Principles & Genealogy. Chicago: The University of Chicago Press.
VAN GELDEREN, M.; SKINNER, Q. (orgs.) (2002). *Republicanism:* a Shared European Heritage. Cambridge: Cambridge University Press. 2 vols.
VENTURI, F. (1991). *The End of the Old Regime in Europe, 1776-1789.* Trad. R. B. Litchfield. Princeton: Princeton University Press.
—— (2003). *Utopia e reforma no Iluminismo.* Trad. M. Florenzano. Bauru: Edusc.
VEYNE, P. (1976). *Le Pain et le Cirque:* sociologie historique d'une pluralisme politique. Paris: Seuil.
VIROLI, M. (2002). *O sorriso de Nicolau:* história de Maquiavel. Trad. V. P. da Silva. São Paulo: Estação Liberdade.
VITA, A. de (2010). "Sociedade democrática e tolerância liberal". *Novos Estudos* 84: 61-81.
VON FRITZ, K. (1954). *The Theory of the Mixed Constitution in Antiquity:* a Critical Analysis of Polybius' Political Ideas. Nova York: Columbia University Press.
WALBANK, F. W. (1943). "Polybius on the Roman Constitution". *The Classical Quarterly* 37(3/4): 73-89.
WALEY, D. (1969). *Las ciudades-repúblicas italianas.* Madri: Ed. Guadarrama.
WEBER, M. (1967). *Ensaios de sociologia.* Trad. W. Dutra. Rio de Janeiro: Guanabara.
—— (1978). *Economy and Society.* Ed. G. Roth e C. Wittich. Los Angeles: University of California Press, vol. 2.
WOLFF, F. (1999). *Aristóteles e a política.* São Paulo: Discurso Editorial.
WOOD, G. S. (1993). *The Radicalism of the American Revolution.* Nova York: Vintage Books.

Impressão e acabamento:

Orgrafic
Gráfica e Editora
tel.: 25226368

—— (1998). *The Creation of the American Republic, 1776-1787*. Chapel Hill: The University of North Carolina Press.
—— (2002). *The American Revolution:* a History. Nova York: Modern Library.
WOOD, N. (1988). *Cicero's Social and Political Thought*. Berkeley: University of California Press.